400 Keywords Informationsethik

Oliver Bendel

400 Keywords Informationsethik

Grundwissen aus Computer-, Netz- und Neue-Medien-Ethik sowie Maschinenethik

2. Auflage

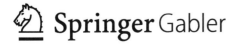

Oliver Bendel
Hochschule für Wirtschaft FHNW
Windisch, Schweiz

ISBN 978-3-658-26663-9   ISBN 978-3-658-26664-6   (eBook)
https://doi.org/10.1007/978-3-658-26664-6

Die Deutsche Nationalbibliothek verzeichnet diese Publikation in der Deutschen National-
bibliografie; detaillierte bibliografische Daten sind im Internet über http://dnb.d-nb.de abrufbar.

Springer Gabler ist ein Imprint der eingetragenen Gesellschaft Springer Fachmedien Wiesbaden
GmbH und ist ein Teil von Springer Nature
Die Anschrift der Gesellschaft ist: Abraham-Lincoln-Str. 46, 65189 Wiesbaden, Germany

Vorwort zur 1. Auflage

Informatik und Wirtschaftsinformatik sind zwei der erfolgreichsten Disziplinen der letzten 50 Jahre. In ihrem Schatten gedeihen, mehr schlecht als recht, scheinbar exotische Pflänzchen wie Technikfolgenabschätzung (mit einem sehr breiten Fokus, die ganze Technik umfassend) und Informatik und Gesellschaft. Die Informationsethik ist auch mit dabei, und mal scheint sie zu verkümmern, mal aufzublühen. Ihr Begriff funktioniert wie bei „Informationsgesellschaft" und „Informationsmanagement". Es geht um die Information, vor allem aber um deren Verarbeitung, Darstellung bzw. Nutzung durch Informations- und Kommunikationstechnologien, Informationssysteme und mit ihnen verbundene Menschen. Mein Lexikon soll dazu beitragen, die Informationsethik weiterleben zu lassen. Ich bin überzeugt, dass dies am Ende Informatik und Wirtschaftsinformatik hilft. Sie alle gehören zusammen, innerhalb des Biotops der Informationsgesellschaft.

Ein Lexikon zur Ethik, das von einer Person geschrieben wurde? In Zeiten von Web 2.0 und Wikipedia? Und von Fachlexika mit hunderten Autorinnen und Autoren? Sicherlich hat das Nachteile. Es hat aber auch Vorteile. Alles ist aus einem Guss, alles aus einer Schule, wobei natürlich unterschiedliche Perspektiven vermittelt werden können. Die Schule, das ist die philosophische Ethik, der ich mich verpflichtet fühle und die im Buch klar abgegrenzt wird zu anderen Ansätzen. Sehr verbunden bin ich zudem der Informationswissenschaft und der Wirtschaftsinformatik, den Fächern, die ich – nach Philosophie und Literaturwissenschaft – studiert habe.

Neben der Informationsethik (Computer-, Netz- und Neue-Medien-Ethik) ist die Maschinenethik ein Thema. Man kann sie der Informationsethik zuordnen, sie aber auch als Pendant zur Menschenethik sehen. Obwohl ich zur letzteren Variante tendiere, habe ich mich dazu entschlossen, sie ausführlich zu behandeln. Eine Trennung im Buch wäre künstlich gewesen. Und doch ist sie sinnvoll: Informationsethik ist im Wesentlichen eine Reflexions-, Maschinenethik eine Gestaltungsdisziplin. Während bei der einen der Kopf genügt, samt einem Blick und einem Verständnis für die praktischen Dinge, muss man bei der anderen – ab einem gewissen Punkt – den Schraubenzieher in die Hand nehmen.

„300 Keywords Informationsethik" hat mehrere Quellen und Ursprünge. Seit Jahren verfasse ich Lexika und Glossare und betreibe ich die Plattformen informationsethik.net und maschinenethik.net. Ich habe daraus Stücke genommen, sie ein- und ausgebaut. Dennoch ist etwas ganz Neues entstanden. In dieser Ausführlichkeit habe ich mich noch nie mit dem Thema beschäftigt, und eine solche Vernetztheit – von jedem Begriff kann man zu einem anderen springen – habe ich bisher nicht erreicht. Ich konzentriere mich auf die Informationsethik im deutschsprachigen Raum, auf ihre Begriffe und Methoden, nicht zuletzt aus Platz- und Zeitgründen. Vielleicht entsteht eines Tages ein viel größeres Werk. Aber ob ich dieses alleine zu stemmen vermag, wage ich zu bezweifeln. Gerne nehme ich Hinweise entgegen und prüfe sie für die nächste Auflage. Zunächst wünsche ich aber vor allem viel Freude beim Stöbern und Lesen.

Oliver Bendel, oliver.bendel@gmx.net – Zürich, Oktober 2015

Vorwort zur 2. Auflage

Die „300 Keywords Informationsethik" wurden zu meiner großen Freude ein beachtlicher Erfolg. Auch das eine oder andere Medium erwähnte das Buch in freundlicher Weise. Es wurde beim Schreiben von Artikeln und Arbeiten und im Unterricht von Schulen und Hochschulen eingesetzt.

Seit 2015 hat sich viel getan, in der Informationsethik wie im Bereich der Digitalisierung. Einige Beiträge mussten formal wie inhaltlich überarbeitet, viele dazugeschrieben werden. Es half dabei, dass ich laufend im Gabler Wirtschaftslexikon und 2019 die „350 Keywords Digitalisierung" bei Springer Gabler veröffentlichte.

Und plötzlich waren es 400 Beiträge. Der Titel der 2. Auflage wurde angepasst. Die „400 Keywords Informationsethik" waren geboren. Gerne nehme ich wieder Hinweise entgegen und prüfe sie für die nächste Auflage. Und auch dieses Mal wünsche ich viel Freude beim Stöbern und Lesen.

Oliver Bendel, oliver.bendel@gmx.net – Zürich, Mai 2019

Account

Ein Account ist das virtuelle Konto eines Benutzers. Er ermöglicht den (in der Regel über ein Login gesicherten und individuellen) Zugang zu Diensten und Systemen und das Speichern persönlicher Daten. Beispiele sind E-Mail-Accounts sowie Accounts bei sozialen Medien, bei Lernplattformen und bei Buchungssystemen.

Regelmäßig werden Accounts gehackt oder widerrechtlich verwendet. Kunden erleichtern dies, indem sie das gleiche Passwort für mehrere Dienste nehmen. Hinzu kommen Sicherheitslücken der Systeme. Entstehen kann beträchtlicher persönlicher (auch finanzieller) Schaden.

Adaptivität

Adaptivität ist die Fähigkeit und Eigenschaft eines Systems, sich an eine veränderte Umwelt bzw. neue Bedingungen und Anforderungen selbst anzupassen. Bei Informations- und Kommunikationstechnologien und Informationssystemen bedeutet sie u.a. die Option der Personalisierung und damit der Orientierung an Aufgaben und Bedürfnissen des Benutzers. Auch die automatische Einstellung auf Netzwerkverbindungen oder Stromquellen fällt unter den Begriff.

Merk- und lernfähige Bots (wie bestimmte Chatbots und Social Bots) und Roboter haben ebenfalls Möglichkeiten der Adaptivität und ändern beispielsweise ihr Aussehen oder Verhalten je nach Handlungen und Äußerungen ihres menschlichen Gegenübers oder je nach Situation und Umgebung, in die sie geraten. Die Maschinenethik befasst sich als Gestaltungsdisziplin mit der Adaptivität von (teil-)autonomen Systemen und benutzt in diesem Zusammenhang auch Machine Learning.

Agent

Im englischen Sprachgebrauch ist ein Agent („agent") ein Stellvertreter, ein Vertreter oder ein Handelnder (ein Akteur). Das Subjekt der Moral, von dem moralische Handlungen ausgehen, ist der „moral agent", das Objekt der Moral, das von moralischen Handlungen betroffen ist, der „moral patient" (wobei die englischen Begriffe die deutschen nicht ganz genau erfassen). Nach Ansicht der Maschinenethik können Maschinen ganz spezielle „moral agents" sein; sie werden dann moralische Maschinen genannt. Manche Roboterethiker glauben, dass bestimmte Maschinen auch „moral patients" sein können – dagegen spricht, dass selbst hochentwickelte Systeme nicht empfinden und nicht leiden können, kein Bewusstsein und kein Selbstbewusstsein als mentale Zustände und keinen Lebenswillen haben.

Agenten im Sinne von Softwareagenten sind Computerprogramme, die bei Anforderungen und Aufgaben assistieren und dabei autonom und zielorientiert agieren sowie eine gewisse Intelligenz aufweisen. Sie werden für das Sammeln und Auswerten von Daten und Informationen, in der Verwaltung von Netzwerken und für Benutzerschnittstellen benötigt. In manchen Umgebungen sind sie anthropomorph umgesetzt, wie in der Kombination mit Avataren bzw. in der Form von Chatbots, sodass sie wie Menschen aussehen und sprechen. Für die Maschinenethik ergeben sich in diesen Fällen besondere Fragestellungen, insofern die Agenten damit auch die Unwahrheit sagen, jemanden in seiner Würde verletzen und in einer Notsituation als Gesprächspartner scheitern können.

Agilität

Agilität ist die Gewandtheit, Wendigkeit oder Beweglichkeit von Organisationen und Personen bzw. in Strukturen und Prozessen. Man reagiert flexibel auf unvorhergesehene Ereignisse und neue Anforderungen. Man ist, etwa in Bezug auf Veränderungen, nicht nur reaktiv, sondern auch proaktiv.

In Unternehmen ist man oft auf festgelegte Prozesse und im Detail geplante Projekte fokussiert. Agilität kann hier bedeuten, dass Prozesse unterbrochen und angepasst sowie Projekte wiederholt neu aufgesetzt werden, etwa mit Blick auf veränderte Kundenwünsche und Marktanforderungen. Sie kann zudem beinhalten, Prozesse und Projekte in gewisser Weise abzuschaffen. Agile Unternehmen bevorzugen ein iteratives Vorgehen und eine inkrementelle Lieferung.

Bei der agilen Softwareentwicklung sind, gemäß dem Agilen Manifest von 2001, die Individuen und Interaktionen den Prozessen und Tools übergeordnet. Funktionierende Software steht über einer umfassenden Dokumentation, die Zusammenarbeit mit dem Kunden über der Vertragsverhandlung, das Reagieren auf Veränderung über dem Befolgen eines Plans. Die inkrementelle Lieferung von Resultaten ermöglicht Feedback und Korrektur.

Agilität, etwa im Sinne agiler Unternehmen und agiler Softwareentwicklung, scheint die richtige Antwort auf das eine oder andere individuelle Mindset, ein dynamisches Umfeld, disruptive Technologien und globale Entwicklungen zu sein. Im Einzelfall mag allerdings die Qualität leiden, und Qualitätsmanagement in seiner klassischen Ausprägung ist prozessorientiert, kann also agile Ansätze nicht ausreichend berücksichtigen. Eine Weiterentwicklung des Qualitätsmanagements wie der agilen Ansätze scheint geboten.

Akkreditierung

Von Akkreditierung spricht man, wenn eine Person oder eine Einrichtung entweder – wie ein Journalist oder eine Diplomatin – zu einem bestimmten Anlass offiziell zugelassen oder hinsichtlich eines geregelten Verfahrens (z.B. einer Zertifizierung) anerkannt wird. Gegenstand der Akkreditierung ist die Bescheinigung der Kompetenz, bestimmte Tätigkeiten ausüben oder bestimmte Prüfungen und Prozeduren durchführen zu können.

Mit der Bologna-Reform und der Einführung von Bachelor- und Masterabschlüssen im deutschsprachigen Raum kam der Begriff der Akkreditierung im Bereich der Hochschulausbildung auf. Hier ist die Aufgabe, die Qualität der Studiengänge – beispielsweise im Bereich der Ethik – im nationalen Rahmen und nach internationalen Maßstäben zu sichern. Die Akkreditierung soll feststellen, ob ein Studiengang in fachlich-inhaltlicher Hinsicht und bezüglich seiner Berufsrelevanz bestimmten Mindestanforderungen entspricht. Auch ganze Hochschulen können sich akkreditieren lassen, etwa von der Association to Advance Collegiate Schools of Business (AACSB).

Akteur-Netzwerk-Theorie

Die Akteur-Netzwerk-Theorie (engl. „actor-network theory") wendet sich gegen vorbestimmte Dichotomien wie Subjekt und Objekt bzw. deren konventionelle Zuordnung. Stattdessen werden vielfältige Entitäten zugelassen und ihre sich verändernden, in einem Netzwerk sich entwickelnden Beziehungen betrachtet. Nicht nur Menschen können handeln bzw. etwas beeinflussen, als Akteure, sondern auch Dinge (Nichtmenschen, engl. „non-humans"), als sogenannte Aktanten. Die Theorie ist für die Maschinenethik von Bedeutung, u.a. mit Blick auf Haftungsfragen und Wirtschaftszusammenhänge.

Akzeptanz

Akzeptanz ist die Bereitschaft, einen Sachverhalt wohlwollend hinzunehmen. Neben der zeitpunktbezogenen Akzeptanz interessiert die Veränderung der Akzeptanz im Laufe der Zeit durch Erfahrung und Lernen oder eine Änderung der (Ausgangs-)Situation. Eine Möglichkeit, Akzeptanz zu schaffen, ist die Etablierung von Anreizsystemen. In der Robotik und der Agentenforschung wird die Akzeptanz gegenüber Aktionen und gegenüber Emotionen von Maschinen untersucht (wobei diese solche zeigen, aber nicht wirklich haben). Dabei muss der Uncanny-Valley-Effekt beachtet werden.

Algorithmenethik

Die Algorithmenethik wird teilweise als Gebiet der Maschinenethik verstanden, teilweise eher auf Suchmaschinen, Vorschlagslisten, Big Data und Systeme künstlicher Intelligenz (etwa zur Emotionserkennung und zur Krankheitsdiagnose) bezogen. Der Begriff impliziert entweder, dass man den Algorithmen eine Form von Moral beibringen soll, oder dass sie Auswirkungen auf das Wohl des Menschen haben und damit eine Frage der Moral sind, die von der Algorithmenethik zu beantworten ist. Zuweilen ist nicht die Ethik, sondern die Moral gemeint, die mit den Algorithmen zu gewährleisten wäre, ohne dass es eine zuständige Disziplin bräuchte.

Algorithmus

Ein Algorithmus ist eine Anweisung oder Vorschrift zur Bewältigung einer Aufgabe bzw. Lösung eines Problems. Man kann ihn in natürlicher Sprache formulieren, wie in einem Kochrezept, oder in formaler Sprache (einer Programmiersprache) – und damit ein Computerprogramm erstellen.

Der Euklidische Algorithmus ist ein Beispiel für einen antiken mathematischen Algorithmus. Mit ihm bestimmt man den größten gemeinsamen Teiler zweier natürlicher Zahlen. Ada Lovelace und Charles Babbage entwarfen Algorithmen für dessen Analytical Engine, die er seit den 1830er-Jahren konzipiert hatte. Dieser Vorläufer eines Computers wurde allerdings nicht vollendet.

Altruismus

Altruismus ist eine Form des (zumindest vordergründig) uneigennützigen, selbstlosen Handelns. Man opfert Zeit, Geld oder Hab und Gut, um anderen zu helfen. Scheinbar sind die Kosten dabei höher als der Nutzen; im Einzelfall mag aber der moralische Gewinn ausreichend sein, oder man zieht eine gewisse Befriedigung aus der Tat, sodass einem auch Egoismus im Altruismus unterstellt werden kann. Dass ein Benutzer einem anderen hilft, kann auf den (Hang zum) Altruismus zurückzuführen sein, aber auch auf die (Sehnsucht nach) Reputation. Die Informationsethik untersucht die moralische Seite des Altruismus, soweit sich diese im virtuellen Raum zeigt.

Android

Ein Android (oder Androide) ist eine menschengleiche bzw. -ähnliche Maschine respektive ein künstlicher Mensch. Ein weiblicher Android wird zuweilen auch als Gynoid (oder Gynoide) bezeichnet. Wenn etwas humanoid oder anthropomorph ist, ist es von menschlicher Gestalt bzw. menschenähnlich, was auch Verhalten, Mimik, Gestik und Sprache mit einschließen kann. Damit humanoide Roboter oder anthropomorphe Agenten als Androiden gelten können, müssen sie Menschen zum Verwechseln ähnlich sein. Auch die Jaquet-Droz-Automaten aus dem 18. Jahrhundert, Musikerin, Schreiber und Zeichner, werden als Androiden angesehen. Ein Fembot ist ein weiblicher Chatbot oder Roboter und unter bestimmten Voraussetzungen ein Gynoid. In der Maschinenethik sind bei Androiden z.B. die natürlichsprachlichen sowie die mimischen und gestischen Fähigkeiten von Relevanz.

Animal Enhancement

Animal Enhancement ist die Erweiterung des Tiers, vor allem zu seiner scheinbaren oder tatsächlichen Verbesserung in Bezug auf seine eigenen Interessen oder diejenigen des Menschen, etwa in wirtschaftlicher oder wissenschaftlicher Hinsicht. Im Blick sind u.a. Leistungssteigerung, Erhöhung der Lebensqualität und Optimierung der Verwertung. Ausgangspunkt sind wie bei Human Enhancement kranke oder gesunde Lebewesen. Insekten sind genauso Kandidaten wie Amphibien, Reptilien und Säugetiere. Bereits die klassische Züchtung kann als Animal Enhancement angesehen werden. Wichtige neuere Methoden entstammen Pharmazeutik, Gentechnik, Elektro- und Informationstechnik sowie Prothetik.

Im 21. Jahrhundert gewinnt (informations-)technisches Animal Enhancement an Bedeutung. Das Haus- oder Nutztier wird mit einem Funkchip versehen und kann dadurch identifiziert und lokalisiert werden. Der Kontext ist die Tierhaltung, vor allem im Haushalt und in der Landwirtschaft. RoboRoach ist eine informationstechnisch erweiterte Kakerlake, die man mit dem Smartphone fernsteuern kann, also ein tierischer Cyborg. Die aufzubringende Apparatur kann man bei einem amerikanischen Unternehmen bestellen. Dieses macht geltend, dass man mit RoboRoach u.a. biologische und neuronale Prozesse besser verstehen kann, verbindet das Projekt also, mehr oder weniger überzeugend, mit Neurowissenschaft und Didaktik. Ein weiterer Zweck ist die Überwachung. Militär, Polizei und Geheimdienste sind an der einschlägigen Forschung interessiert, kann man doch mit einfachen Mitteln, ohne zu große Anstrengungen in Feinmechanik und Robotik, mobile Spione hervorbringen. Bekannt geworden sind russische Versuche, Ratten zu Cyborgs zu machen.

Eine breite Debatte über Animal Enhancement ist in der Öffentlichkeit bisher ausgeblieben. Die Zeitungs- und Zeitschriftenartikel und Medienmeldungen, in denen auch moralische Bedenken zu finden waren, haben allenfalls für ein kurzzeitiges Interesse gesorgt. Auch die Wissenschaft widmet sich nur punktuell dem Thema. Es scheint notwendig, Animal Enhancement einer gründlichen und kritischen Untersuchung zu unterziehen. Es müssen (informations-)technische Verfahren gesammelt, erklärt und aus Sicht von Technik- und Informationsethik sowie Tierethik bewertet werden. Damit sind neben Technik- und Moralphilosophen auch Vertreter von Disziplinen wie Biologie, Informatik, Robotik und Künstlicher Intelligenz (KI) angesprochen. Wenn es um die Verbesserung aus wirtschaftlichen Motiven geht, ist die Wirtschaftsethik gefragt, während bei der Erweiterung aus wissenschaftlichen Gründen die Wissenschaftsethik herangezogen werden kann.

Animation

Eine Animation ist eine computergestützte Technik, mit der bewegte Bilder generiert werden, indem schnell von einem stehenden Bild auf das nächste umgeschaltet wird (bzw. das Ergebnis selbst). Es kann sich um einfache Sequenzen wie das Augenzwinkern einer Comicfigur, aber auch um komplexe Elemente virtueller Realität wie die wirklichkeitsgetreue Visualisierung von Produktionsprozessen in einer Fabrik oder der Verhaltensweisen der Dinosaurier handeln. Die Animated GIFs, bereits in den 1990er-Jahren im Web beliebt, haben in den 2010er-Jahren eine Renaissance erlebt und sind zur Kunstform geworden.

Anonymität

Anonymität ist die Möglichkeit oder der Wunsch einer Person, unerkannt zu bleiben. Im virtuellen Raum wird sie durch ein Pseudonym (einen Nickname oder eine Abkürzung) und durch Anonymisierungsdienste bzw. -software unterstützt. Als ein Vorteil des anonymen Auftretens wird die potenzielle Gleichbehandlung gesehen. Ein Nachteil ist die schwierige Nachverfolgbarkeit bei moralisch oder rechtlich bedenklichen Beiträgen. Ein Vorschlag aus der normativen Informationsethik ist das „Gleichgewicht der Namen".

Anreizsystem

Unter einem Anreizsystem versteht man die Setzung von unterschiedlichen Maßnahmen durch Vorgesetzte bzw. Verantwortliche, um Personen für eine Aufgabe zu gewinnen, Motivation herzustellen oder zu steigern und im besten Falle Akzeptanz zu erzielen. Zum System gehören monetäre (Geldleistungen), nichtmonetäre (Urlaub, Selbstverwirklichung, Wettbewerbe, Tests, Reputation, Verantwortung) oder Karriereanreize (Erreichen einer weiteren Stufe, Beförderung). Unterschieden werden kann auch zwischen materiellen und nichtmateriellen Faktoren. Ein entsprechendes System kann im Ethikmanagement eingesetzt werden. Eine Moral, die von Belohnungen bzw. Bestrafungen abhängt, wie im religiösen Kontext, gilt allgemein als schwach; allerdings ist das Ziel von Ethikmanagement nicht zwangsläufig der gute, aus intrinsischer Motivation heraus richtig handelnde Mitarbeiter.

Anthropozentrismus

Bei einer anthropozentrischen Haltung sieht man den Menschen im Mittelpunkt, bei einer biozentrischen die Lebewesen überhaupt. Ein anthropozentrisches Denken neigt dazu, die Interessen von Tieren zu übersehen (Speziesismus), aber auch die Möglichkeiten von Maschinen, einschließlich der Moral. Als Kohlenstoff-Wasserstoff-Chauvinismus bezeichnet ein Bioroboter in dem Buch „Der Ego-Tunnel" (2010) von Thomas Metzinger diese Form des Anthropozentrismus. In der Maschinenethik, verstanden als Pendant zur Menschenethik, versucht man sich von einem solchen Denken zu lösen, ohne in eine technozentrische Haltung zu verfallen.

Archiv

In einem Archiv werden Dokumente und Gegenstände dauerhaft aufbewahrt. Viele Städte und Regionen haben eine solche Einrichtung als historisches Gedächtnis für lokale Ereignisse und Größen aufgebaut, zuweilen angegliedert an eine Bibliothek. Neben dem Aufbewahren umfasst das Archivieren das Sammeln, Erfassen und Bereitstellen.

Ein elektronisches Archiv ist eine Datenbank oder ein vergleichbares System, wo Dokumente und Dateien elektronisch erfasst, gespeichert, indiziert, bereitgestellt und langfristig gesichert werden. Die eingesetzten Lösungen gehören häufig zu Content-Management-Systemen (CMS). Neben typischen Wissensprodukten wie Artikeln und Bildern können Diskussionen aus einem Forum, Gespräche aus einem Chat oder Beiträge aus einem Blog enthalten sein.

Auch Webseiten und Websites können archiviert werden; so gibt es Projekte, die die Erhaltung von Teilen des Internets zum Ziel haben, wie das Internet Archive mit der Wayback Machine. Ein dabei auftretendes Problem ist der Bruch des Urheberrechts und des Rechts am eigenen Bild.

Assistent

Technisch verstanden, ist ein Assistent eine Maschine bzw. Software, die Personen bei Anforderungen und Problemen unterstützt. Das Spektrum reicht von Telefonassistenten, die Anfragen und Aufträge entgegennehmen, über Navigationsassistenten, die Autofahrerinnen oder Webbenutzer zum gewünschten Ziel bringen, bis hin zu Agenten, die in virtuellen Umgebungen Suchaufträge durchführen oder als intelligente Hilfefunktion zur Seite stehen.

Sprachassistenten oder virtuelle Assistenten wie Google Assistant, Siri, Cortana und Alexa beantworten über das Smartphone und andere Systeme unsere Fragen in natürlicher Sprache bzw. vermitteln Dienstleistungen und Produkte. Mehr und mehr werden sie in Geräten aller Art und in Fahrzeugen verwendet. Auch das Smart Home ist ein Anwendungsfall.

Audio

„Audio" (lat. „audire": „hören") bedeutet, dass Töne und Geräusche vorhanden sind und etwas akustisch wahrgenommen wird. Beispiele für Anwendungen im Bereich der Information und Kommunikation sind Telefon und Radio. Man kann sich zwar über das Telefon anschweigen und über das Radio Stille übertragen, aber das sind Extreme, wie sie im auditiven Bereich zwangsläufig vorkommen.

Oft wird Audio dazu benutzt, Gleichzeitigkeit mit anderen Vorgängen herzustellen. So wie viele Menschen parallel Radio hören und arbeiten können, sind Töne auch in anderen Kontexten geduldete oder erwünschte Begleiter. Genauso können Geräusche aber auch stören; nicht jeder mag es, wenn Aktionen auf dem Computer und das Eintreffen von E-Mails und anderen Nachrichten klanglich umgesetzt werden. Vor diesem Hintergrund erlauben die meisten Systeme eine Wahl zwischen mehreren Einstellungen.

Benutzer laden aus dem Internet über Tauschbörsen oder kommerzielle Plattformen Musikstücke und ganze Sammlungen in Form von Audiodateien herunter, legal oder illegal. Häufig werden die Daten auch über Streaming – bei dem zugleich empfangen und wiedergegeben wird – zur Verfügung gestellt. Für Webradios, Podcasts, Liveübertragungen und Audiokonferenzen ist Audio elementar.

Mehr und mehr auditive Systeme wandern in Wohn- und Arbeitsbereiche und können zur Überwachung genutzt werden, darunter mit Mikrofonen versehene Lautsprechersäulen, intelligente Fernseher und intelligentes Spielzeug. Auch der öffentliche Raum wird in dieser Hinsicht immer mehr ausgerüstet und eingeschränkt.

Augmented Reality

Augmented Reality ist die mithilfe von Computern erweiterte Wirklichkeit. Es handelt sich häufig um eine spezielle Form von Mashups. Grundlage sind Bilder der Außenwelt, die über Smartphones und Datenbrillen angezeigt und in die Texte und Bilder eingeblendet werden. Man kann sich digitale Blusen und Hemden überziehen, reale Räume mit virtuellen Möbeln ausstatten oder in der Fabrik den Hilfskräften eine Anleitung für ihre Arbeit mitgeben. Eine andere Option ist, dass man um Personen herum eine „Datenwolke" sieht, die u.a. aus sozialen Medien gespeist wird. Mashups dieser Art können die informationelle Autonomie und das Persönlichkeitsrecht verletzen und sind damit ein Thema der Informationsethik. Augmented Reality kann aber auch zur persönlichen Autonomie beitragen und z.B. Behinderten helfen.

Automat

Automaten gibt es seit tausenden Jahren, von den dampfbetriebenen Altären der Antike über die Androiden im Spätbarock (Musikerin, Schreiber und Zeichner) bis hin zu modernen Maschinen. Eine Sonderstellung haben die Automaten von Leonardo da Vinci inne. Es handelt sich mehrheitlich um Skizzen und Entwürfe, die teilweise Jahrhunderte später erfolgreich umgesetzt wurden. Auf den Maler und Ingenieur geht etwa ein Fahrzeug zurück, das weniger an ein Roboterauto (das Personen transportiert), sondern eher an ein Spielzeugauto erinnert.

Automaten verrichten selbstständig eine bestimmte Tätigkeit, etwa das Zubereiten und Ausgeben von Kaffee (Kaffeeautomat), das Auswerfen von Zigaretten (Zigarettenautomat) oder das Anzeigen der Zeit (Uhr). Manche sind rein mechanisch, wie der rote Kaugummiautomat deutscher Dörfer und Städte, andere elektronisch und vernetzt. René Descartes war der Meinung, dass Tiere seelenlose Automaten seien. Es entwickelte sich die Maschinentheorie, in der Lebewesen als Maschinen aufgefasst wurden.

Zu Robotern sind mehrere Unterschiede vorhanden – so fehlt einfachen Automaten in der Regel die Möglichkeit der Beobachtung und Beurteilung der Umwelt (die der Roboter über Sensorensysteme und Analysesoftware umsetzt), die Bewegungsfähigkeit (die der Roboter mit seinen Armen und Achsen erreicht, manchmal auch mit Beinen und Rollen) und die Anpassungsfähigkeit (in der vor allem Roboter mit künstlicher Intelligenz fortgeschritten sind). Automaten sind zudem eben dadurch gekennzeichnet, dass sie, abgesehen von Befüllung und Wartung, mehr oder weniger von selbst funktionieren, während bei Robotern auch Varianten existieren, die gesteuert werden können bzw. müssen (Teleroboter).

Automatisierung

Automatisierung ist der Prozess oder der Zustand, der mithilfe von Automaten oder (teil-)autonomen Robotern umgesetzt bzw. erreicht wird. Sinn und Zweck der Automatisierung ist die Automation, wobei dieser Begriff eher den Zustand oder das Ziel meint. In der Smart Factory beispielsweise sind immer weniger Menschen anzutreffen, immer mehr teilautonome und autonome Maschinen. In einer Übergangszeit teilt man sich allerdings die Arbeit in der Produktion, und beide, Arbeiter und Kooperations- und Kollaborationsroboter, spielen ihre Stärken aus.

Autonomie

Der Begriff der Autonomie hat viele Facetten. In der Philosophie wurde er u.a. von Immanuel Kant geprägt. In der Informationsethik interessiert, ausgehend von der Idee der Autonomie, vor allem die informationelle Autonomie, also die Möglichkeit, selbstständig auf Informationen zuzugreifen, über die Verbreitung von eigenen Äußerungen und Abbildungen selbst zu bestimmen sowie die Daten zur eigenen Person einzusehen und gegebenenfalls anzupassen. Ausgehend von der verwandten Idee der Freiheit ist die Freiheit des Individuums in der Informationsgesellschaft angesprochen, womit auch die Selbstentfaltung sozialer, technischer und wirtschaftlicher Art gemeint ist. Es geht ferner um das autonome Handeln gegenüber Maschinen und gegenüber IT-Unternehmen bzw. ihren Technologien und Systemen – und um autonome Systeme, die als Industrieroboter die Smart Factory bestimmen bzw. als Serviceroboter ansprechbar und beweglich sind und die Subjekte der Moral und damit (Untersuchungs-)Objekte der Maschinenethik sein können. Es muss herausgestrichen werden, dass jede Wissenschaft und jedes Anwendungsgebiet ein eigenes Verständnis entwickelt hat. Deshalb ist es beispielsweise nicht zielführend, einer Ingenieurdisziplin vorzuwerfen, dass sie den Begriff nicht wie die Philosophie verwendet.

Avatar

Der Begriff „Avatar" stammt aus dem Sanskrit und bezeichnet dort die Gestalt, in der sich ein (hinduistischer) Gott auf der Erde bewegt. Im Computerbereich hat sich der Begriff durchgesetzt für grafisch, zwei- oder dreidimensional realisierte virtuelle Repräsentationen von realen Personen oder Figuren. Zuweilen wird er auch auf physische Realisierungen angewandt, etwa auf Roboter, die anstelle von kranken Kindern den Schulunterricht besuchen und von ihnen ferngesteuert werden.

Avatare haben zum einen ihren Platz in kollaborativ genutzten virtuellen Räumen wie Chats, Spielwelten, webbasierten Lern- und Arbeitsumgebungen und kommerziellen 3D-Anwendungen (Virtual Reality). Sie fungieren dort als sichtbare und teils auch steuer- und manipulierbare Stellvertreter eines Benutzers. Avatare dieser Art können ein menschliches Aussehen haben, aber auch jede beliebige andere Gestalt und Form. Als Stellvertreter realer Personen haben sie kaum autonome Züge.

Avatare können zum anderen eine beliebige Figur mit bestimmten Funktionen repräsentieren. Solche Avatare treten – beispielsweise als Kundenberater (Chatbots oder Chatterbots) und Nachrichtensprecher – im Internet auf oder bevölkern als Spielpartner und -gegner die Abenteuerwelten von

Handy- und Computergames. Sie haben häufig ein anthropomorphes Äußeres und, kombiniert mit Agenten, eigenständige Verhaltensweisen oder sogar regelrechte Charaktere.

Bargeld

Bargeld ist gedrucktes (Geldscheine) oder geprägtes Geld (Münzen). Es ist ein Barmittel (neben Bankguthaben und Schecks), ein Zahlungsmittel, das vom Staat in Umlauf gebracht wird, und Teil des Zahlungsverkehrs. Die Scheine und Münzen zeigen häufig berühmte Bauten und Personen oder Symbole für Länder und Verbünde. Damit sind sie nebenbei ein Identifikationsmittel.

Bargeld ist für die einen der letzte Hort der Freiheit in einer Welt, die von der Digitalisierung (mit der Identifizierung und Überwachung einhergehen) bestimmt wird, und eine wichtige Möglichkeit der Bezahlung auch beim Zusammenbruch der elektrifizierten und elektronischen Systeme, für die anderen ein Mittel der Kriminalität (Schwarzarbeit, Bestechungsgeschenke, Auftragsmord).

Barrierefreiheit

Der Begriff der Barrierefreiheit meint die Gestaltung von Bauwerken, Maschinen aller Art und Benutzeroberflächen in der Weise, dass sie von Menschen mit Behinderung ohne oder mit lediglich geringer Einschränkung genutzt werden können.

Eine Website, die einschlägige Anforderungen nicht erfüllt, trägt zum digitalen Graben bei, ebenso ein Industrieroboter, der sich in Arbeitszellen nicht auf unterschiedliche Fähigkeiten und Gegebenheiten einstellen kann, also als adaptives System versagt. Nicht alle Anbieter sind in der Lage, den Ansprüchen zu genügen, sei es aus finanziellen, sei es aus fachlichen Gründen.

Barrierefreiheit hat sich nicht zuletzt als Vorteil für die Mobilität von Robotern (etwa von Servicerobotern) erwiesen, vor allem für diejenigen, die keine Beine, sondern Rollen haben: Sie können Rampen und Aufzüge benutzen und sich so mehr oder weniger selbstständig und frei im Gebäude bewegen.

Bedingungsloses Grundeigentum

Eine alternative Idee zum bedingungslosen Grundeinkommen ist die des Grundeigentums bzw. bedingungslosen Grundeigentums, nach der jeder Mensch ein Grundstück, ein Gebäude oder etwas Vergleichbares bei seiner Geburt oder bei seiner Volljährigkeit übereignet bekommt, mit wenigen oder ohne Verpflichtungen. Dies wäre eine Art Willkommensgeschenk bei der Ankunft auf der Erde.

Ein solcher Ansatz mag an eine Geburtenbeschränkung gekoppelt werden – so könnte man über eine zentrale Organisation, die freilich nicht weniger Utopie ist als das Kernkonzept, weltweit und einheitlich festlegen, dass pro Elternteil ein Kind gezeugt und aufgezogen werden darf, für jedes weitere Kind aber bestimmte Steuern anfallen. Der Hintergrund ist, dass gerade Grundstücke nicht grenzenlos vergeben und Ressourcen nicht endlos verbraucht werden können.

Eine (Sozial-)Utopie also, die sich gegen die gegenwärtigen Ungerechtigkeiten einer aufgeteilten Welt wendet, in der man ein Leben lang arbeiten muss, um zu einem kleinen Grundstück oder Haus zu kommen, und die bei einer teilweisen Umsetzung neue Ungerechtigkeiten zur Folge hätte. Eine Utopie, die zu kontroversen Diskussionen – auch in der Wirtschaftsethik – führen kann und letztlich vielleicht zu unerwarteten Lösungen.

Bedingungsloses Grundeinkommen

Nach der Idee des bedingungslosen Grundeinkommens erhalten erwachsene oder auch minderjährige Mitglieder einer politischen, funktionalen oder ideellen Gemeinschaft einen festgelegten finanziellen Betrag, ohne Pflicht zur Rückzahlung und ohne direkte Gegenleistung. Arbeitslosengeld, Sozialhilfe oder Kindergeld fallen in der Regel weg. Eine alternative Idee ist das bedingungslose Grundeigentum, nach der jeder Mensch ein Grundstück oder ein Gebäude übereignet bekommt.

Das bedingungslose Grundeinkommen soll den Lebensunterhalt der Mitglieder der Gemeinschaft sichern. Gerade in Zeiten zunehmender Automatisierung und Autonomisierung als Effekte der Digitalisierung, wie sie in der Industrie 4.0 entstehen, sind radikale bzw. innovative Ansätze gefragt.

Solidarisches Bürgergeld (Thomas Straubhaar) und Transfergrenzenmodell bzw. Ulmer Modell (Helmut Pelzer) sind bekannte Beispiele dafür. Sie streben nicht zuletzt die Umformung und Vereinfachung des Steuersystems an. Die Sharing Economy scheint ebenfalls eine Antwort auf die Umwälzungen zu sein, bedient aber in erster Linie den „Plattformkapitalismus" (Sascha Lobo).

Vorteile beim bedingungslosen Grundeinkommen sind Unabhängigkeit von Organisationen und Personen, Freiheit in der Lebensgestaltung und Sorglosigkeit bei der Existenzsicherung. Die Motivation zur Wertschöpfung nimmt zu, Kreativität kann entdeckt und ausgelebt, Lebenszeit für eigene Interessen genutzt werden. Dem Stellenabbau in einer von Agenten und Robotern bestimmten Arbeitswelt wird ein Grundversorgungssystem entgegengesetzt, das nicht nur die direkt Betroffenen entlastet. Ein Nachteil ist die scheinbare Ungerechtigkeit durch gleichmäßige Ausschüttung. Manche mögen auch kein Interesse daran zeigen, einer Beschäftigung nachzugehen, und von einem unstrukturierten Alltag überfordert sein. Zur Einordnung und Beurteilung der Auswirkungen sind Politik- und Wirtschaftsethik gefragt.

Benutzer

Im Kontext von neuen Medien sind Benutzer – auch Nutzer oder User genannt – Anwender von Informations- und Kommunikationstechnologien und Informationssystemen. Sie nutzen und benutzen die Technologien z.B. zur Information, Kommunikation, Interaktion und Transaktion. Von daher müssen sie über ein gewisses Maß an Informations- und Medienkompetenz verfügen. Der Benutzer ist das Subjekt und Objekt der Moral der Informationsgesellschaft, des Gegenstands der Informationsethik. Die Benutzerschnittstelle verbindet ihn mit der Maschine, die ebenfalls zum Subjekt der Moral werden kann, was Thema der Maschinenethik ist.

Benutzerfreundlichkeit

Unter der Benutzerfreundlichkeit (Usability) werden im Allgemeinen die Zweckmäßigkeit und die Benutzbarkeit eines Systems verstanden. Die Zweckmäßigkeit umfasst dabei alle Funktionen, die für die angemessene

Erfüllung einer Aufgabe benötigt werden. Zur Benutzbarkeit zählen Eigenschaften wie leichte Erlernbarkeit, effektive Bedienbarkeit, niedrige Fehlerquote, genügende Konsistenz oder zielgruppengerechte Gestaltung. Ein benutzerfreundliches System soll einfach und intuitiv zu bedienen sein, um ein bestimmtes Ziel effektiv und effizient zu erreichen.

Bei multimedialen Anwendungen sind auch Navigation und Bildschirmgestaltung sowie die Beschränkung auf gebräuchliche Technologien und Standardschriftarten und -farben wesentliche Aspekte der Benutzerfreundlichkeit. Die grafische Benutzeroberfläche soll sich mehr oder weniger intuitiv erschließen. Möglich ist dabei die Verwendung von Metaphern auf Mikro- (wie die Schere und der Pinsel bei Textverarbeitungs- und Fotobearbeitungsprogrammen) und auf Makroebene (wie das Blatt Papier und die Schreibtischplatte, engl. „desktop", bei Textverarbeitungsprogrammen und Betriebssystemen). Bei bestimmten Industrie- und Servicerobotern werden soziale Fähigkeiten im weitesten Sinne erwartet. Zu beachten sind generell Vorschriften zur Barrierefreiheit.

Benutzername

Der Benutzername ist ein Name, den sich ein Benutzer in der virtuellen Welt zulegt, um Angebote und Dienste mit einer bestimmten Identität bzw. Identifizierbarkeit zu nutzen und mit anderen zu kommunizieren. Oft handelt es sich dabei um mehr oder weniger bedeutungsvolle Pseudonyme und Nicknames oder aber bedeutungslose Kennwörter; manchmal ist der Benutzername aber auch mit dem realen Namen identisch bzw. stellt eine Variante davon dar.

In einigen Communities, etwa Chats oder Spielwelten, kann man den Benutzernamen schützen lassen, sodass andere sicher sein können, stets die gleiche Person vor sich zu haben, und man sich selber als Person oder Charakter etablieren kann. Zudem ist es oft möglich, zum Benutzernamen ein Profil zu erstellen und damit nähere Angaben zur realen oder erdachten Person zu machen. Zusammen mit einem Passwort werden Benutzernamen zum Login und damit zur Eintrittskarte für geschützte oder kostenpflichtige Angebote und für Accounts verschiedenster Art. Sie dienen der Authentisierung, die wiederum die Authentifizierung nach sich zieht.

Benutzerschnittstelle

Eine Benutzerschnittstelle schafft mithilfe von Hardware- oder Softwarekomponenten die für die Interaktion und Kommunikation zwischen Mensch und Computer notwendige Verbindung. Beispiele sind Maus, Tastatur, Touchscreen, Headset, Datenhelm und -brille oder Bildschirm, aber auch die grafische Benutzeroberfläche und Teile der verwendeten Betriebssysteme und Programme.

Seit der Jahrtausendwende gibt es verstärkt Versuche, bestehende Lösungen substanziell zu verbessern oder gänzlich neue Schnittstellen zu entwickeln. Ein Ansatz ist die Projektion; beispielsweise wird der Bildschirminhalt auf eine Fläche projiziert, sodass der Bildschirm überflüssig wird, oder eine Tastatur aus Licht auf den Schreibtisch, das physisch vorhandene Gerät substituierend. Experimentiert wird zudem mit Hologrammen aller Art. Immer wichtiger wird auch die Steuerung durch Bewegungen und Gesten.

Ein anderer Ansatz sind Softwareagenten, Chatbots und virtuelle Assistenten. Diese verstehen bzw. deuten geschriebene oder gesprochene Sätze des Benutzers sowie bei entsprechender Sensorik auch Verhaltensweisen und antworten mittels Text oder gesprochener Sprache sowie Mimik und Gestik. Ein wichtiger Treiber der Transformation von Schnittstellen ist die Mobilität und die damit einhergehende Notwendigkeit handlicher Geräte.

Bereichsethik

Eine Bereichsethik (auch Spezialethik genannt) ist eine Ausprägung der angewandten Ethik und bezieht sich auf einen klar abgrenzbaren Lebens- und Handlungsbereich. Beispiele sind Medizinethik, Bioethik, Umweltethik, Militärethik, Technikethik, Informationsethik, Medienethik, Wissenschaftsethik, Wirtschaftsethik, Politikethik und Rechtsethik. Auch Lebenszeiten und -situationen können Kategorien sein, wenn man an Alters- und Sterbeethik denkt. Der ebenfalls kursierende Begriff der Bindestrichethiken ist irreführend, da die erwähnten Komposita üblicherweise ohne Bindestrich geschrieben werden. Jede Bereichsethik muss sich heute mit der Informationsethik verständigen. Dieser Umstand wird im sogenannten Ethik-Ei visualisiert.

BESTBOT

Der BESTBOT von 2018 setzt den GOODBOT inhaltlich und den LIEBOT technisch fort. Er ist wie die beiden anderen Chatbots ein Projekt innerhalb der Maschinenethik. Die Texteingabe des Benutzers wird über ein angebundenes System analysiert, das ein Urteil über die Gefühlslage des Benutzers fällt. Beim GOODBOT musste eine Wissensbasis mit heiklen Wörtern und Sätzen aufgebaut und gehofft werden, dass das Gegenüber dieselben benutzt. Beim BESTBOT wird automatisiert, was automatisiert werden kann. Zusätzlich zu dem genannten System wird Gesichtserkennung eingesetzt – dafür muss man ein Notebook mit Kamera verwenden und diese freigeben. Die Gesichtserkennung, wiederum verbunden mit Emotionserkennung, versetzt das System in die Lage, die Probleme des Benutzers noch besser zu erkennen und zu verstehen, um dann noch besser darauf reagieren zu können. Es erhöht damit die Sicherheit und gefährdet zugleich die Freiheit – und wird zu einer unmoralischen Maschine in einer moralischen.

Bibliothek

Die Bibliothek (lat. „bibliotheca": „Büchergestell"), ob öffentliche oder wissenschaftliche, ist ein Ort des Wissens und der Bildung sowie der Unterhaltung. Gedruckte Bücher und Zeitschriften, Musik- und Videokassetten sowie digitale Medien können von Bürgerinnen und Bürgern oder speziell Befugten wie Forschenden, Studierenden oder Mitarbeitenden ausgeliehen, zumindest aber eingesehen bzw. aufgerufen werden. Wissen wird erworben, bewahrt, bereitgestellt und vermittelt; es wird von Bibliothekarinnen und Bibliothekaren erschlossen, indem sie Bücher und Filme nach festen Regeln katalogisieren (auch verschlagworten) und aufstellen.

Die Bibliothek enthält ohne Zweifel auch Medien mit veraltetem oder überholtem Wissen. Sie orientiert sich also nicht ausschließlich am Wahrheitsgehalt und am Aktualitätsgrad, sondern interessiert sich ebenso für die Entwicklungsgeschichte. Sie kommt ihrem Archivierungsauftrag nach bzw. beherbergt oder unterstützt spezielle Archive. Das gesamte Wissen der Welt hat bereits die Bibliothek von Alexandria nicht beinhalten können, und auch die privatwirtschaftlichen Digitalisierungsprojekte der Gegenwart können das Wissen weder vollständig erfassen noch abschließend sichern. Zudem ergeben sich potenziell Brüche des Urheberrechts.

Mehr und mehr muss sich die Bibliothek damit auseinandersetzen, dass Medien und Werke nicht unbedingt zusammenfallen, dass es bei modernen Literaturprojekten und überhaupt im elektronischen Publizieren zahlreiche Fassungen sowie Autorenkollektive und -communities geben kann. Sie wendet sich Enriched Books zu, hybriden Publikationsformen mit 1D- und 2D-Codes und herausnehmbaren Einlagen, und Enriched bzw. Enhanced E-Books mit Fotos, Videos, Booktracks, Links und Kommentaren. Sie befasst sich zudem mit Handyromanen, Weblogs und Podcasts. Grundsätzlich muss sie sich der Tatsache stellen, dass viele Studierende, Wissenschaftler und Journalisten schon aus Effizienz- und Effektivitätsgründen das Virtuelle bevorzugen.

Moderne Bibliotheken haben entsprechend bereits vor Jahrzehnten Onlinekataloge umgesetzt und halten seit Jahren digitale Informationen und Medien wie E-Books vor, über Fachdatenbanken und digitale Bibliotheken, wobei unterschiedliche Nutzungsarten bestehen und Digital Rights Management und Lizenzmodelle aller Art eine Rolle spielen. Sie schaffen hybride Präsentations- und Nutzungsformen wie das Hybrid Bookshelf, auch mittels QR-Codes und Hotspots für mobile Geräte. Und sie locken Benutzer an mit ihren Gebäuden und Räumen, die Kontemplation und Konzentration ermöglichen – und wo sich Wissensdurstige und Bildungshungrige kennenlernen.

Die Informationsethik interessiert sich im Kontext der Bibliothek dafür, wie man in der Auswahl von Medien sowohl Vielfalt als auch Ausgewogenheit sicherstellen sowie Informationen und Wissen bewahren und verbreiten kann, unter Beachtung von Informationsfreiheit und -gerechtigkeit. Sie fragt nach Autorenschaft sowie Original und Fälschung und arbeitet mit an Angeboten zur Medien- und Informationskompetenz. Sie erforscht die Überwachung des Benutzers digitaler Kataloge und des Lesers elektronischer Bücher. Ihr Blick richtet sich nicht zuletzt auf die Stellung und die Bedeutung der Bibliothek in einer Welt, in der wir neue Kulturtechniken erlernen und alte verlernen, in der sich nicht nur die Medien rasant verändern, sondern auch die Produzenten und Konsumenten.

Big Brother

Der Big Brother ist, nach dem Roman „1984" (fertiggestellt 1948, erschienen 1949) von George Orwell, die Verkörperung des Überwachungsstaats. Der Begriff wird heute vor allem im Zusammenhang mit digitaler Überwachung gebraucht. Mehr oder weniger ernst gemeinte Varianten sind die „Big Sister", die auf die Verantwortung beider Geschlechter in Politik und Wirtschaft hinweist, der „Little Brother", der auf die Überwachung durch die Benutzer zielt, und die „Little Sister", die die Verwendung von Social Networks im Sinne von Datenschleudern und Stalkinginstrumenten durch Jugendliche anspricht. Mit diesen Begrifflichkeiten werden auch Verbindungen zu Aldous Huxleys Roman „Schöne neue Welt" („Brave New World" von 1932) hergestellt, wo die gegenseitige Observation eindringlich beschrieben wird. Der aufgeklärte Benutzer tritt in digitalem Ungehorsam dem großen Bruder genauso entgegen wie der großen Schwester, und er versucht den jüngeren Geschwistern die Folgen ihres Tuns vor Augen zu führen.

Big Data

Mit „Big Data" werden große Mengen an Daten bezeichnet, die aus Bereichen wie Internet und Mobilfunk, Finanzindustrie, Energiewirtschaft, Gesundheitswesen und Verkehr und aus Quellen wie intelligenten Agenten, sozialen Medien, Kredit- und Kundenkarten, Smart-Metering-Systemen, Assistenzgeräten, Überwachungskameras sowie Flug- und Fahrzeugen stammen und die mit speziellen Lösungen gespeichert, verarbeitet und ausgewertet werden. Es geht u.a. um Rasterfahndung, (Inter-)Dependenzanalyse, Umfeld- und Trendforschung sowie System- und Produktionssteuerung. Wie im Data Mining ist Wissensentdeckung ein Anliegen. Das weltweite Datenvolumen ist derart angeschwollen, dass bis dato nicht gekannte Möglichkeiten eröffnet werden. Auch die Vernetzung von Datenquellen führt zu neuartigen Nutzungen, zudem zu Risiken für Benutzer und Organisationen. Wichtige Begriffe in diesem Kontext sind „cyber-physische Systeme" und „Internet der Dinge", relevante Ansätze angepasste Datenbankkonzepte, Cloud Computing und Smart Grid.

Die Wirtschaft verspricht sich neue Einblicke in Interessenten und Kunden, ihr Risikopotenzial und ihr Kaufverhalten, und generiert personenbezogene

Profile (hinter denen ebenso Phänomene wie Small Data stehen können).
Sie versucht die Produktion zu optimieren und zu flexibilisieren (Industrie
4.0) und Innovationen durch Vorausberechnungen besser in die Märkte zu
bringen. Die Wissenschaft untersucht den Klimawandel und das Entstehen von Erdbeben und Epidemien sowie (Massen-)Phänomene wie Shit-
storms, Bevölkerungswanderungen und Verkehrsstaus. Sie simuliert mit
Superrechnern sowohl Atombombenabwürfe als auch Meteoritenflüge
und -einschläge. Behörden und Geheimdienste spüren in enormen Daten-
mengen solche Abweichungen und Auffälligkeiten auf, die Kriminelle und
Terroristen verraten können, und solche Ähnlichkeiten, die Gruppierungen
und Eingrenzungen erlauben.

Big Data ist eine Herausforderung für den Datenschutz und das Persönlichkeitsrecht. Oft liegt vom Betroffenen kein Einverständnis für die Verwendung der Daten vor, und häufig kann er identifiziert und kontrolliert werden. Die Verknüpfung von an sich unproblematischen Informationen kann
zu problematischen Erkenntnissen führen, sodass man plötzlich zum Kreis
der Verdächtigen gehört, und die Statistik kann einen als kreditunwürdig
und risikobehaftet erscheinen lassen, weil man im falschen Stadtviertel
wohnt, bestimmte Fortbewegungsmittel benutzt und gewisse Bücher liest.
Die Informationsethik fragt nach den moralischen Implikationen von Big
Data, in Bezug auf digitale Bevormundung (Big Data als Big Brother), informationelle Autonomie und Informationsgerechtigkeit. Gefordert sind ferner Wirtschaftsethik und Rechtsethik. Mithilfe von Datenschutzgesetzen
und -einrichtungen kann man ein Stück weit Auswüchse verhindern und
Verbraucherschutz sicherstellen.

Biohacking

Biohacking ist der biologische, chemische oder technische Eingriff in Organismen mit dem Ziel der Veränderung und Verbesserung. Es ist von den
Wurzeln her eine Do-it-yourself-Bewegung. Letztlich geht es darum, neuartige Systeme zu erzeugen, die sich in ihrer belebten und unbelebten Umwelt behaupten. Ein Teilbereich ist das Bodyhacking, bei dem man in den
tierischen oder menschlichen Körper eindringt, oft im Sinne des Animal
bzw. Human Enhancement und zuweilen mit der Ideologie des Transhumanismus. In vielen Fällen resultiert der pflanzliche, tierische oder menschliche Cyborg.

Straßenbäume, die in der Dunkelheit leuchten, weil sie genetisch verändert wurden, und so als Straßenlaternen dienen können, Topfpflanzen, die künstliche, ausfahrbare Fächer haben, um sich vor der Hitze zu schützen und Kondenswasser zu sammeln, Süßwasserfische, die Energie aus Sonnenlicht gewinnen, all das sind Visionen für Biohacking. Personen, die sich Chips und Magneten implantiert haben, um Türen zu öffnen, Geräte zu steuern, Rechnungen zu bezahlen oder Metall aufzuspüren, oder die mithilfe von technischen Erweiterungen Farben „hören" sowie Gerüche wahrnehmen, zu denen keine Entsprechungen in der Luft vorhanden sind, sind Beispiele für Bodyhacking. Bei Menschen spielt die Ermöglichung oder Erweiterung sinnlicher Erfahrungen eine Rolle, bei Pflanzen und Tieren die Ersetzung bisheriger Abläufe und Bestimmungen.

Biohacking erlaubt Experimente, die für die Wissenschaft von Bedeutung sind, selbst wenn sie nicht in ihrem Rahmen durchgeführt werden. Es ist auch für die Gesellschaft von Belang, wenn Ergebnisse nützlich erscheinen und sich verbreiten. Nicht zuletzt kann man Biohacking als Kunstform betrachten. Das Bodyhacking kann man aus Sicht der Ethik als Versuch einstufen, das eigene Leben und Erleben zu gestalten und zu verbessern. Problematisch wird es, sobald gesellschaftlicher, politischer oder wirtschaftlicher Druck entsteht, etwa wenn das Tragen eines Chips zur Norm wird, der sich kaum jemand entziehen kann, und Privatsphäre und informationelle Autonomie beeinträchtigt sind, was ein Thema der Informationsethik ist. Auch gesundheitliche Folgen mögen auftreten. Insofern bergen Bio- und Bodyhacking bei aller Faszination gewisse Risiken. Eine eigenständige oder erweiterte Hackerethik könnte Chancen und Risiken sichtbar machen.

Biometrik

Im 18. Jahrhundert begründete Petrus Camper die Biometrik, mit der Biometrie als Gegenstand, der Vermessung des biologisch bzw. natürlich Gegebenen. In einer Rede an der Amsterdamer Zeichenakademie über den natürlichen Unterschied der Gesichtszüge von Menschen verschiedenen Alters und verschiedener Gegenden beschrieb er seine vorgebliche Entdeckung, dass die Menschenrassen mittels quantifizierbarer Formmerkmale des Schädels unterschieden werden können. Der Holländer interessierte sich u.a. für die Intelligenz von Menschen bzw. Gruppen (auch sogenannten Rassen) und stellte aus heutiger Sicht diskriminierende und rassistische Überlegungen an.

Biometrische Verfahren

Bei biometrischen Verfahren werden biologische bzw. körperliche Merkmale von Menschen oder Tieren einbezogen. Heutzutage steht die automatisierte Erkennung in einem digitalisierten Umfeld im Vordergrund. So kann man mit einem Scan der Fingerkuppe oder der Regenbogenhaut die Tür des Zimmers oder des Tresors öffnen. Ebenso kann man die Identität einer Person feststellen.

Blockchain

Eine Blockchain (engl. „blockchain", ursprünglich „block chain") ist eine erweiterbare Liste von Datensätzen, sogenannten Blöcken, die durch kryptographische Verfahren miteinander verknüpft sind.

Sie ist u.a. das System hinter Kryptowährungen. Erfasst und beschrieben werden damit die Transaktionen. Veränderungen werden auf verschiedenen Computern gespeichert und sind so schwer manipulierbar.

Blocken

Blocken oder Blockieren ist das Zurückhalten oder Verhindern von unerwünschten Informationen. Auch Personen kann man blocken und so z.B. in Microblogs daran hindern, dass sie einem folgen. Rainer Kuhlen unterscheidet zwischen passivem (andere entscheiden, was zurückgehalten wird) und aktivem (man entscheidet selbst, was man verhindert) Blocken. Jede Form kann händisch oder automatisch – über entsprechende Blockingsoftware – umgesetzt werden. Filtern kann individueller sein als Blocken.

Bodyhacking

Beim Bodyhacking greift man invasiv oder nichtinvasiv in den tierischen oder menschlichen Körper ein, oft im Sinne des Animal bzw. Human Enhancement und zuweilen mit der Ideologie des Transhumanismus. Es geht um die physische und psychische Umwandlung, und es kann der tierische oder menschliche Cyborg resultieren. Bodyhacking ist eine Sonderform von Biohacking. Ein weiterer Begriff in diesem Zusammenhang ist „Human Augmentation".

Personen, die sich Near-Field-Communication-Chips (NFC-Chips) implantiert haben, um Türen zu öffnen, Rechnungen zu bezahlen und Geräte zu steuern, oder Magneten, um Metall aufzuspüren, sind Beispiele für Bodyhacking. Andere „hören" mittels technischer Erweiterungen Farben und nehmen mithilfe von elektrischer Stimulation Gerüche wahr. Bei Menschen spielt die Ermöglichung oder Erweiterung sinnlicher Erfahrungen eine Rolle, bei Tieren die Ersetzung bisheriger Bestimmungen.

Das Bodyhacking kann man aus der Perspektive von Bio-, Medizin-, Technik- und Informationsethik als Versuch sehen, das eigene oder fremde Leben und Erleben zu gestalten und zu verbessern. Problematisch wird es, sobald gesellschaftlicher, politischer oder wirtschaftlicher Druck entsteht, etwa wenn das Tragen eines Chips zur Speicherung von Daten und zur Identifizierung zur Norm wird, der sich kaum jemand entziehen kann (was von Informations-, Politik- und Wirtschaftsethik thematisiert werden mag). Auch gesundheitliche Folgen können auftreten. Insofern birgt Bodyhacking bei aller Faszination gewisse Risiken.

Böse, das

Das Böse ist das Schlechte in moralischer Hinsicht. Das Gute und das Böse sind nach Annemarie Pieper in ursprünglicher Bedeutung Qualitäten eines sich selbst (zur Freiheit bzw. zur Unfreiheit) bestimmenden Willens. Eine Handlung sei nicht an sich gut oder böse (bzw. schlecht), sondern in Bezug auf den Willen, aus dem sie hervorgegangen ist.

Brain-Computer-Interface

Ein Brain-Computer-Interface (engl. „brain-computer interface") ist eine Mensch-Maschine- oder Tier-Maschine-Schnittstelle, über die Gehirn und Computer verbunden werden. Eine Rolle spielen dabei elektrophysiologische und hämodynamische Verfahren. Mit Hilfe des BCI, wie man es verkürzend nennt, ist es z.b. möglich, spezielle Rollstühle, Hightechprothesen oder Objekte in Spielanwendungen zu steuern oder – unter Verwendung von neuronalen Signalen – Sprache zu synthetisieren. Beim Cybathlon, einem internationalen Wettkampf, bei dem Behinderte gegeneinander antreten, können entsprechende Disziplinen bestaunt werden. Im Deutschen spricht man auch von Gehirn-Computer-Schnittstelle.

Buddy List

Eine Buddy List ist ein Verzeichnis mit registrierten „Kumpels" (engl. „buddies"), Freunden und Kontakten bei Internetdiensten und Kommunikationswerkzeugen wie Instant Messengers, Chats und Virtuellen Klassenzimmern. Bei einer Anmeldung bzw. beim Einloggen wird vom System ermittelt, ob die Personen online oder aktiv sind. Eine Bereitschaftsanzeige listet die gefundenen Benutzer und etwaige Zusatzinformationen zur Verfügbarkeit oder Interessenlage auf. Buddy Lists unterstützen demnach die Bildung von Communities und helfen bei der Regulierung und Optimierung der Kommunikation.

Buridans Robot

Buridans Esel ist, in der ursprünglichen Version von Aristoteles, ein Mann, der zwischen Speis und Trank verenden muss, weil er genauso hungrig wie durstig ist. Johannes Buridan selbst, der zu Unrecht als Urheber des Gleichnisses gilt, spricht von einem Wanderer und einem Segler, in einem Kommentar zu einem Text von Aristoteles auch von einem Hund, der ratlos zwischen zwei Nahrungsquellen sitzt oder steht. Den Esel, der zwischen zwei Heubündeln erstarrt, haben vermutlich seine Gegner erfunden, um die vermeintliche Eselei zu veranschaulichen. Eine weitere Variante stammt von dem persischen Philosophen Al-Ghazālī.

Man kann das Gleichnis ins Informationszeitalter übertragen und von „Buridans Robot" (2013) sprechen. Zu diskutieren ist, wie eine autonome Maschine entscheidungsfähig bleibt, wenn gleichartige Reize auf sie einwirken, etwa wenn zwei Kunden mit ihren Anliegen gleichzeitig auf einen Serviceroboter zutreten oder wenn die Kampfdrohne einen Terroristen eliminieren muss und dieser gleichzeitig mit seinem Zwillingsbruder erscheint. In beiden Fällen geht es um die Haltung eines Akteurs. Aber während Buridans Esel vor allem sich selbst schadet, schadet Buridans Robot potenziell bestimmten Menschen – und wird zum Protagonisten eines Dilemmas, nach dessen Auflösung man fragen kann.

C

O. Bendel, *400 Keywords Informationsethik*,
https://doi.org/10.1007/978-3-658-26664-6_3

Candystorm

Mit dem Candystorm geht eine Welle des Zuspruchs im virtuellen Raum einher, z.B. in sozialen Netzwerken, Microblogs und Blogs sowie Kommentarbereichen von Onlinezeitungen und -zeitschriften. Er wird evoziert durch den Moralismus der Informationsgesellschaft und die Empathie und Euphorie der Netzbürgerinnen und -bürger. Personen oder Organisationen werden mit Worten des Zuspruchs und Begriffen wie „Flausch" bedacht. Das Gegenteil ist der Shitstorm.

Chaos Computer Club

Der Chaos Computer Club (CCC) ist nach eigener Darstellung die größte europäische Hackervereinigung. Er will im Spannungsfeld von technischen und sozialen Entwicklungen vermitteln. Vom CCC stammen Weiterentwicklungen der sogenannten Hackerethik, die eigentlich eine Hackermoral und -anleitung ist.

Chat

Ein Chat oder Chatroom ist ein Raum für die textbasierte, synchrone Kommunikation über ein Computernetz bzw. der entsprechende „Schwatz" (engl. „chat") selbst. Ende der 1980er-Jahre wurde die technische Urform erfunden, der Internet Relay Chat (IRC). In der Folge haben sich zahlreiche Chatsysteme für die Gruppenkommunikation etabliert. Die Benutzer kommunizieren, indem sie kurze Nachrichten in ein Textfeld eintippen und zugleich die Unterhaltungen in einem Bildschirmfenster verfolgen. Meist sind auch private Dialoge möglich, die heutzutage wiederum selbst als Chat verstanden werden.

Nach der Chatiquette sollen Textnachrichten keine Benutzer verletzen und keine unerlaubten Handlungen verlangen. Die Nicknames dürfen nicht anstößig sein. Für die Einhaltung der Sonderform der Netiquette sorgen Moderatoren und Chatbots der speziellen Art. Die Benutzer können ihre Virtualität und Anonymität kreativ gebrauchen, aber auch moralisch oder rechtlich missbrauchen. Die Informationsethik untersucht das Verhalten in Chats in moralischer Hinsicht und entwickelt die Chatiquette weiter.

Chatbot

Chatbots (von engl. „chat": „Schwatz", „Plauderei", und engl. „robot": „Roboter") sind Dialogsysteme mit natürlichsprachlichen Fähigkeiten, genauer gesagt textuellen oder auditiven Möglichkeiten aller Art. Sie werden auf Websites, in Instant-Messaging-Systemen und über native Apps verwendet, wo sie die Produkte und Services ihrer Betreiber erklären und bewerben beziehungsweise sich um Anliegen der Interessenten und Kunden (Kundeninformationen, Supportunterstützung, Beschwerdemanagement, Bestellabwicklungen etc.) kümmern. Ferner können sie der Akquise von Bewerbern, der Unterhaltung von Benutzern oder wissenschaftlichen Zwecken dienen. Über den Dialog hinaus sind sie bei Navigation und Vermittlung behilflich, indem sie Seiten, Dokumente und Dienste aufrufen.

Häufig treten Chatbots zusammen mit einem Avatar auf, einem sichtbaren Repräsentanten. Dieser ist manchmal abstrakt, manchmal tierhaft, oftmals menschenähnlich gestaltet. Attraktive Mädchen und Frauen sind beliebte Vorbilder. Der Avatar hilft dabei, den Charakter anzudeuten und zu vermitteln, eine Verbindung zum Benutzer herzustellen und für diesen ein erinnerbares Gegenüber zu schaffen. Die Sprache an sich ist in der Lage, eine Quasiperson erscheinen zu lassen, und in der Kombination mit einem unbewegten oder bewegten Bild verstärken sich bestimmte Aspekte. Damit sind freilich nicht nur Vorteile verbunden. Ein Avatar kann trotz aller Bemühungen gefallen oder abstoßen, Geschlecht, Alter und Gesichtsausdruck werden als passend oder unpassend empfunden, was ein bekanntes Problem in der Hardwarerobotik ist. Ähnliches gilt für eine Stimme, falls eine verwendet wird. Insofern ist eine reine Textausgabe vielleicht wenig interessant, zugleich aber wenig problematisch.

Ein Chatbot untersucht die Eingaben des Benutzers und gibt Antworten und (Rück-)Fragen aus. Den Kern klassischer Varianten bildet die Wissensbasis oder Wissensdatenbank. Diese enthält Aussage- und Fragesätze und Erkennungsmuster. Sie wird fertig angeboten oder muss neu erstellt werden. Die Aussage oder Frage des menschlichen Gesprächspartners wird in ihre Bestandteile zerlegt und nach bestimmten Regeln verarbeitet. Dann kommen die Erkennungsmuster zur Anwendung, wobei manche Lösungen deren Verschachtelung erlauben. Die Antwort, die ausgegeben wird, kann noch modifiziert werden, etwa ergänzt um den Vornamen des Benutzers, wenn dieser vorher genannt wurde, oder um seinen Wohnort, wenn dieser bekannt ist und eine Rolle spielt. Ein solches „Kurzzeitgedächtnis" haben zahlreiche Chatbots (einige können sich, ermöglicht durch ein individuelles Login, auch länger an eine Person erinnern).

In Verbindung mit Suchmaschinen, Thesauri und Klassifikationen sowie mit Hilfe der Disziplin der Künstlichen Intelligenz (KI) wird der Chatbot zu einem breit abgestützten und einsetzbaren System. Emotionserkennung (über Textanalyse und Gesichtserkennung) und Vernetzung können einen großen Teil der Anforderungen im Betrieb abdecken. Ganz konkret muss der Chatbot heute nicht mehr alles selbst wissen (d.h. in seiner Wissensbasis muss nicht alles enthalten sein), sondern kann andere Systeme fragen – ganz wie ein Mensch. Ontologien mögen ihm bei der Einordnung helfen und ihm den Kontext schaffen, der für uns selbstverständlich ist. Er muss zudem nicht alles voraussehen können, sondern vermag die Eingaben des Benutzers zu deuten.

Ein nächster Schritt ist die Verwendung weiterer Facetten künstlicher Intelligenz, verbunden mit Machine Learning und Deep Learning. Der Chatbot lernt durch die Eingaben der Benutzer hinzu, erweitert seinen Wortschatz und verbessert seine Ausdrucksmöglichkeiten. Dabei muss man aufpassen, dass er nicht in schlechte Gesellschaft gerät, wie dies Tay, einem Social Bot und Chatbot, passiert ist. Das selbstlernende virtuelle Teenagermädchen fiel auf Twitter nach einigen Stunden mit rassistischen Äußerungen auf und musste von Microsoft vom Netz genommen werden. Cleverbot, ein KI-Bot, warnt auf seiner Website: „Cleverbot learns from people – things it says may seem inappropriate – use with discretion and at YOUR OWN RISK". Er hat, wie im Prinzip auch Tay, ein „Langzeitgedächtnis", das sich aus der Crowd speist. Und genau das wird immer wieder zum Problem.

Chatbots waren um die Jahrtausendwende ein Hype und wurden 15 Jahre später wieder zu einem, allerdings unter neuen Voraussetzungen, wenn man an die Entwicklungen in der KI und auch die Überlegungen und Zielsetzungen in der Ethik denkt. In der Maschinenethik werden Chatbots gebaut, die moralisch adäquat agieren und reagieren oder in ihrer Kommunikation und Interaktion negative Aspekte realisieren, damit diese für die Forschung zugänglich sind. Die Informationsethik diskutiert die Auswirkungen des Einsatzes von Chatbots, u.a. mit Blick auf die informationelle Autonomie, die Roboterethik die Folgeerscheinungen für die persönliche Autonomie, die sich plötzlich in Konkurrenz zur maschinellen befindet. Die Wirtschaftsethik ist relevant hinsichtlich der Unterstützung und Ersetzung von Arbeitskräften, etwa Kundenberatern und Verkaufspersonal.

Clickbait

„Clickbait" (engl. „bait": „Köder") ist ein negativ konnotierter Ausdruck für Content im WWW, mit dem man Klicks und Kommentare generieren will. Der Leser oder Betrachter wird durch Überschriften oder Teaser bzw. Eyecatcher dazu animiert, sich durch Seitenfolgen und Bildstrecken zu klicken. Dazu werden scheinbar heiße Eisen angefasst oder offensichtlich attraktive Models gezeigt. Wie beim viralen Marketing (bzw. als Teil davon) soll sich der Content viral verbreiten. Erzielt werden sollen möglichst hohe Werbeeinnahmen. In der Regel sind Onlinemedien für das Phänomen verantwortlich, für das sich neben der Informationsethik auch Medien-, Wirtschafts- und Rechtsethik interessieren.

Cloud Computing

Cloud Computing ist das Zurverfügungstellen von Speicherplatz, Softwareprodukten und Entwicklungsplattformen über Hochleistungsserver meist externer Anbieter. Verschlüsselung sollte auf Benutzerseite vorgenommen werden, also bevor sich die Daten auf den Weg zu den Servern machen. Wo diese stehen und wer Zugang zu ihnen und Zugriff auf sie hat, muss man vor dem Abschluss eines Vertrags abklären. Hybrid und Private Clouds können das eine oder andere Problem lösen, das sich bei Public Clouds ergibt. Die Informationsethik untersucht, ob Cloud Computing die informationelle Autonomie tangiert, die Wirtschaftsethik, ob sich das Unternehmen in eine ökonomische Abhängigkeit begibt.

Code of Conduct

Ein Code of Conduct ist ein Verhaltenskodex. Er kann allgemeine (etwa auf professionelle Standards bezogene) und moralische Regeln enthalten. Eigentliche Ethikkodizes, auch „ethische Kodizes" oder besser „moralische Kodizes", „Moralkodizes" und „Sittenkodizes" genannt, fokussieren auf moralische Angelegenheiten. Ein Code of Conduct dient der Orientierung und Regulierung oder der Imagepflege.

Cognitive Design

Cognitive Design beschäftigt sich mit der Frage, wie die Generierung, Weitergabe und Bewahrung von Wissen technologisch und medial unterstützt werden kann, wobei Erkenntnisse des Kognitivismus herangezogen und in den Systemen – auch bei intelligentem Spielzeug – umgesetzt werden.

Commons

Commons sind Gemeingüter bzw. gemeinschaftliches Eigentum (Allmende). Die Organisation Creative Commons (CC) bietet über vorgefertigte Lizenzverträge eine Hilfestellung für Urheber zur Systematisierung und Freigabe von rechtlich geschützten Inhalten. So kann man z.B. die kommerzielle Nutzung erlauben oder ausschließen, ebenso die Bearbeitung.

Community

Communities sind Gemeinschaften von Personen mit ähnlichen Interessen oder Zielen. Die Mitglieder tauschen sich zu bestimmten Themen und Problemen aus, ergänzen gegenseitig Sammlungen oder arbeiten zusammen an Werken aller Art. Finden sich Communities in virtuellen Räumen zusammen, spricht man auch von virtuellen Communities oder E-Communities. Genutzt werden vor allem Diskussionsforen und Chats oder Plattformen und Dienste mit integrierten Funktionen wie Gruppenräumen. Frühe Communities wurden seit den 1970er-Jahren im Usenet gebildet.

Eine spezielle Form seit den 90er-Jahren des 20. Jahrhunderts sind Communities of Practice. Diese nehmen in Organisationen vielfältige Aufgaben wahr. Sie setzen Strategien um, unterstützen Mitarbeiterinnen und Mitarbeiter bei der Lösung von Problemen, auch moralischer und rechtlicher Art, oder fördern die Verbreitung und Anwendung von Best Practices, etwa im Bereich ethischer Fragen und von Compliance-Management. Heute nutzen Communities of Practice mehrheitlich fortgeschrittene Informations- und Kommunikationstechnologien.

Compliance

Compliance ist die Selbstverpflichtung von Organisationen, bestimmte Gesetze, Vorschriften, Leit- und Richtlinien sowie moralische Kodizes und ethische Standards einzuhalten. Compliance-Management soll dabei helfen, die richtigen Regeln zu identifizieren bzw. zu etablieren und die Regeltreue systematisch zu fördern. Die Gesamtheit der Maßnahmen, Methoden, Modelle und Technologien bezeichnet man als Compliance-Management-System.

Die Moral ist bei Compliance meist nicht Zweck, sondern Mittel zum Zweck: Man will das Unternehmen bzw. die Einrichtung vor negativen Folgen schützen. Nicht jegliches Ethikmanagement folgt dieser Logik. Die Wirtschaftsethik untersucht Chancen und Risiken von Compliance-Management-Systemen. Die Informationsethik kommt ins Spiel bei Internet- und IT-Unternehmen sowie bei der technikbasierten oder automatisierten Überprüfung der Befolgung von Regeln, etwa von moralischen Pflichten.

Computational Thinking

Computational Thinking bedient sich der Techniken und Methoden der Logik, der Mathematik und der Informatik, um Probleme zu formulieren und zu lösen. Der Begriff stammt von dem Mathematiker und Informatiker Seymour Papert. Informatisches Denken nimmt u.a. auf das Computational Thinking Bezug.

Computerethik

Die Computerethik ist, Rafael Capurro folgend, ein Teilbereich der Informationsethik. Sie kann auch als deren Vorläufer und insofern als eigenständige Bereichsethik angesehen werden. Es geht um die moralischen Chancen und Risiken, die beim Einsatz und bei der Nutzung von Rechnern entstehen. In der Regel wird damit keine Ethik adressiert, die wie die Maschinenethik eine mögliche Moral von Computern und Geräten anspricht.

Computerspiel

Ein Computerspiel ist ein Spiel, das an der Spielkonsole, am Standrechner, am Notebook, mit dem Tablet oder mit dem Handy bzw. Smartphone (Handyspiel) allein oder mit anderen gespielt wird. Es handelt sich entweder um abstrakte Vorgänge und Aufgaben (z.B. Zusammenfügen oder Verschieben von Elementen), Nachahmungen von konventionellen Spielen und Sportarten (Schach, Tennis) oder Anwendungen mit virtueller Realität. Die Spiele verlangen dem Benutzer Ausdauer, Geschicklichkeit, Schnelligkeit, Taktik oder Raffinesse ab. Als Benutzerschnittstellen stehen oft spezielle Instrumente wie Joysticks bereit.

Bei kollaborativen Computerspielen können die Spielpartner am gleichen Ort (LAN-Partys) oder an verschiedenen Orten sein. Beispiele für solche Spiele (auch Multi-User Games genannt, im Gegensatz zu Single-User Games) sind bestimmte Arten von Adventure-Spielen sowie Spielfunktionen von Chats wie Schiffe versenken, Schach oder Mühle. Seit ca. 2005 verbreiten sich Sport- und Geschicklichkeitsspiele, bei denen Körpereinsatz und Gestik die Abläufe steuern, seit 2016 haben Augmented-Reality-Anwendungen wie Pokémon GO immer wieder Aufmerksamkeit erregt.

In Computerspielen wurden und werden oft moralische Angelegenheiten verhandelt, etwa in „Sims", „Oblivion", „Fallout 3", „Mass Effect 2" oder „Neon Struct". Man muss Entscheidungen zum Wohl von Menschen und Tieren treffen und Verantwortung übernehmen, oder es wird Gesellschaftskritik geübt. Ferner haben Aktivitäten wie das Töten der Gegner oder das Zerstören von Gebäuden moralische Implikationen. Die Informationsethik interessiert sich dafür, wie spielerisch moralische Kompetenzen erworben

werden oder wie diese spielend verloren gehen. Auch wenn Computer-
spiele süchtig machen, ist sie (neben Medizinethik, Medizin und Psychologie) gefragt.

Content

Content ist Information und Wissen in digitaler Form und Inhalt in einer
multimedialen Umgebung. Er kann als Text, Grafik, Foto, Video, Animation,
Simulation oder gesprochenes Wort und Musik bzw. Audio vorkommen.
Content wird von Autoren oder Maschinen her- und zusammengestellt
(engl. „content production"), wobei spezielle Autorenwerkzeuge respektive Algorithmen zur Verfügung stehen.

Eine besondere Ausprägung stellt der User-generated Content dar, bei
dem in der Regel nichtprofessionelle Autoren alleine oder gemeinsam –
häufig über Weblogs oder Wikis und im Kontext des Web 2.0 – Content
produzieren und kuratieren (engl. „content curation"). Bei der Entwicklung
und Nutzung von Content wird seit einigen Jahren Open Content immer
wichtiger. Cat-Content ist ein Internetphänomen: Bilder dieser Tiere werden massenhaft gepostet und gelikt.

Verstöße gegen das Urheberrecht und das Recht am eigenen Bild, die Aggregation von Daten, die Industrialisierung und Automatisierung der Buch-
und Artikelproduktion (auch im Sinne von Robo-Content) und andere Phänomene fordern Rechtswissenschaft, Medienethik und Informationsethik
heraus.

Corporate Governance

Corporate Governance ist der Ordnungsrahmen für die Leitung und Überwachung eines Unternehmens. Die Grundsätze der Unternehmensführung
zielen auf eine verantwortliche, kompetente und transparente Führung.
Auch und gerade für IT-Firmen ist Corporate Governance relevant.

Corporate Social Responsibility

„Corporate Social Responsibility" (CSR) kann mit „Unternehmensverant-
wortung" übersetzt werden. Es handelt sich um einen zentralen Begriff der
Wirtschaftsethik, genauer der Unternehmensethik. CSR ist kein Manage-
mentkonzept, sondern ein Leitgedanke. IT-Firmen müssen, in Kongruenz
mit der Corporate Governance, Verantwortung wahrnehmen mit Blick auf
die Produktion von Geräten, den Betrieb von Rechenzentren, die Datenverarbeitung, -sammlung und -verwertung sowie das Verhalten der Kunden.

Coworking

Beim Coworking arbeitet man zusammen mit anderen Personen in Groß-
raumbüros, Büros mit Workbays oder ähnlich angelegten Räumen, insgesamt Coworking Spaces genannt, entweder für eigene oder gemeinsame
Belange. Man hat meist nur eine geringe Gebühr zu entrichten und keinen
festen Platz, teilt sich die Infrastruktur und trifft sich in der Kaffeeküche
oder im Fitnessraum.

Die Bewegung (auch unter dem Begriff „Shared Workspace" bekannt) hat
seit den 2000er-Jahren in Kalifornien ihr Zentrum, aber ebenso in Deutschland, in Österreich und in der Schweiz ihre Anhänger. In Berlin – wo Vorläufer bereits in den 1990er-Jahren existierten – und in anderen Metropo-
len befriedigen die verschiedenen Angebote unterschiedliche Bedürfnisse,
etwa in Bezug auf Grundhaltung, Arbeitsform und Ausstattung.

Unternehmen können Coworking Spaces als Ausweichmöglichkeit nutzen,
etwa für freie oder externe Mitarbeiter. Wissenschaftler, Selbstständige
und Mitarbeiter, die viel auf Reisen sind, finden eine professionelle und in-
spirierende Umgebung vor. Manchen ist der Shared Workspace aber auch
zu unpersönlich und zu unruhig. Zudem können Sicherheitsprobleme geltend gemacht werden, nicht zuletzt wegen der ständig wechselnden An-
wesenden, die sich untereinander nicht immer einschätzen können.

Crowdfunding

Crowdfunding ist eine Form der Finanzierung (engl. „funding") durch eine Menge (engl. „crowd") von Internetnutzern. „Crowdsourcing" etablierte sich ebenfalls um 2005 herum und bezeichnet ein verwandtes Phänomen. Im deutschsprachigen Raum ist auch der Begriff der Schwarmfinanzierung bekannt, der die Beziehungen zwischen den Benutzern betont.

Beim Crowdfunding wird – meist im World Wide Web – zur Spende oder Beteiligung aufgerufen. Künstler, Aktivisten, Veranstalter und Unternehmer stellen ihre Projekte dar und nennen die benötigte Summe sowie die erwartbare Gegenleistung für die Benutzer. Diese werden über Social Networks, Blogs, Microblogs und andere Kanäle aufmerksam. Wenn innerhalb einer bestimmten Zeit die angegebene Summe erreicht ist, fließt das Geld an die Initianten, und die Idee wird umgesetzt.

Schwarmfinanzierung wird über persönliche Homepages und professionelle Websites unterstützt, vor allem aber über spezielle Plattformen, auf denen die Beschreibungen der Projekte zu finden sind und die sämtliche Transaktionen abwickeln und im Erfolgsfall eine Provision einbehalten. Im englischsprachigen Raum entstanden die ersten Plattformen dieser Art um das Jahr 2000, im deutschsprachigen eine Dekade später. Es werden insgesamt etwa vierzig Projektkategorien unterschieden.

Crowdfunding dient oft der Finanzierung von eher ungewöhnlichen und kostengünstigen Projekten. Mit Crowdinvesting steht eine Alternative für kapitalintensive Unternehmen und Anliegen zur Verfügung. Eine klare Abgrenzung ist nicht immer möglich, und manche Crowdfunding-Plattformen wenden sich ausdrücklich auch an ambitionierte Start-ups. Die sichere und seriöse Abwicklung von Transaktionen ist ebenso ein Erfolgsfaktor für die zahlreichen Plattformen wie die einfache Bedienbarkeit. Wichtig ist auch die Attraktivität der Projekte.

Cyberhedonismus

Aus Sicht des Hedonismus sind Lust und Befriedigung die höchsten Güter und Voraussetzung für die Glückseligkeit und ein gutes Leben. Die Informationsethik beschäftigt sich mit dem Hedonismus der Informationsgesellschaft, deren Mitglieder sich durch die Nutzung von Internetdiensten, den Kauf von Gadgets, über Computer- und Handyspiele und mit Hilfe von Cyberporn und -sex (Ersatz-)Befriedigung verschaffen. In diesem Zusammenhang wird auch von Cyberhedonismus gesprochen.

Cyberkriminalität

Cyberkriminalität tritt als Computer- und Internetkriminalität in Erscheinung. Auch die Kriminalität über Handys und Smartphones und in mobilen Netzen kann dazu gezählt werden. Computerkriminalität umfasst Datenveränderung und Computersabotage, Internetkriminalität Cybermobbing, Identitätsdiebstahl und Netzspionage. Diese Straftaten lassen sich auf den mobilen Bereich übertragen. Die Informationsethik widmet sich in Computer- und Netzethik den moralischen Aspekten der Cyberkriminalität.

Cybermobbing

Cybermobbing (auch Cyberbullying) ist Mobbing im virtuellen Raum (im Cyberspace), in Form einer Denunziation, Diffamierung, Beleidigung, Belästigung oder Nötigung. Anonymität scheint Cybermobbing zu begünstigen, genauso das Aufgehen der Täter in einer Menge, dem Mob. Cyberstalking als Verfolgung und Belästigung im virtuellen Raum ist ein verwandtes Phänomen. In der Informationsethik werden Ausprägungen des Cybermobbings untersucht und Vorschläge zur Eindämmung erarbeitet.

Cyber-physische Systeme

Cyber-physische Systeme sind Systeme, bei denen informations- und softwaretechnische mit mechanischen bzw. elektronischen Komponenten verbunden sind, wobei Datentransfer und -austausch sowie Kontrolle bzw. Steuerung über eine Infrastruktur wie das Internet in Echtzeit erfolgen. Wesentliche Bestandteile sind mobile und bewegliche Einrichtungen, Geräte und Maschinen (darunter auch Roboter), eingebettete Systeme und vernetzte Gegenstände (Internet der Dinge). Sensoren registrieren und verarbeiten Daten aus der physischen Welt, Aktoren (Antriebselemente) wirken auf die physische Welt ein, sodass z.B. Weichen gestellt, Schleusen geöffnet, Fenster und Türen geschlossen, Produktionsvorgänge begonnen, geändert und angehalten werden. Herausforderungen sind Standardisierung und Integration von Komponenten, Verifizierung von Systemen, Reduktion von Komplexität und Erhöhung der Sicherheit. Involvierte Wissenschaften und Disziplinen sind u.a. (Wirtschafts-)Informatik, Betriebswirtschaftslehre, Maschinenbau, Elektrotechnik und Robotik. In der Industrie 4.0 haben cyber-physische Systeme eine zentrale Funktion.

Zu den Anwendungsbereichen der cyber-physischen Systeme gehören Produktion, Logistik, Mobilität, Energie, Umwelt und Verteidigung. Damit sind auch zentrale Themenfelder der Industrie 4.0 genannt. Eine Fahrzeugproduktion mit Prozesssteuerungs- und Automationssystemen und stationären oder mobilen Robotern (Smart Factory und Smart Production) ist ebenso im Fokus wie die Etablierung von Steuerungssystemen für den Zug-, Flug- und Autoverkehr. Smart Grid verbindet kleine und große Energieanbieter und unterschiedlichste -systeme. Dadurch sollen eine höhere Effizienz und eine bessere Effektivität in der Energieversorgung von Unternehmen und Privathaushalten (Smart Home) möglich sein. Vernetzte Umweltbeobachtungs- und Umweltbeeinflussungssysteme kontrollieren und manipulieren künstliche und natürliche Systeme, um Schaden von Mensch und Umwelt, etwa im Zusammenhang mit Erdbeben und Überschwemmungen, abzuwenden. Militärische Drohnen, die Teil des Unmanned Aerial System sind, zu dem noch die Bodenstation für Start, Landung und Betankung und die Station zur Steuerung und Überwachung des Flugs gehören, fliegen ferngesteuert oder teilautonom bzw. autonom und sind auf ständige Inputs aus Internetquellen und Informationssystemen und auf hochwertige Sensoren angewiesen. Sie können wiederum Teil von komplexeren Verteidigungssystemen zur Luftraumüberwachung und Raketenabwehr sein.

Vorteilhaft bei cyber-physischen Systemen, wie auch bei der Industrie 4.0, sind Anpassungs- und Wandlungsfähigkeit, Ressourceneffizienz, Verbesserung der Ergonomie und Erhöhung von (bestimmten Formen der) Sicherheit. Nachteilig ist, dass die komplexen Strukturen hochgradig anfällig sind und interne und externe Abhängigkeiten erzeugen. Autonome

Systeme können sich falsch entscheiden, entweder weil sie unpassende
Regeln befolgen oder Situationen und Vorgänge unkorrekt interpretieren.
Mobile Roboter können Menschen verletzen und Unfälle verursachen,
was die soziale Robotik allerdings verhindern soll. Eingebettete vernetzte
Systeme hängen von aktuellen Daten und korrekten Informationen ebenso ab wie von einer funktionierenden Stromversorgung. Die Informationsethik untersucht das mögliche Versagen der cyber-physischen Systeme,
z.B. ihre feindliche Übernahme und ihren selbstverschuldeten Ausfall, in
moralischer Beziehung, die Maschinenethik versucht die Entscheidungen
der teilautonomen und autonomen Systeme in moralischer Hinsicht zu
verbessern.

Cyberporn

Cyberporn ist Pornografie im Cyberspace, Texte, Bilder, Videos und
Live-Übertragungen umfassend, die mit konventionellen Computern und
mobilen Geräten distribuiert und konsumiert werden. Am Fließband produzierte Pornografie gehört teilweise zur Cyberkriminalität, etwa Kinderpornografie, selbst produzierte Pornografie ebenfalls, wie der Racheporno
oder wiederum Kinderpornografie (im Rahmen von Sexting, das von Kids
ausgeht). Im Internet sind viele verschiedene Arten von weicher und har-
ter Pornografie zu finden, was die sogenannte (eher scherzhaft gemeinte)
Regel 34 so beschreibt: „If it exists, there is porn of it."

Jugendliche in den Informationsgesellschaften sind mit explizitem Material in ihrer Mehrheit vertraut; man spricht auch von der Generation Porno, zu der die Generationen Y und Z gehören. Schäden und Prägungen bei
zu frühem Konsum sind möglich, insbesondere wenn man auf Bilder nicht
vorbereitet ist und ein Ansprechpartner fehlt, der Darstellungen erklärt
und relativiert. Zudem ist Nachahmung eine Gefahr. Selbst Kindergarten-
kinder können sexuelle Gewalt und sexuelle Praktiken in der Familie oder
in Pornos auf ihre Altersgenossen übertragen. Zugleich können Softpornos
bei denjenigen, die die nötige geistige Reife haben, zur Aufklärung und Auf-
lockerung beitragen.

Wichtig ist die Vermittlung von adäquaten Verhaltensweisen im Rahmen
der Informations- und der Medienkompetenz. Auch das Blocken und Filtern mithilfe von Software ist möglich und mit Blick auf Kinder sinnvoll.

Die Informationsethik fragt in diesem Kontext grundsätzlich nach der sich verändernden Moral der Informationsgesellschaft und speziell nach der informationellen Autonomie.

Cybersecurity

Cybersecurity oder IT-Sicherheit ist der Schutz von Netzwerken, Computersystemen, cyber-physischen Systemen und Robotern vor Diebstahl oder Beschädigung ihrer Hard- und Software oder der von ihnen verarbeiteten Daten sowie vor Unterbrechung oder Missbrauch der angebotenen Dienste und Funktionen. Bei den Daten handelt es sich sowohl um persönliche als auch um betriebliche (die wiederum persönliche sein können). Insgesamt richtet sich Cybersecurity häufig (aber nicht nur) gegen Cyberkriminalität. Zu Schutzmaßnahmen berät das Bundesamt für Sicherheit in der Informationstechnik (BSI) über die Plattformen „BSI für Bürger" und „Allianz für Cyber-Sicherheit" (für Unternehmen und Organisationen).

Die Omnipräsenz von WLAN und von intelligenten Geräten wie Smartphones, Lautsprechersäulen und Wearables, die Vernetzung von Geräten und Systemen, nicht zuletzt im Kontext des Internets der Dinge und von Cloud Computing, sowie die Verbreitung von Robotern und KI-Systemen, die mit Menschen und Maschinen interagieren und kommunizieren, machen Cybersecurity zum Thema und zum Gebot der Stunde, in gewisser Weise aber auch zu einem Kampf gegen Windmühlen. IT-Konzepte, -Richtlinien und -Maßnahmen sowie spezielle Soft- und Hardware helfen dabei, Systeme und Daten zu schützen. Im Fokus ist der unerwünschte bzw. unerlaubte physische Zugriff auf die Hardware sowie der Zugriff auf Hard- und Software über Netzwerke und Schadsoftware durch Hacker und andere Beauftragte bzw. Unbefugte.

Hacker dringen meist über Netzwerke in Computer ein, um zu spielen und zu experimentieren, auf Schwachstellen hinzuweisen, Daten abzuziehen und Informationen einzusehen oder Systeme, Geräte und Fahrzeuge zu übernehmen. Zu unterscheiden ist zwischen White-Hat-, Grey-Hat- und Black-Hat-Hackern. Die White-Hats wollen aufzeigen, vornehmlich zum Vorteil von Unternehmen und Kunden, dass es keine hundertprozentige Sicherheit in Netzen und bei Computern gibt. Sie dienen der Cybersecurity mehr oder weniger direkt. Die Grey-Hats möchten nicht nur ihre Vorstellung von Informationsfreiheit (Informationszugangsfreiheit) verbreiten, sondern diese so stark wie möglich ausweiten, selbst wenn sie die Freiheit von anderen verletzen. Die Black-Hats (Cracker) besitzen kriminelle Energie. Sie suchen und finden ebenfalls Sicherheitslücken, wollen diese aber bewusst ausnutzen und dabei fremde Systeme einnehmen und beschädigen sowie Daten entwenden. Sie operieren oft im Auftrag von Unternehmen und Regierungen.

Zu den größten Herausforderungen gehört das Fehlen weltweit tätiger, zentraler Einrichtungen für Cybersecurity und weltweit gültiger Absprachen und Regelungen, um Cyberkriminalität zu erkennen und zu bekämpfen sowie Cyberresilienz (Widerstandsfähigkeit und Belastbarkeit der IT-Systeme und -Strukturen) hervorzubringen. Im Zusammenhang mit der Datenschutz-Grundverordnung (DSGVO) sind neue Dokumentations- und Meldepflichten zu erfüllen, etwa in Hinsicht auf Datenschutzverletzungen. Die Informationsethik nimmt sich der moralischen Aspekte des Datenschutzes an, beispielsweise in der Beschäftigung mit der informationellen Autonomie und der Privatsphäre. Sie schärft den Blick für die Bedeutung von IT-Sicherheit für Kunden, Konsumenten und Personen überhaupt, auch in Bezug auf Vertrauen und Verantwortung. Die Wirtschaftsethik kümmert sich um moralische Fragen der Cyberkriminalität, die sich auf Staaten und Unternehmen richtet oder von diesen ausgeht, und der Cybersecurity als Grundlage für eine funktionierende, stabile Volkswirtschaft.

Von totalitären Staaten wird der Begriff der Cyberkriminalität missbraucht, um legitime (aber für illegal erklärte) Aktivitäten zu bekämpfen. Dies zeigt nebenbei, dass Kriminalität und Immoralität nicht in eins gesetzt werden dürfen. Cybersecurity kann im Extremfall eine unselige Rolle spielen, insofern etwa die Arbeit von Menschenrechtsaktivisten behindert oder verunmöglicht wird. Die Sicherheit, die hergestellt wird, ist diejenige der unterdrückenden Personen und Parteien.

Cybersex

Cybersex ist eine Form von Sex, die im virtuellen Raum stattfindet, beispielsweise in Chaträumen und Spielwelten. Man erregt sich gegenseitig über die Sprache (bei gesprochener Sprache auch über die Stimme) oder – mithilfe von Avataren, von Fotos, Videos und anderem selbststelltem oder ausgewähltem Cyberporn-Material – über das Aussehen. Auch Ein- und Ausgabegeräte (Datenhandschuhe und -helme, Vibrationsunterwä- sche, Teledildos sowie die Erzeugnisse von 3D-Druckern), Sexroboter und weitere technische Hilfsmittel werden zur Darstellung bzw. Betrachtung und Stimulation des eigenen und fremden Körpers eingesetzt. Informati- ons- und Sexualethik gehen beim Cybersex eine Liaison ein; u.a. interes- siert, wie Informations- und Kommunikationstechnologien ein lustvolles Leben unterstützen oder behindern können.

Cyberstalking

Cyberstalking ist eine Sonderform des Stalkings, des Nachstellens, Verfol- gens und Belästigens, die sich auf den virtuellen Raum (den Cyberspace) bezieht. Es kann als Form von Cybermobbing oder als eigenständiges Phä- nomen aufgefasst werden. Die Täter (Stalker bzw. Cyberstalker) handeln entweder im Schutz der Anonymität oder treten ihrem Opfer mit ihrer wahren Identität entgegen. Das Nachstellen im realen Raum mit Hilfe von Informations- und Kommunikationstechnologien und zur Überwachung geeigneten Geräten wie Drohnen wird nicht als Cyberstalking bezeichnet, kann aber in dieses münden, wenn die Daten ins Netz übertragen und mit dem Profil des Betroffenen verknüpft werden. In der Informationsethik werden Ausprägungen des Cyberstalkings erörtert und Vorschläge zur Ein- dämmung und zur Hilfe im Falle des Betroffenseins erarbeitet.

Cyberwar

Cyberwar ist Krieg oder Kampf mit Hilfe von Informations- und Kommuni- kationstechnologien in der virtuellen oder auch – bei einem weiten Begriff – realen Welt. Es gehören Cyberattacken dazu, die teilweise von Hackern ausgeführt und zur Cyberkriminalität gezählt werden, welche ein Unter- suchungsobjekt der Informationsethik ist, und Angriffe mit (teil-)autono- men Kampfrobotern und Drohnen, ein Gegenstand der Maschinenethik. Alle Formen des Cyberkriegs können vom Militär ausgehen und von der Militärethik behandelt werden.

Cyborg

Ein Cyborg (von engl. „cybernetic organism") ist ein Lebewesen, das technisch ergänzt oder erweitert ist. Damit ist er (wenn man zunächst tierische Spielarten ausspart) eine Ausprägung des Human Enhancement. Dieses dient der Vermehrung menschlicher Möglichkeiten und der Steigerung menschlicher Leistungsfähigkeit und damit – aus Sicht der Betroffenen und Anhänger – der Verbesserung und Optimierung des Menschen. Ein verwandtes Phänomen ist Biohacking, speziell Bodyhacking.

Es gibt, wie angedeutet, sowohl menschliche als auch tierische Cyborgs. Die Bewegung des Transhumanismus, von der in diesem Zusammenhang häufig die Rede ist, propagiert die selbstbestimmte Weiterentwicklung des Menschen oder die fremdbestimmte Weiterentwicklung von Tieren in die Richtung verständiger, quasi halbmenschlicher Wesen mithilfe wissenschaftlicher und technischer Mittel. Cyborgs sind ein Topos in Science-Fiction-Büchern und -Filmen.

Bei einem weiten Begriff ist bereits ein Mensch mit einem Pullover oder einem Rock ein Cyborg. Daneben können Brille und Uhr zu dieser Benennung führen, nicht erst in ihrer smarten Variante. Weitgehend einig ist man sich im Falle von medizinischen und nichtmedizinischen Implantaten, Hightechprothesen und Exoskeletten. Im Kontext des Human Enhancement kann man in Verfahren einteilen, die auf die körperliche und die geistige Erweiterung abzielen, wobei nicht immer eine klare Abgrenzung möglich ist. Zu unterscheiden ist zudem zwischen bestehenden, sich entwickelnden und geplanten Technologien sowie zwischen restaurativen, therapeutischen und nichttherapeutischen Methoden. Bei menschlichen Cyborgs sollen Schwächen ausgeglichen und Stärken hinzugewonnen werden, was nicht nur ihrem eigenen Wunsch, sondern auch dem der Wirtschaft entsprechen mag. Im Kontext des Animal Enhancement geht es um die Unterstützung von Tieren, vor allem wenn diese Gebrechen haben, und um ihre Nutzung, etwa in der Landwirtschaft.

An der Entwicklung von Cyborgs sind u.a. Künstliche Intelligenz (KI), Robotik und Informatik beteiligt. Sie lassen sich von Science-Fiction visuell und funktionell inspirieren. Die Medizin ist bei immersiven Eingriffen gefragt. Mehrere Bereichsethiken behandeln Chancen und Risiken von Human und Animal Enhancement in moralischer Hinsicht. In der Informationsethik interessiert, ob durch die (Nicht-)Verfügbarkeit von Optionen die (Informations-)Gerechtigkeit in Frage gestellt und ob durch die Integration von Chips und die Verwendung von Hightechprothesen die Autonomie des Menschen eingeschränkt oder erweitert wird. Die Technikethik reflektiert die Positionen des Transhumanismus und dessen Postulate einer Transformation. In der Wirtschaftsethik ist der Cyborg als Arbeitnehmer (oder Kunde) relevant, in seinen Möglichkeiten und Abhängigkeiten. Diskutiert wird, ob man in der Produktion oder in der Zustellung jemanden dazu zwingen kann oder soll, Exoskelette respektive Datenbrillen zu tragen. Die Maschinenethik untersucht, ob die technischen Verstärkungen von Organismen selbst moralische Entscheidungen treffen können und müssen. Die Tierethik fragt schließlich, ob wir Tiere verbessern müssen und dürfen und wann gegen deren Interessen und Rechte verstoßen wird.

Cypherpunk

„Cypherpunk" ist ein Kunstwort aus engl. „cyber", „cipher" („Chiffre") und „punk", das einen Cyberpunk meint, der kryptografische Verfahren nutzt, um private Daten zu schützen, und soziale Medien und interaktive Plattformen, um öffentliche Daten zu verbreiten. Damit agiert er auch im Sinne der Hackerethik. Hacker werden zuweilen als Cyberpunks bezeichnet.

© Springer Fachmedien Wiesbaden GmbH, ein Teil von Springer Nature 2019
O. Bendel, *400 Keywords Informationsethik*,
https://doi.org/10.1007/978-3-658-26664-6_4

Datenbrille

Die Datenbrille ist ein mit Peripheriegeräten ergänzter Kleinstrechner, der am Kopf getragen und mit Augen und Händen gesteuert bzw. bedient wird. Verarbeitet werden Daten aus dem Internet und der Umgebung, vor allem im Sinne der Augmented Reality (deshalb auch AR-Brille). Dinge, Pflanzen, Tiere und Menschen respektive Situationen und Prozesse werden registriert, analysiert und mit virtuellen Informationen angereichert. Der Computer ist auf einem Brillenrahmen angebracht oder in eine Apparatur integriert, die einer Halbmaske ähnelt.

Die Möglichkeiten und Funktionen der Datenbrille hängen einerseits von der verbauten Hardware ab, von Kamera, Display und Prozessor, andererseits von der eingesetzten Software, etwa von den heruntergeladenen Apps. Die Hersteller der Brille versuchen manche Anwendungen zu fördern und durchzusetzen, andere zu verhindern. So wird die Gesichtserkennung kontrovers diskutiert und teilweise untersagt. Mit ihrer Hilfe könnten fremde Personen identifiziert und mit Zusatzinformationen aus dem WWW verbunden oder aber ihre Emotionen analysiert werden.

Die Datenbrille kann der Unterstützung von Arbeit, Sport und Fortbewegung dienen. Sie erleichtert wissensintensive und äußerste Präzision verlangende Tätigkeiten. Sie kann zudem ein Statement sein. Wer sie trägt, mag damit seinen Willen zum Ausdruck bringen, unlautere Methoden zum eigenen Vorteil zu gebrauchen und die informationelle Autonomie seiner Mitmenschen zu missachten. Die Verbreitung der Datenbrille hängt stark vom wirtschaftlichen Druck, vom rechtlichen Rahmen und von moralischen Diskussionen – auch aus Technik- und Informationsethik heraus – ab.

Datenethik

Wie die Algorithmenethik ist die Datenethik keine etablierte Bereichsethik. Ihr Thema kann im Prinzip in der Informationsethik erforscht werden. Der Begriff der Ethik zielt hier also weniger auf eine Disziplin, eher auf ein Arbeitsgebiet bzw. eine Einordnungsmöglichkeit. Der Fokus liegt auf Anwendungen von Small und Big Data und auf der Datensicherheit. Viel diskutiert wird die Frage, ob man persönliche Daten, z.B. zu Erkrankungen, zur Verfügung stellen muss, um der Allgemeinheit zu helfen, etwa durch

die Bekämpfung von Krankheiten. Die einen sehen hier das individuelle Interesse als wichtiger an („Meine Daten gehören mir!"), die anderen das
öffentliche.

Datenschutz

Datenschutz ist u.a. der Schutz individueller, privater Daten und Informationen vor Unbefugten oder der Allgemeinheit bzw. das entsprechende Fachgebiet. Die betreffenden Personen sollen vor Indiskretionen und Benach-
teiligungen und damit in ihrem Persönlichkeitsrecht geschützt werden. Mit
dem Datenschutz hängt die Datensicherheit zusammen. Die Informationsethik nimmt sich der moralischen Aspekte des Datenschutzes an, beispielsweise in der Beschäftigung mit der informationellen Autonomie.

Datenschutz-Grundverordnung

Die Datenschutz-Grundverordnung (DSGVO) von 2016 (Inkrafttreten)
bzw. 2018 (Anwendung) vereinheitlicht die Regeln zur Verarbeitung personenbezogener Daten durch Unternehmen, Behörden und Vereine, die
innerhalb der Europäischen Union einen Sitz haben. Die englische Entspre-
chung des Begriffs ist „General Data Protection Regulation (GDPR)", die
offizielle Bezeichnung „Verordnung des Europäischen Parlaments und des
Rates zum Schutz natürlicher Personen bei der Verarbeitung personenbezogener Daten, zum freien Datenverkehr und zur Aufhebung der Richtlinie
95/46/EG". Der Umgang mit Kunden- und Mitarbeiterdaten, Daten von
Bürgern etc. wird im Zusammenhang mit dem Datenschutz in elf Kapiteln
mit insgesamt 99 Artikeln geklärt.

Die Verordnung gilt in allen Mitgliedstaaten und hat Auswirkungen auf
weitere Länder und ihre privaten und öffentlichen Einrichtungen. Es sind
technische, wirtschaftliche, gesellschaftliche und individuelle Aspekte vorhanden. Es herrschen technikneutrale Regelungen vor, die soziale
Medien und künstliche Intelligenz zu erfassen vermögen. Das Recht auf
Vergessenwerden wird formuliert, also auf eine Löschung von (Zugängen
zu) persönlichen Informationen, ebenso ein Recht auf Informationsfreiheit
(Informationszugangsfreiheit) und Datenübertragbarkeit (Datenportabili-
tät). Verankert sind Prinzipien wie Privacy by Design (der Schutz der Daten

wird schon bei der Gestaltung der Systeme berücksichtigt) und Privacy by Default (der Schutz der Daten ist der Normalfall, wobei der Benutzer ihn unter Umständen selbst durch Anpassung der Dienste oder Geräte abschwächen kann).

Die Datenschutz-Grundverordnung reagierte spät auf Herausforderungen des Internetzeitalters und auf Entwicklungen wie die künstliche Intelligenz (mit Ansätzen wie Deep Learning, bei denen Big Data eine Rolle spielt). Allerdings waren wichtige Vorgaben und Vorschläge bereits im bisherigen deutschen Bundesdatenschutzgesetz (BDSG) und in der Richtlinie 95/46/EG vorhanden. Die DSGVO ist relevant für diejenigen, die personenbezogene Daten erheben und verarbeiten, beispielsweise für Inhaber von Blogs und Websites, die die Besucher analysieren, Kommentare zulassen und veröffentlichen und Social-Media-Buttons verwenden, oder für Betreiber von Servicerobotern. Konzepte wie Recht auf Vergessenwerden, Informationsfreiheit und informationelle Selbstbestimmung können auch ethisch gedeutet werden. So ist „informationelle Autonomie" ein zentraler Begriff der Informationsethik. Neben der Informationsethik ist die Wirtschaftsethik gefragt.

Datensparsamkeit

Datensparsamkeit bedeutet, dass so wenige persönliche Daten wie möglich erhoben, verarbeitet, genutzt und verbreitet sowie so viele persönliche Daten wie möglich anonymisiert werden. Einerseits kann ein hemmungsloses Sammeln und Weitergeben von Daten die informationelle Autonomie beschädigen, andererseits eine völlige Enthaltsamkeit die Freiheit des Netzbürgers beeinträchtigen. Datensparsamkeit und -vermeidung sind ein Konzept aus dem Daten- und Verbraucherschutz.

Dating

Zum Dating gehören Verabredungen, die zu sexuellen Beziehungen führen können. Man hinterlässt in einschlägigen Medien seine Angaben oder sucht aktiv an geeigneten Orten wie Kneipen, Discos und Freibädern nach potenziellen Partnerinnen und Partnern und macht ein sogenanntes Date aus, bei dem man sich näher kennenlernt (oder nutzt in der Offlinewelt gleich die Gunst der Stunde).

Das Internet hat für das Dating eine große Bedeutung (Onlinedating). Es gibt auf unterschiedliche Bedürfnisse ausgerichtete Plattformen, auf denen man Informationen zur Person und ein Foto hinterlegt, Chats werden als Flirträume genutzt, persönliche Homepages und Posts in Weblogs als Lockmittel ausgelegt, spezielle Apps für soziale Medien und lokales Matching eingesetzt.

Formulare, über die man den Suchraum nach Alter, Geschlecht, Größe, sexueller Ausrichtung etc. einschränken kann, und Algorithmen helfen einem beim Aufspüren der passenden Personen. Bereits 1968 sang France Gall über den Computer Nr. 3, der den richtigen Mann für sie bzw. das lyrische Ich sucht. Heutzutage geht es nicht nur um feste Beziehungen, sondern auch um Seitensprünge und One-Night-Stands. Dabei werden Vorlieben aller Art vermerkt und nachgefragt.

Für die Wissenschaft sind Datingplattformen eine wertvolle Datenquelle. Bei Befragungen zu Themen von Partnerschaft und Sexualität werden oftmals falsche oder nicht ganz richtige Angaben gemacht. Fast niemand wird dagegen online nach Partnern fahnden, die ihm oder ihr nicht gefallen. Offensichtlich sind Männer mit 20, 30, 40, 50 und 60 gleichbleibend an 20-jährigen Frauen interessiert, wogegen sich bei Frauen das Alter des Gesuchten eher am eigenen orientiert.

Die Informationsethik widmet sich der Sexualmoral der Informationsgesellschaft, der Manipulation von Fotografien und Biografien sowie der Funktion von Algorithmen und dem Datenschutz von Datingplattformen und Dating-Apps.

3D-Drucker

3D-Drucker (auch 3-D-Drucker genannt) erlauben das „Ausdrucken" von Gegenständen aller Art. Typische Ausgangsmaterialien sind Kunststoff, Metall und Gips, als Pulver, Granulat und am Stück (in Form eines Kunststoffkabels oder von Metallfolie) oder aber in flüssiger Form. Man trägt Schicht um Schicht auf, wobei man den Auftrag trocknen lässt oder geklebt und geschmolzen wird. Der Aufbau der Objekte benötigt eine gewisse Zeit, im Extremfall bis zu mehreren Stunden oder Tagen. 3D-Drucker sind auf dem Massenmarkt in allen Preisklassen erhältlich. Sie ermöglichen zum einen die private Herstellung von Objekten aller Art, zum anderen – dies ist u.a. für Unternehmen relevant, die cyber-physische Systeme betreiben – die Just-in-time-Produktion von einzelnen Werkzeugen und Geräteteilen oder die Massenproduktion vor Ort.

Um Gegenstände in hoher Qualität ausdrucken zu können, braucht es entsprechende Vorlagen. Erstens designen Laien und Experten alleine und vor allem zusammen Objekte. Sie sind Crowdsourcer und Crowdsourcees und verfolgen nicht unbedingt kommerzielle Interessen. Zweitens werden Objekte optisch erfasst, über professionelle 3D-Scanner ebenso wie über die Webcam, die Handykamera und passende Software; selbst für Laien ist es relativ einfach, die Scans für den 3D-Druck aufzubereiten, und es sind Hilfsprogramme verfügbar, die ihnen die Arbeit erleichtern. Drittens kursieren Dateien im Internet bzw. sind auf Plattformen und in Stores kostenlos oder -pflichtig zu haben. Die auf Digitalisierung beruhende Piraterie weitet sich auf die gegenständliche Welt aus.

Nach Ansicht von Experten werden 3D-Drucker eine neue industrielle und gegenindustrielle Revolution evozieren, als Kombination aus den vorherigen Umwälzungen sowie der Anwendung von IT- und Medienkompetenz und gestalterischen und künstlerischen Fähigkeiten. In der Industrie 4.0 tragen 3D-Drucker zur Individualisierung bei. Mit Blick auf den Endkonsumentenmarkt wird voraussichtlich eine spezielle Industrie das mechanische, elektrische oder elektronische Innenleben für die Objekte entwickeln, die sich die Benutzer ausdrucken. Diese können mit ein paar Mausklicks die gewünschte Form bestellen und die Teile integrieren. Auch hochwertige Verbindungen und Erweiterungen werden auf dem Markt zu haben sein, sodass man komplexe Objekte zusammenbauen kann. Verdient wird über die Vorlagen und Verbrauchsmittel sowie über Dienstleistungen: In den Haushalten stehen eher kleine, in den Läden eher große oder spezielle Printer. Wichtig für den langfristigen Erfolg beim Endkunden werden die Unbedenklichkeit und die Ungefährlichkeit der verwendeten Werkstoffe und -stücke sein.

Die Maschinenethik interessiert sich für die Frage, ob man 3D-Drucker in moralische Maschinen verwandeln kann. Beispielsweise kann man sie so konstruieren, dass sie sich dafür entscheiden, die Herstellung von Waffen zu verweigern, eventuell je nachdem, um welche Art es sich handelt und wer den Druckauftrag abgeschickt hat. In der Technikethik wird diskutiert, ob dadurch die persönliche Autonomie eingeschränkt wird.

4D-Drucker

4D-Drucker berücksichtigen, anders als 3D-Drucker, eine vierte Dimension, nämlich die Zeit. So bewegen oder verformen sich bestimmte Erzeugnisse beim Kontakt mit Wasser, Wärme oder Schall.

Aus ethischer Sicht ergeben sich bei nichtkonsistenten Gegenständen interessante Fragen. So könnte der Benutzer von falschen Voraussetzungen ausgehen, etwas anderes bekommen, als er erwartet hat, oder in die Irre geführt werden.

Deutscher Ethikrat

Der Deutsche Ethikrat widmet sich als nationale Ethikkommission moralischen, gesellschaftlichen, medizinischen und rechtlichen Fragen sowie nach eigenem Verständnis den voraussichtlichen Folgen für Individuum und Gesellschaft, die sich insbesondere auf dem Gebiet der Lebenswissenschaften und ihrer Anwendung auf den Menschen ergeben. Er erstattet dem Deutschen Bundestag und der Bundesregierung einmal jährlich Bericht über seine Aktivitäten und Ergebnisse und den Stand der gesellschaftlichen Debatte.

Der Nationale Ethikrat nahm 2001 seine Arbeit auf, nach einem Beschluss der Bundesregierung unter Bundeskanzler Gerhard Schröder. Er wurde 2008 wieder aufgelöst und – auf der Grundlage des Gesetzes zur Einrichtung des Deutschen Ethikrats, in Kraft getreten am 1.8.2007 – durch den Deutschen Ethikrat ersetzt, dessen konstituierende Sitzung am 11.4.2008 stattfand. Im genannten Gesetz wird u.a. auf Aufgaben, Stellung, Mitglieder und Arbeitsweise eingegangen, zudem das Verhältnis zur Öffentlichkeit festgelegt.

Der Präsident des Deutschen Bundestags beruft die Hälfte der Mitglieder auf Vorschlag des Parlaments und der Bundesregierung. Es handelt sich teils um Wissenschaftler, unter ihnen auch professionelle Ethiker, also z.B.

ausgebildete Philosophen mit entsprechenden Schwerpunkten, teils um
Personen, die sich in besonderer Weise mit moralischen Fragen beschäftigen. Im Rat sollen nach dem Ethikratgesetz unterschiedliche ethische Ansätze und ein plurales Meinungsspektrum vertreten sein; dazu gehört nach
Auffassung der Verantwortlichen nicht nur eine philosophische, sondern
in gleicher Weise eine theonome Ethik, der – schon über die Vielzahl der
berufenen Theologen – erheblicher Raum gegeben wird, was die Wissenschaftlichkeit des Gremiums in Frage stellt.

Digital Natives

Mit „Digital Natives" wird die Generation bezeichnet, deren Vertreter als
erste mit Computern, Internet und Videospielen aufgewachsen sind und
für die die vernetzte und die mobile Kommunikation eine Selbstverständ-
lichkeit darstellen (Generation Y). Außerhalb dieser Welt befinden sich
die sogenannten Digital Immigrants, die sich den Umgang mit neuen Medien im Laufe ihres (Erwachsenen-)Lebens haben aneignen müssen und
die kaum jemals ihren vordigitalen Akzent ablegen können. Beide Begriffe
wurden 2001 von Marc Prensky geprägt, der für einen anderen Unterricht
für die neuen Lernenden plädierte. Inzwischen nimmt man sie in manchen
Kreisen als pauschalisierend und unpräzise wahr.

Digital Rights Management

Beim Digital Rights Management (DRM) (engl. „digital rights management": „digitale Rechteverwaltung" oder „digitales Rechtemanagement")
handelt es sich um technische Verfahren, die das geistige Eigentum schützen und die Nutzung bzw. Verbreitung von Dateien und Medien kontrollieren sollen.

Digitale Demenz

Der Begriff der digitalen Demenz wurde von Manfred Spitzer geprägt. Der
Hirnforscher stellt in seinem gleichnamigen Buch aus dem Jahre 2012 die
Auswirkungen von Informations- und Kommunikationstechnologien und
neuen Medien auf die Entwicklung des Gehirns dar. Eine intensive Nutzung

führt nach seiner Darstellung zu einem geistigen Abstieg. In Schwierigkeiten seien vor allem Kinder und Jugendliche, die in geistiger Hinsicht noch keinen nennenswerten Aufstieg hinter sich haben. Der Begriff der digitalen Demenz kann auch innerhalb der Medienethik und der Informationsethik gebraucht und hinterfragt werden.

Digitale Ethik

„Digitale Ethik" ist mehr oder weniger ein Synonym für „Informationsethik", wobei man vor allem auf eine Neue-Medien-Ethik zu zielen scheint. Man verabschiedet sich mit seinem Gebrauch vom üblichen Aufbau der Bezeichnungen der Bereichsethiken und ist mehr an der Wirkung (oder Allgemeinverständlichkeit) als an der Einordnung interessiert.

Digitale Forensik

Die digitale Forensik (IT-Forensik) ist ein Bereich der Forensik, der verdächtige Begebenheiten und begangene Straftaten im Zusammenhang mit Informations- und Kommunikationstechnologien und IT-Systemen untersucht und bewertet. Der Begriff der Computerforensik wird synonym oder als Bezeichnung eines Teilbereichs verstanden.

Digitale Piraterie

Unter den Begriff der digitalen Piraterie fallen Verbreitung von Werken und Nachahmung von Produkten unter Verwendung von Informations- und Kommunikationstechnologien und neuen Medien und unter Verletzung von Urheber-, Wettbewerbs-, Marken- oder Patentrecht. Seit der Jahrtausendwende sind Musik und Literatur stark betroffen. Der Durchbruch der 3D-Drucker im Massenmarkt, mitsamt der Verfügbarkeit digitaler Modelle, leistet der Produktpiraterie weiter Vorschub. Die Piratenpartei setzt sich in politischer und gesellschaftlicher Hinsicht mit Problemen der Piraterie auseinander. Die Informationsethik interessiert sich für die moralischen Aspekte der digitalen Piraterie, mit Blick auf Informationsgerechtigkeit sowie Informationskapitalismus und -kommunismus.

Digitaler Graben

Der digitale Graben verläuft zwischen den schwach und stark vernetzten und computerisierten Ländern, aber ebenso innerhalb der Informationsgesellschaft, und trennt diejenigen, die Zugang zum Internet, zu Onlinediensten und zu Kommunikationswerkzeugen haben, von denjenigen, die ihn nicht haben oder wollen. Man spricht daneben von digitaler Kluft (engl. „digital gap") und digitaler Spaltung (engl. „digital divide"), Rainer Kuhlen auch von informationeller Asymmetrie. Auf beiden Seiten des digitalen Grabens können Chancen und Risiken ausgemacht werden, wobei nicht verkannt werden darf, dass Informations- und Kommunikationstechnologien nicht zuletzt Herrschaftsinstrumente sind und der digitale Graben in der Tendenz dem Gerechtigkeitsprinzip widerspricht. Eine besondere Frage ist, ob bestimmte Männer einen digitalen Graben errichten, indem sie bestimmte Frauen im Netz ausgrenzen, angreifen und bloßstellen. Die Hashtags #aufschrei und #MeToo wandten sich gegen sexuelle Belästigung nicht nur in der Offline-, sondern auch in der Onlinewelt. Die Informationsethik widmet sich in diesem Kontext etwa der Informationsgerechtigkeit und -macht.

Digitaler Ungehorsam

Der digitale Ungehorsam ist eine Form des zivilen Ungehorsams und gehört zum Widerstand des Netzbürgers. Es geht darum, sich Überwachungsstaat, -industrie und -gesellschaft zu entziehen und informationelle Autonomie zu bewahren. Man verweigert die Abnahme von digitalen Fingerabdrücken in Luxushotels, die Nutzung von elektronischen Kundenkarten in Supermärkten und die Herausgabe von Klarnamen an Social Networks und bekämpft mit Hilfe von Falschinformationen, Blocking- und Verschlüsselungssoftware den digitalen Totalitarismus. Die informationelle Notwehr entspringt dem digitalen Ungehorsam oder stellt eine eigenständige Handlung im Affekt dar. Dem digitalen Ungehorsam widmet sich auch die Informationsethik, wenn sie in ihrer normativen Ausprägung den mündigen Netzbürger und dessen Einsatz für die informationelle Selbstbestimmung definiert.

Digitalisierung

Der Begriff der Digitalisierung hat mehrere Bedeutungen. Er kann auf die digitale Umwandlung und Darstellung bzw. Durchführung von Information und Kommunikation oder die digitale Modifikation von Instrumenten, Geräten und Fahrzeugen ebenso zielen wie auf die digitale Revolution, die auch als dritte Revolution bekannt ist. Im letzteren Kontext, der im vorliegenden Beitrag behandelt wird, werden nicht zuletzt „Informationszeitalter" und „Computerisierung" genannt. Während im 20. Jahrhundert die Informationstechnologie (IT) vor allem der Automatisierung und Optimierung diente, Privathaushalt und Arbeitsplatz modernisiert, Computernetze geschaffen und Softwareprodukte wie Office-Programme und Enterprise-Resource-Planning-Systeme eingeführt wurden, stehen seit Anfang des 21. Jahrhunderts disruptive Technologien und innovative Geschäftsmodelle sowie Autonomisierung, Flexibilisierung und Individualisierung in der Digitalisierung im Vordergrund. Diese hat eine neue Richtung genommen und mündet in die vierte industrielle Revolution, die wiederum mit dem Begriff der Industrie 4.0 (auch „Enterprise 4.0") und mit einem sehr weit verstandenen Begriff der Digitalisierung (auch „digitale Wende", „digitaler Wandel", „digitale Transformation" etc.) verbunden wird.

Die Digitalisierung hat zu verschiedenen Umwälzungen geführt, angefangen von der Umdeutung des Begriffs der Güter und der Werke und der Vereinfachung von Kopier- und Distributionsmöglichkeiten über die Veränderung der Arbeitswelt bis hin zur Verschmelzung von Virtualität und Realität. Es wurden ganze Unternehmen und Branchen umgeformt. Spezialisierte Plattformen verdrängen traditionelle Player, obwohl sie keine eigenen Gerätschaften, Fahrzeuge oder Immobilien besitzen. Die Betreiber sozialer Netzwerke erstellen keine bzw. kaum eigene Inhalte. Der User-generated Content wird zur Analyse genutzt, auf der wiederum die Personalisierung (auch von Werbung) beruht. Mit der Industrie 4.0 und ihrer Smart Factory setzen sich beispiellose Robotertypen und Prozessketten durch und werden Entwicklungen wie das Internet der Dinge und der 3D-Druck gefördert. Künstliche Intelligenz, Big Data und Cloud Computing erlauben vorher nicht gekannte Aktivitäten und Analysen. Neue Ein- und Ausgabegeräte und neue Verfahren wie die Datenbrille bzw. die Virtual-Reality-Brille und die Gestensteuerung transformieren Büroraum und Werkbank sowie den Bereich der Unterhaltung.

Die Digitalisierung wird diskutiert und kritisiert, und insbesondere die nächste Entwicklungsstufe, die sie ermöglicht, ist in Gesellschaft, Wirtschaft und Politik umstritten. Die Bereichsethiken können die bei der Digitalisierung entstehenden moralischen Probleme – etwa in Bezug auf die Industrie 4.0 – reflektieren, allen voran Technik-, Informations- und Wirtschaftsethik. Technik- und Informationsethik fragen nach dem Zugewinn und dem Verlust der persönlichen und informationellen Autonomie und nach der Abhängigkeit der Kunden von IT und IT-Unternehmen, die Teildisziplinen der Wirtschaftsethik nach der Verantwortung der Unternehmen (Unternehmensethik) bei der Datennutzung und bei Fertigungsprozessen gegenüber Benutzern und Mitarbeitern und nach der Verantwortung der Konsumenten digitaler Güter und Dienstleistungen (Konsumentenethik). Mit den Folgen befassen sich auch Rechtswissenschaft, Medizin, Soziologie und Psychologie. Die Maschinenethik interessiert sich für die Möglichkeit moralischer Maschinen, die Regeln einhalten bzw. Fälle berücksichtigen und mit denen bestimmte Konsequenzen vermieden werden können. Vor dem Hintergrund, dass Arbeiter und Angestellte ihre Arbeit verlieren, weil Hard- und Softwareroboter diese günstiger und schneller (manchmal auch besser) verrichten, widmet man sich Ansätzen und Konzepten wie der Robotersteuer und dem bedingungslosen Grundeinkommen und denkt über Faktoren nach, die die soziale Gerechtigkeit und den gesellschaftlichen Zusammenhalt fördern.

Insgesamt lohnt es sich, den Begriff der Digitalisierung in seinem jeweiligen Kontext zu beleuchten und zu verstehen. Meint der Verfasser eines Beitrags die dritte industrielle Revolution oder die vierte, oder meint er beides zusammen? Ist für ihn die Digitalisierung die Basis der digitalen Wende, des digitalen Wandels und der digitalen Transformation oder mit diesen identisch? Natürlich ist es auch legitim, nach einer Vermeidung und Abschaffung des Begriffs zu rufen, wobei sich der Gebrauch von Sprache selten gezielt lenken lässt. Von einem Autor oder Referenten kann indes erwartet werden, dass er, sobald er das Wort ergreift, dieses erklärt, und von einem Leser oder Zuhörer, dass er es sozusagen übersetzen kann.

Digitalkapitalismus

Der Digitalkapitalismus (der digitale Kapitalismus) baut auf digitalen Geschäftsmodellen auf und macht Gewinn mit den Daten der Benutzer, häufig ohne Rücksicht auf Verluste. Der Überwachungskapitalismus ist sozusagen sein ständiger Begleiter oder sein zweites Gesicht.

Dilemma

Es ist ein Lieblingsspiel der Philosophen seit der Antike, Dilemmata zu konstruieren und zu variieren. Insbesondere die Ethik findet daran Vergnügen. Sie beschäftigt sich als Disziplin, welche die Moral zum Gegenstand hat, mit Entscheidungen im Zusammenhang mit einem guten oder bösen Willen, mit einem guten oder schlechten Leben, mit Gerechtigkeit und Ungerechtigkeit. Moralische Dilemmata sind Zwickmühlen oder Zwangslagen, in denen die Wahl zwischen zwei Optionen mit moralischen Implikationen schwerfällt oder notgedrungen zu einem unerwünschten Resultat führt.

Praktische Dilemmata sind im Gegensatz zu theoretischen Dilemmata solche Zwangslagen, die sich in der Realität durchaus ereignen können. Dadurch stellen sie mehr als reine Gedankenspiele dar und sind eher Prognoseinstrumente und Prüfsteine. Das Trolley-Problem ist vor allem dazu da, die Haltung einer Person herauszufinden. Im Verkehr der Wirklichkeit ereignen sich Fälle anderer Art. Bei drei, vier und fünf Alternativen spricht man übrigens von einem Tri-, Tetra- und Pentalemma.

Theoretische wie praktische Dilemmata helfen beim Bau von Systemen, die zwischen Optionen wählen müssen und selbstständig Aktionen ausführen. Insofern kann die Maschinenethik, welche die Moralfähigkeit von Chatbots, bestimmten Robotern, bestimmten Drohnen und selbstständig fahrenden Autos untersucht, von ihnen profitieren. Moderne Varianten von Gedankenexperimenten sind die Parkbucht des Karneades, das Roboterauto-Problem und Buridans Robot.

Disruptive Technologien

Disruptive Technologien (engl. „disrupt": „zerstören", „unterbrechen") unterbrechen die Erfolgsserie etablierter Technologien und Verfahren und verdrängen oder ersetzen diese in mehr oder weniger kurzer Zeit. Sie verändern auch Gewohnheiten im Privat- und Berufsleben. Oft sind sie zunächst qualitativ schlechter oder funktional spezieller, was mit ihrer Digitalisierung zusammenhängen kann, und gleichen sich dann nach und nach an ihre Vorgänger an bzw. übertreffen diese in bestimmten Aspekten. Das umstrittene Prinzip geht auf den amerikanischen Wirtschaftswissenschaftler und Geistlichen Clayton M. Christensen zurück, der nach Ursachen für das Scheitern von Unternehmen suchte.

Kompressionsformate wie MP3, Geräte wie Digitalkameras, Flachbildfernseher, Smartphones und 3D-Drucker sowie Innovationen wie Kryptowährungen sind Beispiele für disruptive Technologien. Diese zeigen auch, dass Zufälle und Misserfolge die Startphase bestimmen mögen. MP3 war eigentlich für den Austausch von Daten zwischen Radiostudios gedacht. Der Durchbruch kam mit dem WWW und der illegalen Verbreitung einer Software. Digitalkameras lieferten über Jahre eine mäßige Bildqualität, konnten ihre Nachteile aber früh durch Vorteile kompensieren, etwa die schnelle Nutzbar- und Verbreitbarkeit und die einfache Bearbeitbarkeit von Fotografien. Der 3D-Druck, lange Zeit nur in Nischen von Bedeutung, erlebte einen beachtlichen Aufschwung durch günstige, handliche Systeme für den Privathaushalt und den Einsatz in Büros und Fabriken.

Der Begriff der disruptiven Technologien erscheint diffus und tendenziös. Man kann ihm alle möglichen Phänomene zurechnen und Unternehmen, die auf kontinuierliche Technologien setzen, mangelnde Innovationskraft vorwerfen. Einerseits erweisen sich manche disruptive Technologien als überschätzt, andererseits fegen manche selbst bewährte Technologien vom Markt, ohne dass diese eine Chance auf eine Rückkehr haben, von Nebenschauplätzen abgesehen, und sind Teil völlig neuer Geschäftsmodelle, etwa bei sozialen Netzwerken, bei Plattformen und Portalen oder in der Industrie 4.0. Die Informationsethik widmet sich den Chancen und Risiken disruptiver Technologien für die Informationsgesellschaft, die Wirtschaftsethik den Konsequenzen für Staat, Unternehmen, Mitarbeiter und Kunden.

Diversität

Diversität (engl. „diversity") ist die Vielfalt in Gruppen, Gesellschaften und Organisationen, in Bezug auf Geschlecht, Herkunft, Alter, Sexualität, Ernährungsgewohnheiten, Weltanschauungen und Behinderungen. Diversity-Richtlinien sollen die Vielfalt, die Chancengleichheit und die Gleichbehandlung von Individuen und Gruppen unterstützen und vor Diskriminierung schützen. Diversität in der Informationsgesellschaft hat Bezüge zur Barriere- und Informationsfreiheit.

Drohne

Eine Drohne ist ein unbemanntes Luft- oder Unterwasserfahrzeug, das entweder von Menschen ferngesteuert oder von einem integrierten oder ausgelagerten Computer gesteuert und damit teil- oder vollautonom wird. Im Englischen spricht man von „drone", im Falle der Flugdrohne, auf die im Folgenden fokussiert wird, auch von Unmanned Aerial Vehicle (UAV). Man unterscheidet den militärischen, politischen, journalistischen, wissenschaftlichen, wirtschaftlichen sowie privaten, persönlichen Einsatz. Gröber kann man zwischen militärischer und ziviler Nutzung differenzieren. Drohnen sind als singuläre Maschinen unterwegs, lediglich mit einer Kontrolleinheit verbunden, oder Teil eines komplexeren Systems, wie im Kriegswesen, wo das Unmanned Combat Aerial Vehicle (UCAV) zum Unmanned Aerial System (UAS) gehört, oder in der Landwirtschaft, wo das Fluggerät mit dem Mähdrescher kooperiert, um Tierleid, Schneidwerkverunreinigungen und Maschinenschäden zu verhindern.

Die privat oder wirtschaftlich genutzte Drohne wird mit dem Smartphone oder einer Fernbedienung gelenkt. Sie besitzt häufig eine Kamera für Stand- und Bewegtbilder. Mit deren Hilfe und im Zusammenspiel mit dem Display kann sie, anders als ein klassisches Modellflugzeug, relativ sicher außerhalb des Sichtbereichs geflogen werden. Ferner kann ein Mikrofon vorhanden sein, zum Zwecke der Sprachsteuerung, wobei die Fluggeräusche herausgefiltert werden müssen. Die Ausstattung umfasst Batterien oder Akkus, moderne Elektromotoren und Elektronikkomponenten bzw. Computertechnologien, zuweilen auch Stabilisierungssystem, WLAN-Komponenten und GPS-Modul, sodass man den Kurs über eine

Karte vorgeben und von der Drohne abfliegen lassen kann. Weit verbreitet ist der Quadrokopter mit seinen vier Rotoren. Er kann in der Luft verharren und anspruchsvolle Manöver ausführen. Ferner sind Hexakopter mit sechs Rotoren auf dem Massenmarkt, zudem einfachere Hubschraubermodelle, die Modellflugzeugen ähneln.

Die Informationsethik interessiert sich dafür, ob die informationelle Autonomie eingeschränkt oder erweitert wird und welche Konsequenzen eine feindliche Übernahme der Drohne hat. In der Technikethik wird diese als Gerät in den Vordergrund gerückt und nach dessen Omnipräsenz und der Abhängigkeit von diesem gefragt. Die Abhängigkeit ist wiederum ein Thema der Informationsethik, vor allem wenn das Gerät als Computer und die Datenanalyse und -nutzung im Mittelpunkt stehen. Insofern sich die Maschinenethik teil- oder vollautonomen, intelligenten Systemen widmet, sind ihre Erkenntnisse in Bezug auf Drohnen relevant, wenn diese selbst Entscheidungen treffen und Handlungen vollziehen (wenn man diese Begriffe zulassen will) oder selbstständig Informationen filtern. Die Grundprobleme sind unabhängig von der Verbreitung vorhanden. Ein Erfolg wird freilich in weitere Herausforderungen münden, etwa wenn die Geräte miteinander und im Internet der Dinge kommunizieren und kooperieren, oder wenn der Druck, diese einzusetzen, hoch ist. Ferner gehören kriminelle und terroristische Aktivitäten zu den Risiken. Hinzuweisen ist aber auch auf die Chancen, die sich etwa bei der Zustellung in schwach besiedelten Gebieten und bei hohem Zeitdruck ergeben, wobei sowohl Privatleute als auch Unternehmen profitieren können.

© Springer Fachmedien Wiesbaden GmbH, ein Teil von Springer Nature 2019
O. Bendel, *400 Keywords Informationsethik*,
https://doi.org/10.1007/978-3-658-26664-6_5

E-Book

Ein E-Book ist ein elektronisches Buch. Es wird mit einem Handy, Smartphone, Tablet, Reader oder einem anderen elektronischen Gerät, das mit
einem Display ausgestattet ist, gelesen und betrachtet. Man kann es multi-
medial aufbereiten und mit Links ergänzen, sodass es zum Enhanced oder
Enriched E-Book wird, also zum erweiterten oder angereicherten elektronischen Buch. Bei einem klassischen E-Book, etwa im PDF- oder EPUB-For-
mat, bleibt das Buchhafte erhalten; es besteht zwar kein Buch als Ding,
aber als Werk. Handyromane und Enriched Books vermögen selbst Werk-
grenzen aufzulösen und ins Internet und ins Internet der Dinge einzugehen,
was Bibliotheken bis heute vor Herausforderungen stellt.

Das elektronische Dokument, das dem konventionellen Buch vorausgeht,
ist meist auch der Ausgangspunkt beim E-Book. Es wird in geeignete Formate überführt, mit Metadaten und Zugriffsrechten versehen (Digital
Rights Management) sowie – bei Enriched E-Books – mit Grafiken, Fotos,
Videos, Booktracks und Links angereichert. Handyromane werden speziell für das Handy bzw. Smartphone konzipiert. Sie sind oft von geringem
Umfang oder in Folgen aufgeteilt und werden von einzelnen Autoren oder
Communities geschrieben. Spezialisierte und etablierte Verlage druckten
sie während der Blütezeit nach, gerade im Ursprungsland Japan. Deshalb
und wegen ihrer Besonderheit als Genre können sie nicht ohne Weiteres
unter den Begriff des E-Books subsumiert werden. Übersetzungshilfen und
Leserkommentare sowie Augmented Reality erweitern das elektronische
Buch weiter.

E-Books werden über Onlinehändler vertrieben, über spezielle Plattformen
im Web oder über mobile Shops. Manche Plattformen ermöglichen zusätzlich die Produktion der Bücher bzw. die Umwandlung von Vorlagen in geeignete Formate, decken also wesentliche Teile der Wertschöpfungskette
ab. Die Titel werden vom Benutzer auf das mobile Gerät heruntergeladen.
Je nach Geschäftsmodell können Anbieter und Kunden in unterschiedlicher Freiheit über sie verfügen; manche Anbieter erlauben sich den Re-
motezugriff und die nachträgliche Anpassung oder Löschung. Immer mehr
Autoren verzichten auf die althergebrachten Mittler und bringen Werke
– die sie im besten Falle mit Hilfe von Grafikern, Lektoren und Korrektoren
professionalisieren – selbst auf den Markt.

Verlagswesen, Buchhandel und Literaturbetrieb im deutschsprachigen Raum standen dem E-Book über Jahre skeptisch gegenüber. Nach dem Boom von Readern und Tablets gehörte es zum guten Ton, zum gedruckten Buch eine elektronische Alternative anzubieten. Mediale Möglichkeiten wurden dabei selten ausgereizt, vielversprechende Geschäftsmodelle kaum umgesetzt. Lange Zeit waren E-Books zu Literaturwettbewerben nicht zugelassen. Inzwischen gibt es spezielle Preise und Förderungen. Es werden Werke angeboten, die menschlichem Ungenügen oder automatisierter Produktion (Robo-Content) entspringen, oder aber trotz bzw. wegen ihrer Einzigartigkeit von keinem etablierten Verlag akzeptiert worden wären.

Zwischen der Rezeption traditioneller Bücher und klassischer E-Books existieren kaum Unterschiede. Bei zunehmender Multimedialisierung und Hypertextifizierung treten allerdings diejenigen Mechanismen in Kraft, die man von Internet und WWW her kennt. Die Benutzer werden daran gewöhnt, kurze Einheiten ohne ausreichenden Kontext zu konsumieren, durch Bilder, Videos, Kommentare und verlinkte Ressourcen abgelenkt sowie im schlimmsten Fall in ihrer Vorstellungskraft geschwächt. Diesen Problemen kann sich die Informationsethik widmen, zudem dem Ausspionieren, dem „Lesen" der Leser.

E-Business

E-Business (Electronic Business) ist die Unterstützung von Geschäftsprozessen durch Informations- und Kommunikationstechnologien und Informationssysteme, etwa das Internet und mobile Technologien. E-Commerce, eine Ausprägung des elektronischen Markts, ist ein Teilaspekt davon; im Zentrum steht hier der Handel von Produkten und Dienstleistungen über elektronische Medien. Auch zu E-Business gezählt werden die Bereiche E-Learning, E-Government, E-Health, E-Finance, E-Logistics und Cloud Computing, um nur wenige Anwendungsfelder zu nennen.

Für die Informationsethik ist z.B. von Relevanz, ob die Daten von Kunden missbraucht werden, oder ob Benutzer zum Abschluss von Verträgen und Kauf von Produkten verleitet werden, weil nur wenige Mausklicks zum Ziel führen oder attraktive Gamification-Elemente vorhanden sind. Auf Probleme kann auch technisch reagiert werden; so mag das System die Transaktion verweigern, wenn die AGB zwar akzeptiert wurden, sie aber in der Kürze der Zeit gar nicht gelesen werden konnten.

Echokammer

In einer Echokammer (engl. „echo chamber") werden Überzeugungen von Lesern, Betrachtern und Benutzern verstärkt. Beispielsweise schließt man sich in sozialen Netzwerken und in Microblogs mit Gleichgesinnten zusammen und wird durch ihre Posts und Tweets bestätigt. Die Filterblase (Filter Bubble) ist ein verwandtes Phänomen bzw. Konzept, ebenso die Schweigespirale.

E-Demokratie

Elektronische Demokratie (E-Demokratie) ist die Unterstützung der Demokratie mithilfe von Informations- und Kommunikationstechnologien, Informationssystemen und neuen Medien. Sie kann von staatlichen Einrichtungen und von Parteien bzw. Politikern (E-Government) ebenso ausgehen wie von Netzbürgerinnen und -bürgern (direkte E-Demokratie wie bei E-Protest und indirekte E-Demokratie wie bei Onlinepetitionen). Internetwahlen (im Sinne von I-Voting bzw. E-Voting) können ein Bestandteil der E-Demokratie sein. Die Informationsethik fragt etwa nach dem Verhältnis von E-Demokratie und digitalem Graben und nach der Möglichkeit der technischen Manipulation.

E-Government

Die Unterstützung von Prozessen bei Regierungsstellen und in der öffentlichen Verwaltung mit Informations- und Kommunikationstechnologien und Informationssystemen wird mit dem Begriff „E-Government" („Electronic Government") oder auch „Televerwaltung" bezeichnet. Ein wesentliches Element ist dabei der Einsatz elektronischer Medien im Verkehr zwischen Bürgern, Unternehmen und Privaten auf der einen und Einrichtungen der öffentlichen Hand auf der anderen Seite. Außerdem können die internen IKT-gestützten Prozesse der Regierung und der öffentlichen Verwaltung zum E-Government gezählt werden. Zu den Themen der Informationsethik gehört die Informationsfreiheit, die mit E-Government umgesetzt werden kann.

Elektronische Person

Nach der Idee der elektronischen Person kann man bestimmte Roboter, bestimmte Drohnen, Softwareagenten oder andere Artefakte, die teilautonom oder autonom agieren können, im Zusammenhang mit dem Zivilrecht verklagen und haftbar machen. Die Artefakte können einen Schaden beispielsweise über ein Budget, das sie besitzen, oder einen Fonds, an den sie angeschlossen sind, begleichen.

Die Idee der elektronischen Person ähnelt in manchen Aspekten dem Konstrukt der juristischen Person, unterscheidet sich aber auch – so handelt es sich bei bestimmten Robotern und bei sämtlichen Drohnen um gegenständliche, sich bewegende Objekte. Zudem treffen autonome Systeme selbst Entscheidungen (wenn man diese Sprechweise zulassen will), während diese im klassischen Unternehmen von Menschen ausgehen.

Die Konsequenzen, die sich aus der Umsetzung ergeben würden, sind umstritten, etwa was die Rechte anbetrifft, wobei diese nach ethischer und rechtlicher Perspektive unterschieden werden sollten. Roboter können kaum moralische Rechte haben (dazu müssten sie empfinden oder leiden können, Bewusstsein als mentalen Zustand oder einen Lebenswillen haben), wohl aber Rechte und Pflichten im juristischen Sinne.

Elektronisches Publizieren

Elektronisches Publizieren (Electronic Publishing oder E-Publishing) ist die elektronische öffentliche oder halböffentliche Bereitstellung von textueller und auch visueller, auditiver und audiovisueller Information. Publiziert wird beispielsweise auf Datenträgern wie Compact Disc und USB-Stick, im World Wide Web (Web-Publishing) oder auch in der Form von E-Books. Viele Autoren – Wissenschaftler, Schriftsteller oder Journalisten – nutzen das Internet als direkten Vertriebskanal ihrer Erzeugnisse. Ferner gehören die Produktionen von intelligenten Maschinen zum elektronischen Publizieren (Robo-Content oder Robot-Content), auch im Rahmen des Roboterjournalismus.

Ein Problem beim elektronischen Publizieren ist, dass Dokumente ganz oder teilweise kopiert und von Unbefugten genutzt bzw. unter ihrem Namen verbreitet werden können. An Schulen und Hochschulen nehmen die Fälle des Raubs geistigen Eigentums zu, wenn dagegen nicht mit spezieller Software angekämpft wird, und im Internet sind Raubkopien von ganzen Büchern zu finden. Verletzungen des Urheberrechts sind inzwischen an der Tagesordnung. Zur eindeutigen Regelung der Rechte und Pflichten bzw. zur Durchsetzung der Bestimmungen werden mehr und mehr Creative-Commons-Lizenzen und das Digital Rights Management eingesetzt.

ELIZA

ELIZA wurde 1966 von Joseph Weizenbaum entwickelt. Sie gilt als Vorläuferin von Chatbots und Sprachassistenten. Einerseits stellt sie auf der Basis von Aussagen des Benutzers dazu passende (Rück-)Fragen, andererseits formuliert sie diesem gegenüber, wenn sie Schlüsselwörter erkennt, Aussage- und Imperativsätze. Das Programm bestand den Turing-Test in der Weise, dass es von bestimmten Menschen als vollwertiger Gesprächspartner anerkannt und Vertrauen aufgebaut wurde. Weizenbaum war so erschrocken über diesen Umstand, dass er in der Folge zum Computerkritiker – oder Gesellschaftskritiker, wie er sich nannte – wurde.

Empörungsgesellschaft

Die Empörungsgesellschaft empört sich zu Recht oder zu Unrecht über Personen, Organisationen, Vorfälle, Verfahren und Zustände. Zu ihr gehören der Wutbürger, der Gutmensch, auch als Moralist, und der Netzaktivist. Im Internet wird der Sturm der Entrüstung (der Schwester der Empörung) zum Shitstorm.

Energiemanagement

Energiemanagement ist die Kombination aller Maßnahmen, die bei einer geforderten Leistung einen minimalen Energieeinsatz sicherstellen. Es bezieht sich auf Strukturen, Prozesse, Systeme und bauliche Gegebenheiten sowie auf menschliche Verhaltensweisen und -änderungen.

Ein Anliegen des Energiemanagements ist es, den privaten oder betrieblichen Energieverbrauch und den Verbrauch von Roh-, Hilfs- und Zusatzstoffen zu senken. Die Energieeffizienz im Privathaushalt und im Unternehmen soll optimiert werden. Um dies zu erreichen, wird die Wärmedämmung verbessert, die Heiztechnik erneuert und ein Energiemanagementsystem eingesetzt.

Energiemanagementsystem

Ein Energiemanagementsystem dient der systematischen Erfassung und Kommunikation der Energieströme und der automatischen Steuerung von Einrichtungen und Apparaten zur allgemeinen Optimierung und zur Verbesserung der Energieeffizienz. Es kann Smart Metering (intelligente Zähler) umfassen und als Smart Grid (intelligentes Stromnetz) umgesetzt sein. Insgesamt können cyber-physische Systeme eine Rolle spielen.

Zweck der Energiemanagementsysteme ist, mithilfe prozessualer und technischer Maßnahmen den privaten oder betrieblichen Energieverbrauch und den Verbrauch von Roh-, Hilfs- und Zusatzstoffen zu senken. Die Energieeffizienz im Haushalt und im Unternehmen soll – dies ist ein Ziel von Energiemanagement überhaupt – nachhaltig verbessert werden. Angestrebt wird eine bestmögliche Auslastung der Netze und Verteilung der Energie, auch wenn viele verschiedene Produzenten beteiligt sind.

Ein Energiemanagementsystem soll Vorgaben einzuhalten und Potenziale auszuschöpfen helfen. Beispielsweise muss die EU-Richtlinie zur Gesamtenergieeffizienz von Gebäuden berücksichtigt oder das Energie- und Stromsteuergesetz abgebildet werden können. Ein technisches System kann den Benutzer informieren respektive als adaptives System selbst auf Anforderungen und Veränderungen reagieren.

Aus Sicht des Umwelt- und Klimaschutzes und der Compliance sind Energiemanagementsysteme hilfreich, aus Sicht des Datenschutzes, des Verbraucherschutzes, des Wettbewerbsrechts und der Informationsethik problematisch, wenn Rückschlüsse auf Gewohnheiten und Präferenzen von Privathaushalten und die Produktivität und Auslastung von Firmen möglich sind.

Entscheidungsbaum

Entscheidungsbäume (engl. „decision trees") dienen der Repräsentation von Entscheidungsregeln und werden u.a. in der Betriebswirtschaftslehre, der Informatik und der Künstlichen Intelligenz (KI) verwendet. Sie besitzen Wurzelknoten sowie innere Knoten, die mit Entscheidungsmöglichkeiten verknüpft sind. Oft werden, ausgehend von einem beschriebenen Startpunkt, Fragen formuliert, auf welche die Antworten „ja" und „nein" (oder „wahr" und „falsch") lauten, wobei diese wiederum zu neuen Fragen führen, bis mehrere Optionen am Schluss erreicht werden. Als annotierte Entscheidungsbäume können Verzweigungsstrukturen mit zusätzlichen Informationen gelten, welche die Fragen herleiten und begründen.

Kaum benutzt werden Entscheidungsbäume für die Konzeption von moralischen Maschinen. Diese sind ein Gegenstand der Maschinenethik, die zwischen KI, Robotik, Informatik und Philosophie angesiedelt ist. Im Beitrag „Towards Animal-friendly Machines" (2018) wird demonstriert, wie man annotierte Entscheidungsbäume für die Umsetzung von bestimmten Saugrobotern, Fotodrohnen und Roboterautos nutzen kann. Im Vordergrund stehen dabei Wohl, Unversehrtheit und Sicherheit von Tieren, da in diesem Bereich kaum Kontroversen vorhanden sind und moralische Maschinen ohne größere Risiken für den Menschen erprobt werden können.

Ethics by Design

Ethics by Design ist das Arbeitsgebiet, das Roboter, KI-Systeme und andere Maschinen nach ethischen Leitlinien bzw. moralischen Ansprüchen zu entwickeln und zu gestalten versucht. Es kann auch darum gehen, Maschinen moralische Fähigkeiten beizubringen, womit man in der Maschinenethik wäre.

Ethik

Die Ethik als Wissenschaft ist eine Disziplin der Philosophie und hat die Moral zum Gegenstand. Sie geht u.a. auf Aristoteles zurück („Nikomachische Ethik"). In der empirischen Ethik beschreibt man Moral und Sitte, in der normativen beurteilt man sie, kritisiert sie und begründet gegebenenfalls die Notwendigkeit einer Anpassung. In der normativen Ethik beruft man sich im abschließenden Sinne – so u.a. Otfried Höffe – weder auf religiöse und politische Autoritäten noch auf das Natürliche, Gewohnte oder Bewährte. Man kann in der Ethik auch auf die Moralität zielen und Grundbedingungen der Moral oder Diskrepanzen zwischen Haltung und Verhalten deutlich machen. Die Metaethik analysiert moralische Begriffe und Aussagen in semantischer Hinsicht oder vergleicht Modelle der normativen Ethik.

Es kann in der Ethik nicht nur die Moral von Menschen (Ethik im engeren Sinne oder Menschenethik), sondern auch von Maschinen (Maschinenethik) thematisiert werden, wobei die „maschinelle Moral" (wie die „moralische Maschine") ein Terminus technicus ist. Die angewandte Ethik gliedert sich in Bereichsethiken wie Medizinethik, Wirtschaftsethik, Technikethik und Informationsethik. Die theonome Ethik, die sich auf Gott beruft, gehört mitsamt der theologischen Ethik nicht zur Ethik als Wissenschaft. Umgangssprachlich wird auch eine mehr oder weniger systematische Beschäftigung mit Moral oder ein mehr oder weniger stabiles Denkgebäude zur Sitte, ohne wissenschaftlichen Anspruch, als Ethik bezeichnet.

Ethik-Ei

Das Ethik-Ei ist ein Versuch, die Stellung der Informationsethik zu visualisieren. Vorgestellt wurde es zuerst im Artikel „Die Medizinethik in der Informationsgesellschaft: Überlegungen zur Stellung der Informationsethik" (2013). Es zeigt, wie die verschiedenen Bereichsethiken an die Informationsethik heranrücken, mit dieser als Zentrum und Referenz. Es werden Beispiele der Schnittmengen aufgeführt, etwa – um auf den Zusammenhang zwischen Wirtschaftsethik und Informationsethik einzugehen – die Manipulation durch Suchmaschinen, Hochfrequenzhandel (High-frequency Trading) und virales Marketing. Hinzufügen könnte man viele weitere wie Wirtschaftsspionage mit Hilfe elektronischer Mittel und Monopolisierung bei IT-Unternehmen.

Die Schnittmengen entstehen durch die Diffusion der Informations- und Kommunikationstechnologien in die entsprechenden Bereiche. Es ist also – erneut mit Wirtschafts- und Informationsethik als Folie – die Wirtschaft des 20. und 21. Jahrhunderts mit Automatisierung durch Digitalisierung und Digitalisierung überhaupt, die eine neue Wirtschaftsethik ebenso notwendig macht wie deren Zuwendung zur Informationsethik. Dabei besitzen und behalten die Bereichsethiken in der Gegenwart unterschiedliche Perspektiven: Die Wirtschaftsethik interessiert sich für die Moral in der auf IKT und Informationssystemen basierenden und sich auf diese beziehenden Wirtschaft, die Informationsethik (und mit ihr die Technikethik) für die Moral der auf Wirtschaftlichkeitserwägungen und Ökonomieprinzipien basierenden Informationsgesellschaft.

Ethikkommission

Eine Ethikkommission beurteilt Forschungsvorhaben und Entwicklungsprojekte in moralischer, rechtlicher und gesellschaftlicher Hinsicht. Sie ist in einer Organisation (vor allem in größeren Unternehmen) angesiedelt oder berät – ähnlich wie die Einrichtungen für Technikfolgenabschätzung – die Politik. Häufig geht es um die Forschung an Lebewesen, an Menschen, Tieren und Pflanzen, oder um wichtige gesellschaftliche Fragen.

Ethikkommissionen sollen vor Imageschäden bewahren und vor Gefahren und Risiken für Leib und Leben sowie für die Umwelt warnen. Sie orientieren sich und arbeiten an ethischen Leitlinien. Der Deutsche Ethikrat widmet sich als nationale Ethikkommission den voraussichtlichen und möglichen Folgen für Individuum und Gesellschaft, die sich insbesondere auf dem Gebiet der Lebenswissenschaften und ihrer Anwendung auf den Menschen ergeben.

Anders als der Name suggeriert, sind in Ethikkommissionen die Ethiker meist in der Minderheit. Mitglieder sind mehrheitlich Naturwissenschaftler, Rechtswissenschaftler, Mediziner und Theologen. Damit kann kaum eine professionelle Ethik praktiziert, sondern allenfalls eine gewünschte Moral in einem vertrauten Fachgebiet propagiert werden. Der Einfluss von nationalen Ethikkommissionen wird durch rechtliche Rahmenbedingungen auf europäischer bzw. internationaler Ebene beschränkt.

Ethikunterricht

Ethikunterricht ist (Schul-)Unterricht zur Ethik, als Teil des Fachs Philosophie bzw. als Alternative und in Konkurrenz zum Fach Religion. Es fehlen qualifizierte, also in der Philosophie ausgebildete Lehrerinnen und Lehrer ebenso wie gegenwarts-, alltags- und jugendbezogene Curricula, mit Inhalten aus der Wirtschafts-, Medien- oder Informationsethik. Der Unterricht soll – so u.a. Otfried Höffe – eine wissenschaftlich fundierte Fachkompetenz vermitteln. Er kann auch moralische Kompetenz vermitteln; diese muss aber nicht zwangsläufig zu moralischem Handeln führen. Bei einem weiten Begriff kann die (Hochschul-)Lehre im Bereich der Ethik zum Ethikunterricht gezählt werden. Erteilt wird sie von Moralphilosophen und -ökonomen, ohne wissenschaftlichen Anspruch auch von Moraltheologen.

Ethische Begründungen

Ethische Begründungen bedienen sich nach Annemarie Pieper z.B. der logischen, diskursiven, dialektischen, analogischen und transzendentalen, also letztlich einer wissenschaftlich anerkannten und erprobten Methode. Moralische Begründungen müssen nicht wissenschaftlich, allenfalls plausibel sein. So kann man sich auf sein Gewissen berufen, ohne dass dieses genau bestimmbar und herleitbar wäre. Zu den ethischen Methoden gehören neben den Möglichkeiten der Begründung auch die Möglichkeiten der Beschreibung (analytische und hermeneutische Methode).

Ethische Leitlinien

Die Ethischen Leitlinien der Gesellschaft für Informatik e.V. (GI) wurden nach eigenen Angaben am 29. Juni 2018 vom Präsidium der GI verabschiedet. Sie ersetzen die 1994 erstmals formulierten und 2004 überarbeiteten Leitlinien und wurden – so die Website – maßgeblich von der Fachgruppe „Informatik und Ethik" unter Beteiligung der Mitglieder der Gesellschaft für Informatik entwickelt.

In der Präambel heißt es: „Die Gesellschaft für Informatik e.V. (GI) will mit diesen Leitlinien bewirken, dass berufsethische oder moralische Konflikte Gegenstand gemeinsamen Nachdenkens und Handelns werden. Die Leit-

linien sollen den GI-Mitgliedern und darüber hinaus allen Menschen, die
IT-Systeme entwerfen, herstellen, betreiben oder verwenden, eine Orientierung bieten. Die vorliegenden Leitlinien sind Ausdruck des Willens der
GI-Mitglieder, ihr Handeln an den Werten auszurichten, die dem Grund-
gesetz der Bundesrepublik Deutschland und der Charta der Grundrechte
der Europäischen Union zu Grunde liegen. Die GI und ihre Mitglieder verpflichten sich zur Einhaltung dieser Leitlinien. Sie wirken auch außerhalb
der GI darauf hin, dass diese im öffentlichen Diskurs Beachtung finden."

Insbesondere wird auf die Menschenwürde verwiesen, die zu achten und
zu schützen sei. Zudem stehen informationelle Autonomie bzw. die informationelle Selbstbestimmung (als ihre auch rechtlich definierte Ausprägung), die Gewährleistung der Vertraulichkeit und die Integrität informati-
onstechnischer Systeme im Mittelpunkt. Explizit wird der offene Charakter
der einzelnen Artikel betont. Dieser mache deutlich, dass es keine abschließenden Handlungsanweisungen oder starren Regelwerke für moralisch gebotenes Handeln geben könne.

Ethos

Das Ethos ist die moralische Einstellung oder die sittliche Gesinnung einer
Person, einer Gruppe oder einer Gesellschaft. In seiner ursprünglichen
Wortbedeutung ist es der gewohnte Ort des Lebens. Otfried Höffe folgend
waren Moral und Sitte als Ethos ursprünglich die ungeschiedene Einheit
vom Guten, Geziemenden und Gerechten. Nach Rainer Kuhlen ist das
Ethos der Informationsgesellschaft das Internet. Oder der Cyberspace, wie
man sagen könnte, der mobile Netze, Geräte und Apps beinhaltet und der
sich mit deren Hilfe – man denke an 2D- und 3D-Codes sowie Augmented
Reality – die physische Welt einverleibt.

Evaluation

Unter Evaluation versteht man die Bewertung eines Gegenstands, einer
Maßnahme oder einer Person. Es werden hierfür systematisch Daten gesammelt und analysiert, um die Zielerfüllung oder Nutzen und Wirkung zu
beurteilen. Evaluationen werden häufig im Rahmen der Qualitätssicherung
durchgeführt und dienen der Sicherstellung, Verbesserung oder Anpas-

sung der Qualität eines Gegenstands oder einer Maßnahme bzw. der Verbesserung von Aktivitäten. Organisationen aller Art können aus ethischer Perspektive evaluiert werden. Dabei werden vor allem Instrumente der Wirtschaftsethik und Ideen aus dem Bereich der Corporate Social Responsibility genutzt. Die Evaluation ist auch in der Mensch-Computer-Interaktion von Relevanz.

Evangelist

Der Evangelist oder Technology Evangelist ist sozusagen ein Technikmissionar. Er versucht andere für Informations- und Kommunikationstechnologien zu begeistern und sucht dafür Plattformen und Veranstaltungen aller Art auf. Seine eigene Begeisterung kennt keine Grenzen, nicht einmal des guten Geschmacks. Der Evangelist ist Angestellter oder – noch besser – Kunde eines Unternehmens. Manchmal tritt er als Influencer auf und verbreitet seine frohe Botschaft über Social-Media-Kanäle.

Evolution

Die biologische Evolution umfasst die Entstehung von Leben und die Veränderung der Merkmale einer Population von Lebewesen. Der Mensch hat sich nach der Beweisführung der Evolutionstheorie aus dem Tier entwickelt bzw. ist ein Tier. Der Begriff der technischen Evolution spricht die technischen Innovationen einer Gesellschaft, Kultur oder Nation an. Nach der Vorstellung der Transhumanisten gilt es mit Blick auf den Menschen, die biologische Evolution zu überwinden und die technische einzubeziehen.

Exoskelett

Exoskelette sind mechanische, maschinelle bzw. robotische Stützstrukturen für Menschen oder Tiere. Sie entlasten Arbeiter in der Fabrik und auf der Baustelle, ermöglichen Behinderten das Aufstehen und Umhergehen oder dienen der Therapie. Manche verfügen über einen Antrieb, andere nicht.

Private und universitäre Einrichtungen der Robotik, Informatik, Medizin, Pflege- und Therapiewissenschaft widmen sich der Erforschung und Entwicklung von Exoskeletten. Auch die Defense Advanced Research Projects Agency (DARPA) hat Forschung in diesem Bereich ermöglicht. Soldaten sollen mit Exoskeletten schwere Lasten über längere Zeit und längere Strecken transportieren können, auch unter extremen Bedingungen.

Insgesamt werden Exoskelette kontrovers diskutiert. Sie können Querschnittsgelähmten dabei helfen, im wörtlichen Sinne auf Augenhöhe mit Gesunden zu sein, und diesen dabei helfen, Verletzungen und Überbeanspruchungen zu vermeiden, aber auch – nicht nur durch unsachgemäßen Gebrauch – zu Verletzungen und Schäden führen.

Beim Cybathlon, einem internationalen Wettkampf, bei dem Behinderte gegeneinander antreten, bewältigen die Piloten verschiedene Alltagsaufgaben wie Treppensteigen oder das Sichsetzen auf einen Stuhl. Die Beine der Sportler sind durch eine Rückenmarksverletzung vollständig gelähmt.

Face-to-face

Der englische Begriff „face-to-face" (häufig auch „ftf" oder „f2f" geschrieben) bedeutet „von Angesicht zu Angesicht", „persönlich" oder „direkt". Er soll ausdrücken, dass in einem Raum oder einer Umgebung zwei oder mehr Menschen anwesend sind und sich gegenseitig sehen bzw. unmittelbaren Kontakt zueinander haben.

Obwohl durch Videokonferenzen oder Chats ein ähnlicher räumlicher Kontext und ein vergleichbarer Bezug zwischen Personen hergestellt werden kann, spricht man in diesen Fällen nicht von „face-to-face". Vielmehr werden unter Face-to-face-Veranstaltungen ausschließlich Präsenzveranstaltungen verstanden.

Fahrerassistenzsystem

Fahrerassistenzsysteme (FAS) – im Englischen „advanced driver assistance systems (ADAS)" – unterstützen den Lenker von Kraftfahrzeugen und übernehmen in bestimmten Fällen seine Aufgaben. Es handelt sich mehrheitlich um Computersysteme, die mit Ein- und Ausgabegeräten gekoppelt sind und Zugriff auf manche Komponenten und Funktionen der Fahrzeuge haben. In der Regel sind die Technologien integriert, im Sinne fest verbauter Hardware mit eingebetteter Software. Es gibt aber auch Ansätze, die Anzeige und die Sensorik auszulagern bzw. mobil zu machen, über Smartphones und Datenbrillen.

Ziele des Einsatzes von FAS sind Erhöhung der Fahrsicherheit, Steigerung des Fahrkomforts und Verbesserung der Effizienz (z.B. durch Senkung des Verbrauchs). Viele Systeme sind so konzipiert, dass der Fahrer das System temporär deaktivieren kann, sodass eine manuelle Steuerung bzw. eine individuelle Anweisung möglich und nötig wird. Dies hat nicht zuletzt haftungs- und sicherheitstechnische Gründe. Manche Systeme substituieren frühere Funktionen respektive erlauben neue. Bei Systemen für Flugzeuge und Schiffe sind teils ähnliche, teils andersartige Ziele vorhanden.

Beispiele für Fahrerassistenzsysteme sind Antiblockiersystem (ABS), elektronisches Stabilitätsprogramm (ESP), Lichtautomatik, Scheibenwischerautomatik, Verkehrszeichenerkennung, elektrische Feststellbremse,

Bremsassistent, Notbremsassistent, Stauassistent, Baustellenassistent, Spurwechselassistent, Spurwechselunterstützung, intelligente Geschwindigkeitsassistenz, Abstandsregeltempomat, Abstandswarner, Reifendruckkontrollsystem und Einparkhilfe. Wichtig für die Systeme sind Sensoren im und am Fahrzeug, aber auch Signale und Informationen aus der Umgebung.

Die Integration von Systemen und Sensoren ist elementar für den erfolgreichen Betrieb von selbstständig fahrenden Autos, die als Prototypen durch die Städte und Landschaften fahren und umgangssprachlich als Roboterautos bezeichnet werden. Diese nehmen dem Fahrer (bzw. dem Insassen) bestimmte oder sogar sämtliche Aktionen im Straßenverkehr ab. Sie sollen ihn entlasten bzw. ersetzen, den Verkehr optimieren und das Unfallrisiko minimieren. Ein Verkehr, der von selbstständig fahrenden Autos geprägt wird, ist vorerst eine Vision, allerdings eine, die die Entwicklung von weiteren FAS vorantreibt und befruchtet. Längst Realität ist die Forschung von Technik- und Informationsethik sowie der Maschinenethik in diesem Bereich.

Fake

Ein Fake ist nach der Bedeutung im Englischen eine Fälschung, eine Täuschung, eine Attrappe, oder ein Hochstapler bzw. ein Simulant (im Deutschen auch Faker genannt). Eine Fake-Identität im Internet kann in betrügerischer Absicht oder zum Schutz der informationellen Autonomie angenommen werden. Ein Fake-Account dient dem Ausspionieren, dem Trollen, dem Rollenspiel oder auch dem Absetzen von negativen oder positiven Bewertungen und Kommentaren mit dem Ziel der Manipulation, etwa bei touristischen Portalen und journalistischen Angeboten. Die (Netz-)Kunst macht sich das Phänomen in vielerlei Hinsicht zunutze.

Fake News

Ein Fake ist eine Fälschung, eine Täuschung, eine Attrappe, oder ein Hochstapler und ein Simulant (Faker). Fake News sind Falsch- und Fehlinformationen, die häufig durch elektronische Kanäle (vor allem soziale Medien) verbreitet werden. Sie gehen von Einzelnen oder Gruppen aus, die in eigenem oder fremdem Auftrag handeln. Es gibt persönliche, politische und wirtschaftliche Motive für die Erstellung. Algorithmen verschiedener Art und Social Bots spielen eine zentrale Rolle bei der Verbreitung, zudem die Posts, Likes und Retweets der Benutzer.

Zunächst hat man vor allem im Zusammenhang mit Facebook und Twitter und anderen sozialen Medien von Fake News gesprochen. Der Content ist direkt dort zu sehen, in Text und Bild, oder über Links erreichbar. Donald Trump wandte den Begriff auch auf klassische Medien an. Inhaltlich Ungereimtes, sprachlich Unscharfes oder Falschmeldungen wie Zeitungsenten sollten nicht generell als Fake News bezeichnet werden – zu diesen gehören eben die gezielte Nutzung der Potenziale der sozialen Medien und die begründete Hoffnung auf eine virale Verbreitung.

Die „Fake News" sind – wie die „Lügenpresse" – zu einem Kampfbegriff unterschiedlicher Lager geworden, die dahinterliegenden Phänomene zu einem Problem der Informationsgesellschaft, in der Manipulation und Desinformation zunehmen. Es entstehen bei den Medien und Parteien spezielle Einrichtungen, die Fake News identifizieren und eliminieren sollen. Damit ist freilich die Gefahr der Zensur gegeben. Informations- und Medienethik untersuchen die moralischen Implikationen von Fake News. Die Wirtschaftsethik interessiert sich ebenfalls für diese, insofern sie Unternehmen, Mitarbeitern und Konsumenten Vor- und Nachteile bringen können.

Feedback

Feedback ist die Rückmeldung zum Verhalten, zu den Leistungen oder auch zu den Fragen einer Person durch eine andere oder ein Informationssystem bzw. eine Lernanwendung. Die Betroffenen sollen Stärken und Schwächen ihrer Aktionen erkennen und in die Lage versetzt werden, sich selbst zu beurteilen.

Sowohl Menschen als auch Maschinen können demnach Feedback geben. Die Frage ist, wer wodurch in welcher Weise motiviert oder demotiviert wird, auch mit Blick auf das moralische Verhalten. Feedback gegenüber Maschinen zur Verbesserung ihrer Moral ist Thema der Maschinenethik.

Feigenblattethik

In nicht wenigen Unternehmen und Verbänden – auch im Bereich der Informationstechnologie – ist die Beschäftigung mit der Moral eine Alibiübung. Berufliche und sittliche Vorschriften, gerne ethische Leitlinien und Ethikkodizes oder besser moralische Leitlinien und Kodizes genannt, werden zur Schau getragen. An Hochschulen kann sich die Ethik zum Feigenblatt auswachsen, das strukturelle und inhaltliche Schwächen der eigenen oder einer anderen Institution – etwa wenn man dort beratend tätig ist – verdeckt. In der Schöpfungsgeschichte bedeckt das Feigenblatt die Scham. Keine Scham kennen Firmen und Verbände bei ihrer Feigenblattethik, die eigentlich eine Feigenblattmoral ist.

Filter Bubble

Der Begriff der Filter Bubble (Filterblase) meint die Personalisierung bei Websites und Apps mithilfe von Algorithmen, die den Informationsbedarf des Benutzers voraussagen und entsprechende Seiten, Texte und Bilder (nicht) aufrufen bzw. ein- oder ausblenden. Eli Pariser hat ihn ab dem Jahre 2011 geprägt. Verwandt ist der Begriff der Informationsblase.

Die Filter Bubble ist angeblich ein typisches Phänomen sozialer Netzwerke. Diese neigten dazu, einen „ideologischen Rahmen", wie Pariser es in seinem Buch nennt, zu schaffen, ein informationelles Gefängnis. Die Echokammer ist ein verwandtes Phänomen bzw. Konzept, ebenso die Schweigespirale.

Die Algorithmenethik kann sich mit der Moral der Algorithmen beschäftigen oder – in anderer Ausprägung – mit den Auswirkungen solcher Einschränkungen auf das Wohl, die Entwicklung und die Entscheidungsfreiheit des Menschen.

Freiheit

Die Freiheit ist eine Idee, die die körperliche oder geistige Ungebundenheit von Individuen, Gruppen oder Gesellschaften meint. Nach Annemarie Pieper besteht die eigentliche moralische Leistung in der Setzung eines Ziels aus Freiheit und um der Freiheit willen. Für die Selbstbestimmung des

Willens verwendet Immanuel Kant den Begriff der Autonomie. Dieser hat in der Informationsgesellschaft eine schillernde Bedeutung erlangt. Die Informationsfreiheit meint den freien Zugang zur textuellen, visuellen oder auditiven Information. Die Panoramafreiheit ist das Recht, fotografisch und filmisch ein Panorama mitsamt Gebäuden und Kunstwerken einzufangen. Die Meinungsfreiheit sollte im Rechtsstaat gewährleistet sein und kann über soziale Medien und eigene Websites und Plattformen in Text und Bild ausgedrückt werden.

Futurologie

Die Futurologie erforscht, wie der Name sagt, die Zukunft, vor allem technische, wirtschaftliche, politische und gesellschaftliche Entwicklungen. Sie liefert wissenschaftlich fundierte Prognosen oder gefällt sich in der Skizze einer Utopie. Der Begriff geht auf den Rechts- und Politikwissenschaftler Ossip K. Flechtheim zurück.

Gamification

Gamification (von engl. „game": „Spiel") ist die Übertragung von spielty-pischen Elementen und Vorgängen in spielfremde Zusammenhänge. Alternative Begriffe im deutschsprachigen Raum sind „Gamifizierung" und „Spielifizierung".

Ziele von Gamification sind Motivationssteigerung und Verhaltensände-rung bei Anwenderinnen und Anwendern. Zu den spieltypischen Elementen gehören Beschreibungen (Ziele, Beteiligte, Regeln, Möglichkeiten), Punkte, Preise und Vergleiche. Zu den spieltypischen Vorgängen zählt die Bewältigung von Aufgaben durch individuelle oder kollaborative Leistungen.

Zunächst fand die Gamifizierung vor allem im Unterhaltungs- und Wer-bebereich statt. Inzwischen spielt sie auch eine Rolle in der Fitness, beim Shopping, bei betrieblichen Anwendungen – und in Lernumgebungen. Dadurch entsteht eine Nähe zu älteren Phänomenen wie Game-based Le-arning, Edutainment und Serious Games. Gamification bezieht sich nicht ausschließlich auf den Onlinebereich. Man kann auf fast alles Spielede-signprinzipien anwenden.

Der Erfolg von Gamification ist stark von der Haltung der Anwenderinnen und Anwender und ihrer Affinität zu Spielen abhängig. Zudem ist es wichtig, dass die Elemente und Prozesse professionell, wirksam und stimmig umgesetzt sind. Fraglich ist, ob Gamification zu einer Gewöhnung an das Spielerische führt und die Motivation in traditionellen Bereichen weiter senkt.

Generation Y

Die Angehörigen der Generation Y (Gen Y) waren zur Jahrtausendwende im Teenageralter. Deshalb werden sie auch Millennials genannt. Ein älterer Begriff ist „Digital Natives", der allerdings, wie die speziellere Bezeichnung „Generation Porno", auf jede Generation seit diesem Zeitpunkt zutrifft. Die Generation Y ist als erste mit dem voll entwickelten bzw. weit verbreiteten World Wide Web und hosentaschengroßen Handys aufgewachsen. Die technische und mediale Affinität kann mit politischem Interesse zusammengehen, wie im Falle der Occupy-Wall-Street-Bewegung, deren Aktionen über Mundpropaganda und Social Networks initiiert wurden.

Generation Z

Die Generation Z mit ihren Jahrgängen ab 2000 folgt auf die Generation Y. Sie ist mit dem Web 2.0 und mit dem Smartphone aufgewachsen. Große Bedeutung misst sie sozialen Netzwerken, Foto- und Videoplattformen, synchronen und asynchronen Kommunikationsdiensten sowie der Sharing Economy zu. Man kann sie auch als Generation Sexting oder Generation Selfie bezeichnen.

Geschichte der Informationsethik

Schon bei Joseph Weizenbaum gibt es informationsethische Überlegungen. Der deutsch-amerikanische Informatiker entwickelte in den 1960er-Jahren die berühmte ELIZA und wurde angesichts der Nutzung des Dialogprogramms zum Computer- oder Gesellschaftskritiker, wovon auch sein Buch „Computer Power and Human Reason: From Judgement to Calculation" von 1976, dtsch. „Die Macht der Computer und die Ohnmacht der Vernunft" von 1978 beredtes Zeugnis ablegt. In den 70er-, 80er- und 90er-Jahren des 20. Jahrhunderts bildeten sich verschiedene Formen von Netz- und Computerethik heraus. Zudem begann sich die klassische Medienethik den neuen Medien zuzuwenden. Rainer Kuhlen – nicht zuletzt mit seinem Lehrbuch „Informationsethik" – und Rafael Capurro prägten im deutschsprachigen Raum ab den 1990er-Jahren den Begriff der Informationsethik. Im englischsprachigen Raum etablierten sich die Bezeichnungen „information ethics" und „computer and information ethics", und es wurden u.a. die Monografien von Luciano Floridi („The Ethics of Information" von 2013 und „The Fourth Revolution: How the Infosphere is Reshaping Human Reality" von 2014, dtsch. „Die 4. Revolution: Wie die Infosphäre unser Leben verändert", erschienen 2015) zur Kenntnis genommen.

Gesichtserkennung

Gesichtserkennung ist das automatisierte Erkennen eines Gesichts in der Umwelt bzw. in einem Bild (das bereits vorliegt oder zum Zwecke der Gesichtserkennung erzeugt wird) oder das automatisierte Erkennen, Vermessen und Beschreiben von Merkmalen eines Gesichts, um die Identität einer Person (engl. „face recognition") oder deren Geschlecht, Gesundheit, Herkunft, Alter, sexuelle Ausrichtung oder Gefühlslage (engl. „emotion recognition": „Emotionserkennung") festzustellen. Was im Einzelnen möglich ist bzw. ob man etwas mit hoher Sicherheit oder nur mit einiger Wahrscheinlichkeit herausfinden kann, ist umstritten. Unbestritten ist, dass Gesichtserkennung in der Kombination mit weiteren Analyseansätzen und Datenquellen (Kleidung, Umfeld, digitale Identität etc. betreffend) überaus mächtig ist.

Bei der Gesichtserkennung werden Systeme (samt Gesichtserkennungssoftware und Hardware wie Kameras und Laser- oder Ultraschallsensoren) mit zwei- oder dreidimensionalen Ortungs- und Vermessungsverfahren verwendet. Augen, Nase, Mund, Ohren, Kinn, Stirn, Haaransatz und Wangenknochen werden erkannt und vermessen und ihre Position, ihr Abstand voneinander und ihre Lage zueinander ermittelt. Ferner kann man die Kopfform sowie die Beschaffenheit bzw. die Farbe von Haut, Haaren und Augen berücksichtigen. Insgesamt zieht man mehr und mehr komplexe Berechnungen und Ansätze des maschinellen Lernens heran.

Gesichtserkennung wird bei technischen Geräten und bei Zugängen und Kontrollen aller Art zur Identifizierung und Authentifizierung eingesetzt, im Sinne biometrischer Verfahren. Man überprüft, ob ein Gesicht einer konkreten Person im Bild oder in der Umwelt vorhanden ist und ob sie eine Berechtigung hat oder ob sie zur Fahndung ausgeschrieben ist. Auch zum Sortieren von Fotografien und Objekten im weitesten Sinne eignet sich Gesichtserkennungssoftware, wobei je nach Anwendungsfall das Erkennen eines Gesichts genügt oder das Erkennen des Gesichts eines bestimmten Geschlechts, Alters etc. oder einer bestimmten Person gefragt ist. In der Wirtschaft ist Gesichtserkennung etwa bei interaktiven Werbeflächen relevant, mit dem Ziel personalisierter Werbung und individueller Beratung.

Gesichtserkennungssoftware ist nützlich, um Ordnungen und Zuordnungen herzustellen, nicht zuletzt im betrieblichen Kontext. Kontrovers diskutiert wird die Identifizierung von Personen im privaten und öffentlichen Raum. Ein Smartphone und eine Smart Cam, die ein Gesicht erkennen, können prinzipiell Daten zum Gesicht und zur Person sowie Metadaten weiterleiten. Damit ist es möglich, Verdächtige und Unverdächtige zu überprüfen, zu verfolgen und zu überwachen. Zudem können die genannten Gesichts- und Kopfmerkmale und Verhaltensweisen analysiert werden. Die Informationsethik fragt nach der Verletzung der informationellen Autonomie, die Wirtschaftsethik nach Chancen und Risiken des Einsatzes von Gesichtserkennung im Zusammenhang mit Beratung und Werbung. Um sich zu schützen, können Individuen ihr Erscheinungsbild modifizieren oder die Systeme manipulieren, was die Informationsethik wiederum unter dem Begriff der informationellen Notwehr behandeln würde.

Gläserner Bürger

Der gläserne Bürger übermittelt als mündiges Mitglied der Informationsgesellschaft unfreiwillig persönliche Daten sowie Interaktionsdaten aller Art an staatliche oder andere Stellen. Durch die Aggregation entstehen aufschlussreiche Profile. Durch Small und Big Data sind einzelne Bürger in ihrer informationellen Autonomie gefährdet und können gesellschaftliche Gruppen und Strukturen durchleuchtet werden.

Gläserner Fahrer

Der gläserne Fahrer ist in seinem hochtechnisierten bzw. automatisierten Fahrzeug abhör- und verfolgbar. Benutzt er auditive Systeme zur Steuerung von Systemen, können Stimme, Sprechweise und Inhalte analysiert werden. Beim hoch- und vollautomatisierten bzw. autonomen Fahren sind Startpunkt und Zielort zwangsläufig bekannt, und über die Zeit sind Bewegungsmuster erstellbar, die viel über die Person und ihr Verhalten aussagen. Zugleich fallen Daten und Informationen zum individuellen Fahrverhalten weg, weil es dieses nicht mehr oder kaum noch gibt.

Gläserner Patient

Der gläserne Patient, ob Kind, Jugendlicher oder Erwachsener, ist für Ärzte, Krankenkassen und Behörden durchschau- und einschätzbar, was Krankheit und Gesundheit, Risiken der Versicherung sowie Kosten für die Allgemeinheit anbetrifft, wobei seine informationelle Autonomie gefährdet und die Intaktheit von Privat- und Intimsphäre in Frage gestellt ist.

Gleichgewicht der Namen

Das Gleichgewicht der Namen geht auf Artikel zur Netiquette 2.0 (2010) und das Buch „Die Rache der Nerds" (2012) zurück. Es wird vorgeschlagen, dass ein Benutzer im virtuellen Raum grundsätzlich anonym unterwegs sein kann, aber dann seinen eigenen Namen nennt, wenn er den Namen von anderen fallen lässt, von Personen und Organisationen. Ein Ungleichgewicht der Namen soll insbesondere in Rechtsstaaten vermieden werden, wo prinzipiell Meinungsfreiheit besteht und man nicht ohne Weiteres mit schweren Sanktionen rechnen muss.

Glück

Es ist nach Annemarie Pieper eine unbezweifelbare Tatsache, dass jeder Mensch von Natur aus danach strebt, glücklich zu werden, was man auch immer für sein Glück halten mag. Die Ethik habe dieses Streben zu problematisieren, um herauszufinden, ob und wie es moralisch zu rechtfertigen ist. Das Glück in der Informationsgesellschaft kann darin bestehen, dass man Zugang zur Information hat und dass man über das Internet bzw. über Geräte kommunizieren und interagieren kann. Bei Personen, die im Berufs- und Privatleben aufgrund ihrer Herkunft, ihres Aussehens oder ihrer Art diskriminiert werden, kann ein Glücksgefühl entstehen, wenn sie in virtuellen Räumen unter Bevorzugung textueller Mittel mit anderen auf gleicher Augenhöhe diskutieren und kooperieren. Für ihre virtuelle Identität mögen Avatare und Fakes eine Rolle spielen.

GOODBOT

Im GOODBOT-Projekt von 2013 ging es darum, einen Chatbot so zu verbessern, dass er in bestimmten Situationen (z.B. wenn der Benutzer psychische Probleme hat) möglichst angemessen reagiert. Der Bot sollte in gewissem Sinne gut sein, seine Absichten sollten gut sein, seine Verhaltensweisen. Dem Benutzer sollte es bei der Unterhaltung gut gehen – oder sogar besser als vorher. Der GOODBOT war ein Projekt innerhalb der Maschinenethik und wird als moralische Maschine aufgefasst.

Wichtig waren Funktionen wie Abfrage von Grunddaten des Benutzers und mehrstufige Eskalation – je mehr Hinweise der Benutzer darauf gab, dass es ihm schlecht ging, desto mehr war der GOODBOT bemüht, ihm zu helfen. Je mehr Wörter oder Satzteile im Gespräch vorkamen, die auf seelische Not oder einen geplanten Suizid hindeuteten, desto eher nannte der Chatbot eine Notfallnummer bzw. ermunterte den Betroffenen dazu, menschliche Hilfe zu holen.

Sieben Metaregeln definierten das Kompetenzprofil und den Aktionsradius des GOODBOT. Eine davon lautete, er solle nicht lügen, allenfalls in Notfällen. Diese Regel wurde bei einem Nachfolgeprojekt, dem LIEBOT von 2016, ins Gegenteil verkehrt. Dieser kann als unmoralische Maschine gelten. 2018 entstand der BESTBOT, der Gesichtserkennung und Emotionsanalyse nutzte und sowohl die inhaltliche Ausrichtung des GOODBOT als auch die technische des LIEBOT fortführte.

Green IT

Mit dem Schlagwort „Green IT" werben Lobbyverbände, Umweltministerien und Umweltschutzorganisationen dafür, alte Stromfresser durch neue, energiesparende Hardware zu ersetzen. Auch die Optimierung von Rechenzentren gehört dazu, zudem die umweltfreundliche Produktion und das Recycling von Computern, Tablets, Smartphones etc.

Greenwashing

Greenwashing ist der Versuch, Personen oder Organisationen ein positives Image zu verpassen, indem man ihr Engagement für Umweltschutz, körperliche Gesundheit und fairen Handel bzw. gegen Hunger und Armut überbetont oder sogar fälschlicherweise behauptet. In der Regel steuert eine PR-Abteilung oder ein Spin Doctor die Kampagnen. Verwandt mit dem Greenwashing ist die Schönfärberei, und wenn man sich reinwäscht oder sich ein grünes Mäntelchen umhängt, ist man ebenfalls in seiner Nähe. Green IT kann die Energieeffizienz verbessern, von Elektronikgeräten und Rechenzentren, aber auch Greenwashing sein. Die Informationsethik untersucht in diesem Kontext die moralischen Versprechungen und Verfehlungen der IT-Unternehmen.

Gute, das

Das Gute und das Böse sind nach Annemarie Pieper in ursprünglicher Bedeutung Qualitäten eines sich selbst (zur Freiheit bzw. zur Unfreiheit) bestimmenden Willens. Eine Handlung sei nicht an sich gut oder böse (bzw. schlecht), sondern in Bezug auf den Willen, aus dem sie hervorgegangen ist. Die Idee des Guten wird in der Informationsgesellschaft von tausenden Gruppierungen im Netz beansprucht, die unterschiedlichste Vorstellungen davon haben. Auch in Bezug auf die Offlinewelt wird gestritten, etwa ob Sicherheit oder Freiheit wichtiger sei und Überwachung in den Straßen und Gebäuden ein probates Mittel zur Herstellung von Sicherheit.

Hacker

Ein Hacker dringt über Netzwerke in Computer ein, um zu spielen und zu experimentieren, um auf Schwachstellen hinzuweisen, um Daten abzuziehen und Informationen einzusehen oder um Geräte und Fahrzeuge zu übernehmen. Zu unterscheiden ist zwischen White-Hat-, Grey-Hat- und Black-Hat-Hackern.

Die White-Hats wollen aufzeigen, dass es keine hundertprozentige Sicherheit in Netzen und bei Computern gibt. Sie halten sich in der Regel an die bestehenden Gesetze und die Hackerethik (bzw. Hackermoral) und suchen mit oder ohne Auftrag nach Sicherheitslücken, wodurch sie – wie Mitglieder des Chaos Computer Club – für Gesellschaft und Wirtschaft wertvolle Beiträge leisten.

Die Grey-Hats können gesetzestreu, aber auch -widrig handeln. Sie wollen nicht nur ihre Vorstellung von Informationsfreiheit (Informationszugangsfreiheit) verbreiten, sondern diese so stark wie möglich ausweiten, selbst wenn sie die Freiheit von anderen verletzen. Wie die White-Hats spüren sie oft Sicherheitslücken auf. Ihre Aktivitäten können anderen Hackern helfen.

Die Black-Hats, auch Cracker genannt, besitzen kriminelle Energie. Sie suchen und finden ebenfalls Sicherheitslücken, wollen diese aber bewusst ausnutzen und dabei fremde Systeme beschädigen. Sie schielen nicht nur nach Ruhm, sondern auch nach Reichtum. Sie hacken sich im Auftrag in Atomkraftwerke oder in Herzschrittmacher und lösen einen allgemeinen oder persönlichen GAU aus.

Hackerethik

Die Hackerethik, eigentlich ein (teilweise moralischer) Kodex, stammt aus dem Buch „Hackers" von Steven Levy aus dem Jahre 1984 und versammelt Werte wie Freiheit und Kooperation sowie Empfehlungen zum Umgang zwischen Hackern und mit Computern und Netzwerken. Auch programmatische Aussagen finden sich dort: „Computer können benutzt werden, um Kunst und Schönheit zu schaffen." Weiterentwicklungen der Hackerethik sind u.a. vom Chaos Computer Club bekannt.

Hashtag

Ein Hashtag (engl. „hash": „Rautezeichen") ist ein Schlagwort, das in Micro-blogs, in Social Networks und auf Bildplattformen eingesetzt wird. Auf das Rautezeichen folgt ein Wort oder ein Akronym. Klickt man den Hashtag an, bekommt man alle Posts oder Inhalte angezeigt, die damit verschlagwortet wurden. Auf Konferenzen werden zusammen mit anderen Informationen meist auch verbindliche Hashtags bereitgestellt.

Bekannt wurden im deutschsprachigen Raum #aufschrei (ab 2013) und #hotpantsverbot (2015). Mit beiden Hashtags wurde gegen Sexismus protestiert, mit dem einen nach einer Äußerung des FDP-Politikers Rainer Brüderle gegenüber einer Journalistin („Sie können ein Dirndl auch aus-füllen."), mit dem anderen nach einer Ankündigung eines Hotpantsverbots an einer deutschen Schule. International sind oder waren #MeToo (seit 2017, gegen Sexismus) und #MeTwo (seit 2018, gegen Diskriminierung) von Bedeutung.

Hassrede

Die Hassrede (auch „Hate Speech", engl. „hate speech") dient der Belei-digung und Herabsetzung von Personen. Oft findet sie in sozialen Medien statt. Aber auch Kundgebungen, etwa von Rechtsradikalen, sind ihre natür-liche Heimat.

Hilfefunktion

Eine Hilfefunktion bietet Hilfe bei der Bedienung eines Programms bzw. eines Informationssystems. Es kann sich um einen Index handeln, in dem der Benutzer nach Stichworten sucht, oder um Assistenten bzw. Agenten, die Rede und Antwort stehen und Probleme lösen helfen. Die Hilfe wird automatisch angeboten oder aktiv vom Anwender nachgefragt. Wichtig ist, dass die Hilfefunktion niemanden ausschließt und vollständige Infor-mationen liefert, dass sie verlässlich – etwa wahrheitsliebend und fehlerfrei – ist und dass sie den Benutzer nicht beleidigt oder diskriminiert.

Hoax

Ein Hoax ist eine Falschmeldung oder -information, die in klassischen Medien (als Zeitungsente) oder im Internet auftaucht und mündlich oder schriftlich (vor allem über soziale Medien) verbreitet wird. Die Verursacher wollen, passend zur Wortbedeutung, Schabernack treiben oder aber Schaden anrichten. Hoaxes können auch eine Form der Kunst sein, wie auf Wikipedia, wo Tierarten und Personen öffentlichen Interesses erfunden werden.

Hologramm

Ein Hologramm ist ein mit holografischen Techniken hergestelltes dreidimensionales Bild, das eine körperliche Präsenz im realen Raum hat, bzw. eine Aufnahme, die ein dreidimensionales Abbild wiedergibt. Unter dem Begriff der Holografie fasst man Verfahren zusammen, die den Wellencharakter des Lichts ausnutzen, um eine realitätsnahe Darstellung zu erzielen. Dabei spielen Interferenz und Kohärenz eine wichtige Rolle. Umgangssprachlich werden auch bestimmte dreidimensionale Projektionen als Hologramme bezeichnet. Es gibt viele unterschiedliche Typen wie Bildebenenhologramme, Reflexionshologramme, Multiplexhologramme und computergenerierte Hologramme.

Bekannte Anwendungen sind Produktpräsentationen. Die Hologramme werden in pyramidenförmigen Aufsätzen oder mit speziellen Apparaturen erzeugt und dienen dem Blickfang auf Messen und in Schaufenstern. Relevant sind auch wissenschaftlich-technische Umsetzungen. Die Repräsentationen auf Konzertbühnen sind in der Regel keine Hologramme im engeren Sinne, sondern Projektionen auf Glasscheiben oder durchsichtigen Vorhängen. Eine japanische Firma hat die Gatebox entwickelt, mit einer holografischen Animefigur, die über natürlichsprachliche Fähigkeiten verfügt, mit künstlicher Intelligenz verbunden ist und als Partnerin und Assistentin dienen soll.

In „Star Wars" überbringt Prinzessin Leia Organa von Alderaan, von R2-D2 auf einen Tisch projiziert, eine Nachricht. In „Star Trek" bewegt sich William Riker in virtuellen Landschaften des Holodecks, in „Ghost in the Shell" schwimmen neben Major aus Licht gemachte Fische durch die Luft, in „Blade Runner 2049" wohnt Officer K mit einer holografischen Gefährtin namens Joi zusammen und trifft auf holografische Tänzerinnen und (längst verstorbene) Sänger. In Science-Fiction-Filmen wimmelt es von fiktionalen Hologrammen. Das zuletzt genannte Werk setzt Meilensteine, etwa mit der Verschmelzung von Joi mit einer Replikantin zu einer dritten Frau.

Gerade Science-Fiction-Filme haben hohe Erwartungen geweckt, die bis heute nicht eingelöst werden konnten. Dabei entfalten die fiktionalen Hologramme eine enorme Wirkung. Auch die realen ziehen, trotz ihrer Unzulänglichkeiten, den Betrachter an und lassen ihn staunen. Dies liegt vor allem an der erwähnten körperlichen Präsenz im realen Raum, die bei Virtual Reality nicht vorhanden ist. Die Weiterentwicklung der Hologramme würde den genannten Bereichen neue Impulse geben. Technik- und Informationsethik thematisieren die Beziehungen, die wir zu Hologrammen eingehen, Wirtschafts- und speziell Unternehmensethik die Substitution von Produkten und Personen und die suggestiven und manipulativen Effekte am Point of Sale.

Human Enhancement

Human Enhancement dient der Erweiterung der menschlichen Möglichkeiten und der Steigerung menschlicher Leistungsfähigkeit, letztlich also – aus Sicht der Betroffenen und Anhänger – der Verbesserung und Optimierung des Menschen. Ausgangspunkt sind kranke oder gesunde Menschen, die mit Wirkstoffen, Hilfsmitteln und Körperteilen versorgt und mit Technologien verbunden werden. Die Bewegung des Transhumanismus, von der in diesem Kontext häufig die Rede ist, propagiert die selbstbestimmte Weiterentwicklung des Menschen mit wissenschaftlichen und technischen Mitteln. Einerseits sieht man sich in der Tradition des Humanismus, andererseits erklärt man dessen Überwindung zum Ziel, insofern der Zustand des Natürlichen zurückgelassen und der Ausbau des Künstlichen vorangetrieben werden soll. Ein Beispiel für die Weiterentwicklung ist der Umbau zum Cyborg. Dieser Gegenstand zahlreicher Science-Fictions ist inzwischen in der Realität angekommen, vor allem als Verschmelzung von Mensch (oder Tier) und Maschine. Ein weiterer Begriff in diesem Zusammenhang ist „Bodyhacking".

Einteilen kann man in Verfahren, die auf die körperliche und die geistige Erweiterung abzielen. Dabei ist nicht immer eine klare Abgrenzung möglich. Zu unterscheiden ist zudem zwischen bestehenden, sich entwickelnden und geplanten Technologien, ferner zwischen restaurativen, therapeutischen und nichttherapeutischen Methoden. Zu den bestehenden Disziplinen und Verfahren gehören in Bezug auf die körperliche Erweiterung Schönheitschirurgie, Doping, Prothetik, Implantation und Transplantation. Die Schönheitschirurgie widmet sich fast allen Gesichtsbereichen und Körperregionen. Man entfernt, ersetzt, strafft, saugt ab und baut auf (plastische Chirurgie). Doping dient der Leistungssteigerung durch Substanzen wie Anabolika. Die moderne Prothetik bringt erweiterte Computersysteme bzw. zu integrierende Roboter hervor. Unter den sich entwickelnden und konzeptionellen Technologien ist das Exoskelett, eine steuerbare Apparatur, die am Körper getragen wird. Es liegen zwar Einzelanfertigungen und Prototypen vor, aber ausgereifte Produkte sind noch Mangelware, von medizinischen Stützstrukturen (Orthesen) abgesehen. In Bezug auf die geistige Erweiterung sind bestehende (teils noch prototypische) Computertechnologien zu nennen, die ständig mitgeführt werden, wie Smartphones, Smartwatches und Datenbrillen. In diesem Kontext spielt Augmented Reality eine zunehmend wichtige Rolle, die mithilfe von Computern erweiterte Wirklichkeit. Sich entwickelnde Technologien sind Gehirn-Computer-Kopplung und Gehirnimplantate. Zu den konzeptionellen Technologien ist die „whole brain emulation (WBE)" (auch „mind uploading") zu zählen sowie der Exocortex, ein künstliches externes Informationsverarbeitungssystem.

Human Enhancement hat Anhänger und Gegner aus verschiedenen Lagern. Die Erweiterung und Verbesserung des Menschen kann von Medizin, Künstlicher Intelligenz (KI), Robotik und Informatik betrieben werden. Verschiedene Bereichsethiken behandeln Chancen und Risiken in moralischer Hinsicht. In der Informationsethik interessiert etwa, ob durch die (Nicht-)Verfügbarkeit von Optionen die Informationsgerechtigkeit in Frage gestellt und ob durch die Integration von Chips und die Verwendung von Hightechprothesen die Autonomie des Menschen (auch seine informationelle Autonomie) eingeschränkt oder erweitert wird. Die Technikethik reflektiert die Positionen des Transhumanismus und dessen Postulate einer Transformation. Die Maschinenethik – als Pendant zur Menschenethik – untersucht, ob die neuen Bestandteile des Menschen, wie Prothesen oder Exoskelette, selbst moralische Entscheidungen treffen können und müssen.

Human Enhancement wird für die Wettbewerbsfähigkeit von Gesellschaften und Individuen von entscheidender Bedeutung sein. Damit Menschen- und Tierwürde nicht verletzt und Manipulation und Instrumentalisierung von Körper bzw. Geist nicht zur unhinterfragten Norm werden, bedarf es moralischer und ethischer Diskussionen (auch aus der Wirtschaftsethik heraus) ebenso wie rechtlicher Anpassungen.

Hybride Publikationsformen

Hybride Publikationsformen sind vornehmlich von Zeitungen und Zeitschriften bekannt. Entsprechende Bücher gibt es (abgesehen von der Bestückung mit CDs und DVDs) kaum, obwohl sich Ideen für Umsetzungen geradezu aufdrängen. Hybride Publikationsformen sind etwa solche, bei denen gedruckte Seiten mit digitalen Informationen verbunden werden. Zur Verlinkung auf Ressourcen und Speicherung von Daten können Codes (von 1D-Codes über 2D-Codes bis hin zu 3D- und 4D-Codes) dienen.

In den wenigen bekannten einschlägigen Buchprojekten wurden z.B. statt der Fußnoten und des Index QR-Codes mit Links auf Onlineressourcen präsentiert („Die Rache der Nerds" von 2012). Auf diese Weise gelang es, die Druckkosten zu senken und den Traffic zu erhöhen. In einem anderen Projekt wurden Gedichte nicht nur in Textform, sondern auch als QR-Codes abgedruckt, damit man sie jederzeit auf dem Handy verfügbar hatte und bequem weiterschicken konnte („handyhaiku" von 2010), in einem weiteren Passagen des Romans „Around the World in 80 Days" von Jules Verne ins Virtuelle erweitert, nämlich mit Karten, Fotos und Videos verknüpft.

Hypertext

In Hypertexten werden Informationen vernetzt organisiert und repräsentiert. Es werden vor allem neue Medien zur Umsetzung verwendet. Ein Hypertext setzt sich aus Informationseinheiten, den sogenannten Knoten, und den Verbindungen zwischen diesen Knoten, den Links, zusammen. Die Informationseinheiten sind meist in eine Netz-, Baum- oder Gitterstruktur gebracht, in manchen Fällen indes linear angeordnet.

Eine hypertextuelle Darstellung von Information bietet sich immer dann an, wenn Inhalte sowohl umfangreich als auch heterogen sind. Das World Wide Web ist als Hypertext organisiert, wie auch viele Lernprogramme. Wenn der Hypertext gemeinsam mit Multimedia auftritt, enthalten die Knoten nicht nur Text, sondern ebenso Grafiken, Video oder Audio (Hypermedia).

Manche Experten glauben, dass Hypertextstrukturen mit den Hirnstrukturen in gewisser Weise korrespondieren und besonders effizient und effektiv verarbeitet werden können. Andere gehen davon aus, dass das Gehirn nicht nur in der Lage ist, lineare Texte selbst in einfachere Einheiten zu zerlegen, sondern dass auf diese Weise auch Inhalte besser verstanden und behalten werden.

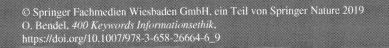

Identität

Die Identität eines Menschen besteht aus seinen Merkmalen und Verhaltensweisen, seiner Selbst- und Fremdwahrnehmung sowie ihn kenn-
zeichnenden Daten wie Name, Geburtsdatum und Identifikationsnummer.
Bekannte können die Identität direkt feststellen, durch Betrachtung oder
Gespräch, Fremde indirekt, durch Prüfung eines Ausweises (im Sinne eines Identitätsdokuments) oder biometrischer Merkmale. Wenn man eine
Identität behauptet bzw. nachweist, nennt man das Authentisierung (im
Netz dienen dazu etwa Benutzername und Passwort), wenn man (im Netz
in der Regel ein System) sie prüft, ist das die Authentifizierung.

Im Internet ist es einfach, die Identität zu wechseln. Benutzer nehmen ein
Pseudonym an, gefallen sich als Fakes, schlüpfen in Charaktere, machen
Rollenspiele und leben ihre Sehnsüchte aus. In manchen Fällen täuschen
und verletzen sie andere. Mit der digitalen Identität, generiert mit entsprechenden Karten, Geräten und Systemen (wie Identitätsmanagementsyste-
men), versucht man der Beliebigkeit entgegenzuwirken und Verlässlichkeit
herzustellen. Mit ihr, nun verstanden als Produkt des Netzbürgers, kann
aber ebenso absichtlich oder unabsichtlich Verwirrung gestiftet werden.

Die Informationsethik untersucht, wie sich Identitäten im virtuellen Raum
bilden und verändern und wie sich das moralische Gefüge dabei verhält,
auch im Falle der digitalen Identität; zudem widmet sie sich sittlichen Problemen, die sich durch Identitätstäuschung und -missbrauch ergeben, auch
bei der Authentisierung. Nicht zuletzt ist sie interessiert an den Implikationen der Authentifizierung.

Industrie 4.0

Der Begriff „Industrie 4.0", ursprünglich ein Marketingbegriff der deutschen Bundesregierung, hat sich inzwischen auch in der Wissenschaft
durchgesetzt. Die sogenannte vierte industrielle Revolution, auf welche die
Nummer verweist, zeichnet sich durch Individualisierung (selbst in der Se-
rienfertigung) bzw. Hybridisierung der Produkte (Kopplung von Produktion
und Dienstleistung) und die Integration von Kunden und Geschäftspartnern in Geschäfts- und Wertschöpfungsprozesse aus. Wesentliche Bestandteile sind eingebettete Systeme sowie (teil-)autonome Maschinen,

die sich ohne menschliche Steuerung in und durch Umgebungen bewegen und selbstständig Entscheidungen treffen, und Entwicklungen wie 3D-Drucker. Die Vernetzung der Technologien und mit Chips versehenen Gegenstände resultiert in hochkomplexen Strukturen und cyber-physischen Systemen (CPS) bzw. im Internet der Dinge.

Neben der Fabrikation gehören Mobilität, Gesundheit sowie Klima und Energie zu den strategisch wichtigsten Anwendungsfeldern der Industrie 4.0. Damit spielt eine hochmoderne, roboterbasierte Fahrzeugproduktion (Smart Factory und Smart Production) ebenso eine Rolle wie die Weiterentwicklung und Vernetzung von Fahrerassistenzsystemen und selbstständig fahrenden Autos, die Daten sammeln und an Werkstätten und Hersteller schicken. Pflege-, Therapie- und allgemein Serviceroboter ergänzen menschliche Fachkräfte. Sie sind besonders präzise respektive ausdauernd und können rund um die Uhr relevante Informationen auswerten. Die elektronische Patientenakte erspart Redundanzen in der Behandlung und kann für automatisierte Benachrichtigungen eingesetzt werden, und auch medizinische Smartwatches, intelligente Pillen und die individualisierte Medizin eröffnen neue Perspektiven. Smart Grid revolutioniert das Energiemanagement und verbindet kleine und große Energieversorger und unterschiedlichste -systeme.

Als ehemaliger Marketingbegriff entzieht sich „Industrie 4.0" – wie „Web 2.0" und „Web 3.0" – ein Stück weit einer wissenschaftlichen Präzisierung. Die Frage ist, was man zur Industrie zählt, was als Industrialisierung bezeichnet werden und ob Industrialisierung (die mit Kommerzialisierung verbunden sein mag) ein wertendes Konzept bedeuten kann. Vorteilhaft sind u.a. Anpassungs- und Wandlungsfähigkeit, Ressourceneffizienz, Verbesserung von Ergonomie und Erhöhung von (bestimmten Formen der) Sicherheit. Nachteilig ist, dass die komplexen Strukturen der Industrie 4.0 hochgradig anfällig sind. Autonome Systeme können falsche Optionen wählen, entweder weil sie unpassende Regeln befolgen oder Situationen und Vorgänge unkorrekt interpretieren. Sie können Menschen verletzen und Unfälle verursachen, was die soziale Robotik allerdings gezielt zu bekämpfen versucht. Automatisierte Entscheidungen (wenn man diesen Begriff zulässt) in moralischer Hinsicht, mithin die damit zusammenhängenden Probleme, sind Thema der Maschinenethik. Die Informationsethik beschäftigt sich damit, dass man die Systeme manipulieren und hacken kann, dass sie falsche Daten benutzen und falsche Informationen liefern und in feindlicher Weise übernommen werden können. In selbstständig fahrenden Autos und in vernetzten Häusern (Smart Living) werden wir zu gläsernen Bürgern, angesichts medizinischer Roboter und elektronischer Akten zu gläsernen Patienten. Die Wirtschaftsethik kommt hinzu, wenn es um die Ersetzung von Arbeits- und Fachkräften durch (teil-)autonome Maschinen geht.

Industrieroboter

Ein Industrieroboter ist ein Roboter, der in der Industrie, etwa in Produktion und Logistik, eingesetzt wird. Die klassische Variante ist in einem Käfig untergebracht oder anderweitig von Arbeiterinnen und Arbeitern abgeschirmt. Der Kooperations- und Kollaborationsroboter (Co-Robot oder Cobot) hingegen arbeitet eng mit diesen zusammen und schlägt die Brücke zum Serviceroboter.

Der Industrieroboter ist ein zentraler Teil der Automation und ermöglicht, zusammen mit cyber-physischen Systemen aller Art, die Umsetzung der Industrie 4.0. War er früher vor allem Spezialist, wird er mehr und mehr Generalist, was wiederum mit dem Einsatz von Co-Robots zu tun hat, die schnell eingelernt und mit unterschiedlichen Endstücken ausgerüstet werden können.

Influencer

Influencer haben Einfluss auf die Entwicklung von Themen, das Entstehen von Meinungen und das Verhalten von Menschen, indem sie Beiträge mit einer hohen Reichweite veröffentlichen, etwa in den sozialen Medien, und dort oder anderswo Communities aufbauen und unterhalten. Sie können je nach Ausprägung Meinungsführer, Trendsetter oder Vorbilder in Aussehen und Benehmen sein.

Nicht alle Influencer kommunizieren und interagieren frei und unabhängig. Einige werden von Firmen und Gruppen bezahlt oder unterstützt. Mehr und mehr Unternehmen bedienen sich interner und externer Influencer, um in den sozialen Medien größeren Erfolg zu haben und letztlich höheren

Gewinn zu erwirtschaften. Die Einflussnahme ist noch mehr zum Geschäft geworden.

Informatik

Die Informatik ist die Wissenschaft der systematischen Daten- und Informationsverarbeitung, in erster Linie der automatischen Verarbeitung mithilfe von Computern. Sie hat Bezüge zur Mathematik und zur Logik (theoretische Informatik) und zu den Ingenieurwissenschaften. „Data Science", einst als Synonym verwendet, zielt nun auf ein eigenes Arbeitsfeld. Die Informatik kann als eine der einflussreichsten Disziplinen überhaupt angesehen werden und spielt in fast allen weiteren Disziplinen und in etlichen Anwendungsgebieten eine Rolle. In gewisser Weise hat sie die Philosophie als Leitdisziplin abgelöst.

Ein Teilgebiet oder Fachbereich der Informatik ist Informatik und Gesellschaft. In ihm fragt man nach den moralischen und sozialen Implikationen des Einsatzes von IT-Systemen. Die Künstliche Intelligenz kann ebenfalls der Informatik zugeordnet werden, wobei ihre Bedeutung und ihr Gegenstandsbereich inzwischen so groß sind, dass sie auch als eigenständige Disziplin angesehen werden kann. In ihrer Auseinandersetzung mit der Betriebswirtschaftslehre hat die Informatik die Wirtschaftsinformatik hervorgebracht.

Informatik und Gesellschaft

Ein Teilgebiet der Informatik nennt sich Informatik und Gesellschaft. Es handelt sich zugleich um einen Fachbereich der Gesellschaft für Informatik e.V. (GI) und ein Arbeitsgebiet der Schweizer Informatik Gesellschaft (SI). Die Mitglieder analysieren die Voraussetzungen, Wirkungen und Folgen von Informatik, Informationstechnik und Informationsverarbeitung, und zwar in allen Bereichen der Gesellschaft. Dabei wird auch versucht, aus der Ethik heraus Chancen und Risiken zu beschreiben.

Information

Information ist – nach der Schule der Informationswissenschaftler um Rainer Kuhlen – handlungsrelevantes Wissen. Wer andere informiert, übermittelt ihnen Angaben, die für sie wichtig sind, mit denen sie etwas anfangen können und die sie mit Blick auf bestimmte Ziele und Lösungen benötigen. Es geht sozusagen um die Teilmenge von Wissen, die aktuell in Handlungssituationen benötigt wird und vor der Informationserarbeitung nicht vorhanden ist. Information ist demnach entscheidend von Erwartungen und Situationen abhängig. Während mit Wissen stets ein gewisser Wahrheitsanspruch verbunden ist (falsches Wissen ist kein Wissen mehr), können Informationen (etwa in Form von Fehlinformationen) auch bewusst falsch angelegt sein, um in die Irre zu führen.

Informationelle Notwehr

Die informationelle Notwehr entspringt dem digitalen Ungehorsam oder stellt eine eigenständige Handlung im Affekt dar und dient der Wahrung der informationellen Autonomie und der digitalen Identität. Beispielsweise reißt man Personen die Datenbrille herunter, weil man nicht aufgenommen werden will, man hält Street-View-Autos an, von denen man erfasst worden ist, und fordert zur Datenlöschung auf, man schießt private Drohnen ab, die einen mit Hilfe von Kamera und Mikrofon observieren, oder man ist als Fake auf solchen Plattformen unterwegs, die persönliche Daten wirtschaftlich nutzen. Ob bei Schäden und Verstößen mildernde Umstände oder gar Ansprüche auf Straffreiheit geltend zu machen sind, wird im Einzelfall zu entscheiden sein. Ein Begriff mit weiterer Bedeutung ist die „digitale Selbstverteidigung".

Informations- und Kommunikationstechnologien

Informations- und Kommunikationstechnologien („IKT" oder auch engl. „ICT" – für „information and communication technologies" – abgekürzt) sind (meist computergestützte) Technologien zur Gewinnung und Verarbeitung von Informationen und zur Unterstützung von Kommunikation. Zuweilen spricht man auch von Information und Kommunikation (IuK) bzw. von IuK-Technologien. Zudem werden die Technologien separat benannt,

wie in den Begriffen „Informationstechnologie (IT)", „Informationstech-
nologien" und „Kommunikationstechnologien" oder im Falle der „compu-
ter-mediated communication" (engl.). Eng verwandt mit dem Begriff sind
die „neuen Medien". Beispiele für IKT sind im Allgemeinen Computer und
Software, im Besonderen Internet, Chats und Diskussionsforen. Bei einer
weiten Begrifflichkeit kann man auch Telefon und Fernsehen hinzuzählen.

Informationsethik

Die Informationsethik hat die Moral derjenigen zum Gegenstand, die In-
formations- und Kommunikationstechnologien (IKT) und neue Medien anbieten und nutzen. Sie geht der Frage nach, wie sich diese Personen, Gruppen und Organisationen in moralischer bzw. sittlicher Hinsicht verhalten
(empirische oder deskriptive Informationsethik) und verhalten sollen
(normative Informationsethik). Von Belang sind auch diejenigen, die keine
IKT und neuen Medien anbieten und nutzen, aber z.B. an deren Produktion
beteiligt oder von deren Auswirkungen betroffen sind. Informationsethik
hat also die Moral (in) der Informationsgesellschaft zum Gegenstand und
untersucht, wie sich deren Mitglieder in moralischer Hinsicht verhalten respektive verhalten sollen; ebenso betrachtet sie unter sittlichen Gesichtspunkten das Verhältnis der Informationsgesellschaft zu sich selbst, auch
zu nicht technikaffinen Mitgliedern, und zu wenig technisierten Kulturen.
In der Metainformationsethik werden moralische Aussagen analysiert,
etwa ausgehend von darin enthaltenen informationstechnischen Begriffen,
und Ansätze der Informationsethik verortet und verglichen.

Die Informationsethik gehört zur angewandten Ethik und zu den Bereichs-
oder Spezialethiken. Diese beziehen sich auf abgrenzbare Lebens- und
Handlungsbereiche. Beispiele sind neben der Informationsethik Medizinethik, Bioethik, Umweltethik, Militärethik, Friedensethik, Technikethik, Medienethik, Wissenschaftsethik, Wirtschaftsethik, Politikethik und Rechtsethik. Ferner werden Sterbe- und Altersethik in Theorie und Praxis genannt,
die Zukunftsethik, ebenfalls mit zeitlicher Konnotation, und die Sexualethik, deren Eigenständigkeit nicht unumstritten ist. Alle Bereichsethiken
müssen sich mit der Informationsethik verständigen; die Informationsethik
kann sich selbst genügen und sich damit begnügen, sich in ausgewählte
Richtungen zu strecken. Der Informationswissenschaftler Rainer Kuhlen
hat in seinem Lehrbuch „Informationsethik" die Beziehung zwischen Bio-

ethik und Informationsethik erforscht. Oliver Bendel hat in diversen Artikeln die Informationsethik zu zehn Bereichsethiken ins Verhältnis gesetzt – und dann das Verhältnis zwischen Medizinethik und Informationsethik unter die Lupe genommen.

Auf den Medienwissenschaftler Rafael Capurro ist die Einteilung der Informationsethik in Netz-, Medien- und Computerethik zurückzuführen. Informationsethik ist für ihn sowohl eine auf Informations- und Kommunikationstechnologien als auch – ganz in informationswissenschaftlicher Tradition – auf Information bezogene Beschäftigung; von daher ist es konsequent, dass die Medienethik unter ihren Begriff fällt. Es liegt vor allem an der Entwicklung der Technologien und Medien, dass die Abgrenzung im Einzelfall schwer sein kann. Wenn man die Moral in sozialen Netzwerken analysiert – betreibt man dann Netzethik, Medienethik oder Computerethik? Wahrscheinlich alles zusammen, und je nach Fokus tritt der erste, zweite oder dritte Bezugspunkt hervor. Mit seiner Unterscheidung ist es Capurro auf jeden Fall gelungen, die eine oder andere ältere Bereichsethik einer neueren zuzuordnen.

Man kann Informationsethik genauso, der eingangs vorgetragenen Definition folgend, als Ethik der Bereitstellung und Nutzung von Informations- und Kommunikationstechnologien und neuen Medien auffassen; der Begriff der Information funktioniert dabei ähnlich wie in den Komposita „Informationsmanagement" und „Informationsgesellschaft". „Informationsmanagement" ist ein vielschichtiger Begriff; eine verbreitete Bedeutung ist das Management von Informations- und Kommunikationstechnologien und Informationssystemen. Die Informationsgesellschaft ist weniger eine informierte als vielmehr eine Information verarbeitende bzw. verarbeiten lassende Gesellschaft. Unterschieden werden kann entsprechend auch mit Blick auf Technologien und Medien. Man mag auf dem Gebiet der Informationsethik von einer Ethik der Informations- und Kommunikationstechnologien sprechen, von einer Ethik der neuen Medien und von einer Ethik des Contents, wobei es wohlgemerkt um den geistigen und körperlichen Umgang mit diesen Gegenständen geht. Eine Ethik des Contents kann auch das Urheberrecht im virtuellen Raum und das Recht am eigenen (digitalen) Bild abdecken, sich mit Rechtswissenschaft und -ethik überschneidend.

Eine weitere Systematisierung stammt von Kuhlen. Er teilt in seinem Buch in Akteursgruppen wie Urheber und Künstler, Wissenschaft und Technik, Ausbildung, Staat, Nutzer und Verbraucher ein und ordnet ihnen Interessen zu, von denen die einen grundsätzlicher Art und die anderen auf IKT und neue Medien sowie auf Content bezogen sind. Der Informationswissenschaftler versteht Informationsethik „als praktizierte Aufklärung", deren Instrument „der informationsethische Diskurs" sei, dessen „theoretische Grundlagen durch die Diskursethik gelegt worden sind". Der Bedarf an solchen Auseinandersetzungen entsteht nun, wenn divergierende Interessen der Akteursgruppen bzw. innerhalb der Akteursgruppen aufeinanderprallen. Vor dem Hintergrund dieser Überlegungen schlägt Kuhlen einen Ablauf für informationsethische Diskurse vor.

Eine Systematisierung ist zudem anhand von Problembereichen und Fragestellungen möglich. Auch mit ihnen wird man konkret; häufig befindet man sich damit im normativen Bereich. Ein Beispiel dieser Art ist aufgeführt in „Die Rache der Nerds", einem Sachbuch mit Gedanken und Geschichten zur Informationsethik:

- Wir nehmen Einbußen bei der Qualität in Kauf.
- Wir verschwenden Zeit und Aufmerksamkeit.
- Wir gleichen uns an in unserem Denken und Verhalten.
- Wir schaffen Alternativen ab und stellen Abhängigkeiten her.
- Wir verlieren unsere Erkenntnisse und unsere Fähigkeiten.
- Wir lassen Kunden, Mitarbeiter und Freunde zu Schaden kommen.

Diese (zugespitzt formulierten) Probleme sind für Privatpersonen und für (anbietende und nutzende) Organisationen und Unternehmen gleichermaßen relevant. Sie bestehen seit langem; doch durch den Einsatz und die Verwendung von IKT und digitalen Medien entstehen neue Möglichkeiten, neue Qualitäten und Quantitäten. Vor dem Hintergrund der genannten Grundprobleme kann man zahlreiche Problem- und Sachbereiche identifizieren, die scheinbare Prozessoptimierung durch Wirtschaftsinformatiker, das Potenzial des Netzes für den Totalitarismus, die Gefahren durch Automatismen und Manipulationen, die Abhängigkeit von IT-Unternehmen und IT, die Risiken von Anonymität und Identifizierbarkeit im Netz, die Zunahme von Mobbing und Denunziation in virtuellen Räumen und der Verlust der Privatheit durch Internet und Outernet.

Ebenso kann man von ethischen Grundfragen ausgehen und Themen für die Informationsethik ableiten. Annemarie Pieper sieht in ihrem Buch „Einführung in die Ethik" drei Fragenbereiche, nämlich Glück bzw. Glückseligkeit, Freiheit sowie das Gute und das Böse. Zu Freiheit und Determination schreibt die Philosophin: „Mit dem Problem von Freiheit und Determination steht und fällt die Moral und damit zugleich die Ethik als die Wissenschaft von der Moral." Man kann grundsätzlich erörtern, wie sich in der Informationsgesellschaft die Freiheit von Individuen und Gruppen verändert. Und man kann spezifische Fragen stellen: Wie verändert sich die Freiheit, wenn der Mensch nicht nur Maschinen benutzt, sondern auch von Maschinen benutzt wird? Welchen Einfluss auf unsere Autonomie hat es, wenn uns webbasierte Dienste Bücher und Freunde vorschlagen und personalisierte Werbung einblenden? Wie wird unsere informationelle Autonomie beschädigt bzw. geschützt? Wie verändert sich unsere Privatsphäre, wenn wir uns selbst ausstellen und durch andere ausgestellt werden? Eng mit dem Begriff der Freiheit ist der Begriff der Verantwortung verbunden. Auch hier lässt sich grundsätzlich fragen: Wer übernimmt Verantwortung in einer hochtechnisierten Welt mit vielen Mittlern und Akteuren? Und man kann spezifische Fragen stellen, jeder für sich, auch bezüglich der eigenen Verantwortung.

Noch in anderer Weise kann man die Informationsethik untergliedern, nämlich hinsichtlich des Subjekts der Moral. Die Ethik bezieht sich üblicherweise auf die Moral von Menschen; aber sie kann sich als Maschinenethik auch auf die Moral von Maschinen beziehen. Michael Anderson und Susan Leigh Anderson gehen als Herausgeber des Fachbuchs „Machine Ethics" der Frage nach, ob und wie autonome Systeme in moralischer Weise handeln sollen. Schon in den 1950er- und 1960er-Jahren hat man in Wissenschaft und Literatur über diese Frage nachgedacht; aber ein ernstzunehmendes Forschungsgebiet ist erst in den 00er- und 10er-Jahren des 21. Jahrhunderts entstanden. Ohne Zweifel ist die Notwendigkeit vorhanden, das Verhalten von Maschinen in den Kontext der Moral zu stellen und Ethiker und Vertreter der Künstlichen Intelligenz darüber nachdenken zu lassen. Wie sollen Maschinen mit uns umgehen, und wie sollen sie sich entscheiden in Situationen, in denen wir in unserer Identität und in unserer Existenz bedroht werden? Vielleicht wird eines Tages die Notwendigkeit vorhanden sein, über das Verhalten gegenüber Maschinen nachzudenken; dann wären die Maschinen auch ein Objekt der Moral im engeren Sinne, wovon manche Vertreter der Roboterethik ausgehen.

Die Informationsethik ist ein relativ junges Gebiet der Ethik. Sie vermag aber recht betagte Bereichsethiken wie die Computerethik einzuschließen. Ihre Anwendungsbereiche vermehren und vergrößern sich Tag für Tag, und es ist zu klären, welches Spezialgebiet für welche Spezialfrage zuständig ist und wie es mit einem anderen Spezialgebiet oder einer anderen Spezial-ethik zusammenhängt. Definitionen und Systematisierungen helfen dabei, Zuständigkeiten deutlich zu machen und Lücken zu erkennen. Auch der von Kuhlen skizzierte Ablauf für informationsethische Diskurse hat Be-deutung für die Praxis. Und wie in der Praxis verfahren werden soll, ist für die normative Informationsethik, diesen Prüfstein der Informationsgesell-schaft, von hoher Relevanz.

Informationsethischer Diskurs

Im Rahmen der Diskursethik – einer ihrer Vertreter ist Jürgen Habermas – hat Rainer Kuhlen den informationsethischen Diskurs vorgeschlagen, der auf die moralischen Akteure und ihre Einigung in strittigen Fragen zielt. Vo-raussetzung ist die Rationalität des Diskurses, genauer die Anerkennung von Interessen, von Rechten der Teilnehmer und der besten Argumente. Der Ablauf lässt sich nach Kuhlen verkürzt wie folgt darstellen:

– Identifikation der an der speziellen informationsethischen Fragestellung beteiligten Akteure oder Gruppierungen
– Offenlegen der unterschiedlichen Interessen und Ziele, evtl. mit Interes-sen- und Zielhierarchien und -vernetzungen
– Offenlegen des den Interessen und Zielen zugrunde liegenden normati-ven Verhaltens
– Aufweis, an welchen Stellen Konflikte oder Widersprüche zwischen den verschiedenen Interessen und Zielen und den verschiedenen normativen Verhaltensformen auftreten
– Überprüfen der normativen Verhaltensformen auf ihre ethischen Be-gründungsmöglichkeiten, inwieweit sie also aus allgemeinen ethischen Prinzipien abgeleitet werden können
– Auflösung der Widersprüche durch Annäherung an einen Ausgleich, eine Balance, zwischen den verschiedenen eigenen Partikularinteressen und den Interessen der anderen bzw. dem übergeordneten Interesse der Gesellschaft

Kuhlen hat damit die diskursive Methode, die neben der logischen und der dialektischen eine wichtige Rolle bei ethischen Begründungen spielt, in einen speziellen Zusammenhang gestellt.

Informationsflut

„Informationsflut" – in ähnlich drastischer Bildsprache auch „Information Overkill" oder „Information Overload" – ist ein Begriff, der mit dem wachsenden und bald unüberschaubaren Informationsangebot des Internets populär wurde. Obwohl oder gerade weil immer mehr Informationen vorhanden sind, wird es immer schwieriger, relevante Ressourcen zu finden. Die Wendung „lost in hyperspace" veranschaulicht das Sichverlieren in der scheinbaren Unendlichkeit des virtuellen Raums. Konzepte wie Semantic Web sollen einen Ausweg aus der Misere bahnen, die auch von der Informationsethik thematisiert wird.

Informationsfreiheit

Informationsfreiheit (auch Informationszugangsfreiheit oder Informationsrecht) bedeutet allgemein den freien Zugang zur Information und speziell die Möglichkeit der Einsicht in Dokumente und Akten. Sie hängt unmittelbar mit der Informationstransparenz zusammen. Der englische Begriff „freedom of expression" zielt in eine ähnliche Richtung, zugleich die Meinungs- und Redefreiheit ansprechend.

Der Zugang zur Information wird auf Bundesebene durch Informationsfreiheitsgesetze geregelt, auf Kommunalebene durch Informationsfreiheitssatzungen. Die Informationsethik beschäftigt sich sowohl mit der Informationsfreiheit als auch mit der Meinungsfreiheit in der Informationsgesellschaft, zusammen mit der Medienethik auch mit der Meinungsfreiheit in Kommentarbereichen von Massenmedien.

Informationsgerechtigkeit

Gerechtigkeit im objektiven Verständnis ist nach Otfried Höffe das grundlegende normative Prinzip des äußeren Zusammenlebens in seinen Kooperations- und Konfliktaspekten. Sie beruhe weder auf freier Zuneigung noch gehe sie beim Handeln über das hinaus, was man einem anderen schuldet.

Für Rainer Kuhlen ist Gerechtigkeit ein zentrales soziales Prinzip der Ethik im Allgemeinen und der Informationsethik im Besonderen. Die Informationsgerechtigkeit ist eine Form der Gerechtigkeit, die sich auf den Zugang zur Information und zu Informations- und Kommunikationstechnologien bezieht. In der Tendenz widerspricht der digitale Graben dem Gerechtigkeitsprinzip.

Informationsgesellschaft

Die Informationsgesellschaft ist eine Wirtschafts- und Gesellschaftsform, in der die Gewinnung, Speicherung, Verarbeitung, Vermittlung, Verbreitung und Nutzung von Informationen und Wissen einschließlich wachsender technischer Möglichkeiten der Kommunikation und Transaktion zentrale Merkmale sind. Die Informationsethik untersucht, wie sich deren Mitglieder in moralischer Hinsicht verhalten bzw. verhalten sollen; ebenso betrachtet sie unter sittlichen Gesichtspunkten das Verhältnis der Informationsgesellschaft zu sich selbst, auch zu nicht technikaffinen Mitgliedern, und zu wenig technisierten Kulturen.

Informationskapitalismus

Informationskapitalismus ist eine Form des Kapitalismus, die wesentlich auf den Geschäftsmodellen der Informationswirtschaft bzw. von IT-Unternehmen beruht. Er ist eine Ursache für den digitalen Graben und eine Interpretation der Informationsgesellschaft. Eine andere Interpretation ist der Informationskommunismus, in dem man sich für die freie Verfügbarkeit von Informationen und Wissen und dazugehörigen Technologien einsetzt.

Informationskompetenz

Der Begriff der Informationskompetenz bezieht sich auf die Beschaffung von und den Umgang mit Informationen und Wissen, vor allem in der Informationsgesellschaft. Wer sich über Fachdatenbanken relevante elektronische Artikel herunterlädt, zeigt genauso Informationskompetenz wie jemand, der ein Literaturverwaltungsprogramm benutzt und damit Quellenverzeichnisse erstellt. Die Informationskompetenz hängt insofern mit der Medienkompetenz zusammen und gehört wie diese zu den Schlüsselqualifikationen des Informationszeitalters. Dass sie auch mit der Informationsethik zu tun hat, zeigt sich an zahlreichen Themen wie Hochpreisigkeit von Studien, Diebstahl geistigen Eigentums, Datenmanipulation und Matthäus-Effekt.

Informationsmanagement

Der Schwerpunkt des Informationsmanagements liegt auf der Konzeption sowie der Einführung und dem Betrieb von Informations- und Kommunikationstechnologien und Informationssystemen in Unternehmen und Organisationen. Es dreht sich darum, eine Informationsinfrastruktur an den strategischen Zielen auszurichten, langfristig zu planen sowie mittel- und kurzfristig zu beschaffen und einzusetzen. Der Begriff funktioniert damit ähnlich wie derjenige der Informationsethik: Es geht ebenfalls um Information, vor allem aber um Informations- und Kommunikationstechnologien. Wissensmanagement richtet sich auf den Umgang mit der Ressource Wissen und nutzt dazu die Informationsinfrastruktur. Manchmal wird mit dem Begriff des Informationsmanagements auch eine Form des Wissensmanagements bezeichnet, womit man näher bei der eigentlichen Information wäre.

Informationsrecht

Zum Informationsrecht gehören IT- und Internetrecht. Im Sinne des Rechts auf Information ist es eng verwandt mit der Informationsfreiheit bzw. der Informationszugangsfreiheit. Die Moral kann in das Recht münden; genauso kann das Recht die Moral beeinflussen. Es ist aber wichtig, in bestimmten Fragen beide Bereiche scharf zu trennen. Die Informationsethik mag sich mit der auf Informationsrecht spezialisierten Rechtswissenschaft zusammentun, um die Zusammenhänge und Widersprüche zwischen Moral und Recht der Informationsgesellschaft herauszuarbeiten, und sich mit ihr der Fundierung und Regulierung der Informationsfreiheit widmen.

Informationswissenschaft

Die Informationswissenschaft ist eine Disziplin, die in den USA etabliert ist und im deutschsprachigen Raum in den 1990er-Jahren eine Blütezeit erlebt hat, was insbesondere das Verdienst von Rainer Kuhlen ist. Er hat sich aus ihr und der Philosophie heraus intensiv mit Informationsethik beschäftigt. An der Universität Konstanz, seinem Wirkungsort, war die Informationswissenschaft in jener Dekade aufgeteilt in die Bereiche Informationssysteme (mit Überschneidungen zu Informatik und Wirtschaftsinformatik), Informationsmanagement (mit Überschneidungen zur Wirtschaftsinformatik) und Informationsvermittlung und -aufbereitung (mit Überschneidungen zum Bibliotheks- und Archivwesen, zur Softwareergonomie und zum Webdesign). Weitere wichtige Orte für die Informationswissenschaft sind Chur und Graz.

Informationszeitalter

Das Informationszeitalter ist die im letzten Drittel des 20. Jahrhunderts einsetzende und immer noch andauernde Epoche des Übergangs von der Industrie- zur postindustriellen Gesellschaft, in der die (vor allem computergestützte) Gewinnung, Speicherung, Verarbeitung, Vermittlung, Verbreitung und Nutzung von Informationen und Wissen einschließlich wachsender technischer Möglichkeiten der Kommunikation und Transaktion eine wesentliche Rolle spielen und die die Informationsgesellschaft hervorbringt.

Infosphäre

Der Begriff der Infosphäre zielt auf informationelle Entitäten, Strukturen und Prozesse. Im Kontext der Informationsethik wurde er von Luciano Floridi geprägt. Nach dem Verständnis des italienischen Philosophen ändern Informations- und Kommunikationstechnologien die Natur der Infosphäre.

Innovation

Der Begriff der Innovation trägt etymologisch das „Neue" bzw. die „Neuerung" in sich. Kreative Ideen oder neues Wissen sind noch keine Innovation, aber wichtige Vorbedingungen und Vorläufer. Innovationen resultieren dann aus Ideen, wenn diese in neue Materialien, Produkte, Dienstleistungen oder Verfahren umgesetzt werden, die eine erfolgreiche Anwendung finden und den Markt durchdringen.

Aus Sicht der Informationsethik interessiert, wie Innovation in der Informationsgesellschaft möglich ist, ohne deren Moral in unpassender Weise zu untergraben. Instrumente wie Creative Commons gehören zu den Innovationen der Informationsgesellschaft, so wie Augmented Reality oder das Internet der Dinge.

Instant Messaging

Mithilfe von Instant-Messaging-Systemen kann man Personen, die gerade online im Internet oder Intranet sind, eine Nachricht senden. Der Unterschied zu E-Mail besteht in der Unmittelbarkeit des Nachrichtenaustauschs; die neue Nachricht wird sofort in einem sich neu öffnenden Fenster des Empfängers eingeblendet.

Es handelt sich also von der Ursprungsidee her um keine asynchrone, sondern eine synchrone Form der Kommunikation. Allerdings können Textnachrichten häufig zwischengespeichert werden. Zudem ist es inzwischen populär, Sprachdateien zu verschicken, die dann zu einem beliebigen Zeitpunkt angehört werden können.

Bei Instant Messaging werden in der Regel alle Benutzer über die Bereitschaftsanzeige eingeblendet, sobald sie online bzw. aktiv sind. Der Austausch von Nachrichten und Dateien kann zwischen zwei Teilnehmern erfolgen, ähnlich wie bei privaten Dias in Chats, oder innerhalb eines Teilnehmerkreises (Gruppenchat).

Intelligente Kontaktlinsen

Intelligente Kontaktlinsen sind Kontaktlinsen, die Daten zur Gesundheit ihres Trägers übermitteln oder Medikamente abgeben sollen. Man kann sie auch zur Steuerung von Geräten verwenden, wenn sie das Augenblinzeln oder die Blickrichtung registrieren. Firmen wie Google und Novartis sind im neuen Jahrtausend auf diesem Gebiet aktiv geworden. Sie haben oder hatten u.a. Zuckerkranke im Visier.

Intelligente Maschinen

Intelligente oder smarte Maschinen sind Maschinen, die unterschiedliche Situationen beurteilen und oft mehr oder weniger selbstständig agieren können. Insofern handelt es sich um (teil-)autonome Systeme, die Elemente künstlicher Intelligenz und auch des Machine Learning aufweisen mögen.

Der Begriff der intelligenten Maschinen wird zuweilen kritisiert. Allerdings wird mit ihm schlicht und ergreifend auf menschliche Fähigkeiten verwiesen, keinesfalls behauptet, dass diese im maschinellen Kontext gleichartig bzw. vollumfänglich vorhanden sind. Ebenso verhält es sich bei „moralischen Maschinen".

Intelligentes Spielzeug

Meinte der Begriff des intelligenten Spielzeugs früher, dass dieses das Kind fordert und fördert, fallen heute mehr und mehr Puppen, Stofftiere und Gerätschaften darunter, die Chips oder sogar Elemente der KI aufweisen und mit Systemen wie Watson von IBM verknüpft sind, die Gesprochenes verstehen und auswerten. Bekannte Beispiele sind der Dinosaurier unter dem Label von CogniToys und Hello Barbie von Mattel. Die „smart toys" (engl.) können ins Kinderzimmer hineinhorchen und den Eltern die Resultate ihrer Analyse liefern. Damit gefährden sie, wie auch spezielle Handys, Uhren und Armbänder, die informationelle Autonomie des Nachwuchses, greifen in seine Privat- und Intimsphäre ein und brechen Kinderrechte, wie sie in der UN-Kinderrechtskonvention festgelegt sind.

Interaktion

Der Begriff „Interaktion" bedeutet ursprünglich „Wechselwirkung", „wechselseitige Beeinflussung von Individuen oder Gruppen" oder „wechselseitiges Vorgehen". Im medialen und technischen Bereich wird der Begriff der Interaktion oder der Interaktivität auf das Verhältnis zwischen Benutzer und Medium bzw. Mensch und Maschine angewandt („Mensch-Maschine-Interaktion", auch als Bezeichnung für die Disziplin), sodass man von einer Wechselwirkung zwischen diesen sprechen kann oder auch davon, dass das Medium oder die Maschine selbst interaktiv ist, also eine solche Wechselwirkung zulässt. Im weitesten Sinne handelt es sich um Formen der Kommunikation und damit um eine Art der Mensch-Maschine-Kommunikation bzw. des Mensch-Maschine-Dialogs. Im engeren Sinne kommuniziert man mit dem System, wenn dieses – wie Chatbots oder virtuelle Assistenten – natürlichsprachliche Fähigkeiten besitzt. Die Interaktion kann auch zwischen Menschen stattfinden, etwa mithilfe von Informations- und Kommunikationstechnologien, zwischen Maschinen (Maschine-Maschine-Interaktion) und zwischen Tieren und Maschinen (Tier-Maschine-Interaktion).

Interaktive Werbeflächen

Interaktive Werbeflächen sind Plakate, Terminals, Säulen etc., die sich automatisch auf Passanten, Besucher, Kunden und Interessierte einstellen und mit diesen in eine Interaktion treten. Sie können als Sonderform von Digital Signage aufgefasst werden. Teilweise werden Bewegungsmelder sowie Bild- und Mustererkennung zur Bestimmung von Geschlecht, Größe und Alter verwendet. Eine Ausprägung ist der Terminal, der in Läden und bei Messen bzw. am Point of Sale vorkommt und Information, Kommunikation und Interaktion in Bezug auf Produkte und Dienstleistungen unterstützt und ermöglicht. Eine andere Umsetzung sind digitale Plakate und Säulen an Straßen und auf Plätzen.

Konkret können interaktive Werbeflächen anwesende Personen kontaktieren, bestimmte Kennzeichen identifizieren und personalisierte Werbung einblenden. Auch das virtuelle Anprobieren von Kleidungsstücken und Brillen, das virtuelle Einrichten von Räumen und das Schießen von Selfies mit Prominenten aus Pixeln können angeboten werden. Die Fähigkeit zur natürlichsprachlichen Kommunikation ist wichtig, wenn Fragen beantwortet und Beziehungen aufgebaut werden sollen. Lichtzeichen und Signaltöne können für Aufmerksamkeit sorgen. Durch Menschen und Maschinen bewegbare und sich selbst bewegende Geräte sind flexibel nutzbar, aus Sicherheitsgründen aber nicht unproblematisch. Eine Integration von sozialen Medien bietet sich an, damit Produkte empfohlen und Informationen zu Dienstleistungen verbreitet werden können. Dabei – und bei Eingabe und Steuerung – kann das Smartphone eine wichtige Rolle spielen.

Interaktive Werbeflächen an Straßen und auf Plätzen sind der Gefahr des Vandalismus ausgesetzt. In Verkaufsräumen und Schaufenstern sind sie in der Regel gut geschützt. Sie können sich grundsätzlich auch selbst überwachen, ohne dass mutwillige Zerstörung ganz auszuschließen ist. Bei Touchscreens stellt sich die Frage nach der Hygiene und der Möglichkeit der Übertragung von Krankheiten. Interaktive Werbeflächen können in die Privatsphäre eingreifen, selbst in öffentlichen Bereichen, und das Persönlichkeitsrecht verletzen sowie die informationelle Autonomie beschädigen. Dies ist Thema der Informationsethik. Die Maschinenethik fragt nach moralisch adäquaten Entscheidungen der Plakate und Terminals, die Medienethik nach der Reizüberflutung im (teil-)öffentlichen Raum.

Internet

Das Internet ist ein weltweites Computernetzwerk, das Rechner aller Art auf der Basis der Protokollgruppe Transmission Control Protocol over Internet Protocol (TCP/IP) verbindet und dessen Anfänge in die 60er-Jahre des 20. Jahrhunderts reichen. In das Internet gingen verschiedene Netze wie das Arpanet oder das Usenet ein; man bezeichnet es deshalb auch als „Netz der Netze". Bereits in den 1970er-Jahren wurden Internetdienste wie Diskussionsforen zur Kommunikation und zum Austausch von Dateien genutzt. Ende der 1980er-Jahre kam der Chat hinzu. Als um 1990 das World Wide Web (WWW) als Hypertextsystem mit grafischer Benutzeroberfläche entstand, wurde das Internet schlagartig populär. Millionen von Websites und Tausende von Diensten machen es zu einem hochkomplexen Informations- und Kommunikationsangebot.

Das Internet hat zu Beginn enorme Hoffnungen aufkommen lassen, in Bezug auf Information und Kommunikation, gesellschaftliche Fragen wie Demokratie und globale Informatisierung sowie ökonomische Potenziale. Die Realität hat viele dieser Hoffnungen eingeholt, aber dennoch ist das Internet mehr eine Revolution als eine Evolution geworden. Viele Internetdienste sind aus unserem Alltag und unserem Berufsleben nicht mehr wegzudenken und verändern Abläufe auf dramatische Weise. Totalitäre Staaten versuchen – dies ein Hinweis auf die vermutete Macht des Mediums – den Zugriff auf das Internet einzuschränken, entweder über die Blockierung von Netzen, Rechnern und Websites, mit Unterstützung von Suchmaschinen und Katalogen, die Websites aus ihrem Index streichen, oder mit einer Authentifizierung, also der Prüfung der vom Nutzer behaupteten Identität.

Dass das Internet teilweise immer noch als gleichsam mystischer Ort wahrgenommen wird, zeigen Begriffe wie „Cyberspace" oder „Hyperspace". Während in dem einen – der Steuermannskunst und Raum bzw. Weltraum zusammenbringt – Virtualität und Fiktionalität von Computern und insbesondere Computernetzen beschworen werden, spielt der andere auf die scheinbare Unendlichkeit des Internets an, in der sich Benutzer jederzeit verlieren können („lost in hyperspace"). Andere Wortbildungen und Metaphern wie „Datenautobahn" oder „Information Highway" sterben dagegen aus und haben fast nur noch historische Bedeutung.

Ein Problem der 2010er-Jahre ist, dass viele Benutzer soziale Netzwerke als das Internet wahrnehmen und private Anbieter das freie WWW an den Rand drängen. Dies wird durch Millionen von Websites und Plattformen unterstützt, die Funktionen und Buttons der Social Networks und Microblogs (etwa die Like-Buttons) verwenden und im Kommentarbereich eine Anmeldung über deren Dienste erlauben oder vorschreiben. Selbst öffentlich-rechtliche Radio- und Fernsehsender kommunizieren mit ihren Hörern und Zuschauern über privatwirtschaftliche Social-Media-Dienste und verstärken so die neue Eindimensionalität.

Gegen Zentralisierung und Monopolisierung in Internet und WWW wenden sich Projekte wie Solid. Mit diesem sollen die dezentralen Mechanismen wiederhergestellt werden. Dabei haben die von Befugten gepflegten und beaufsichtigten Solid PODs, Speicher für persönliche und soziale Daten, eine wichtige Funktion. Tim Berners-Lee, der Initiator von Solid und des Solid POD, will damit auch die informationelle Autonomie stärken und letztlich die Privatsphäre schützen.

Internet der Dinge

Das Internet der Dinge (Internet of Things, IoT) vernetzt mit IT angereicherte und eindeutig identifizierbare Dinge, Tiere und Menschen miteinander und lässt sie auf technischem Wege miteinander kommunizieren. Es wandelt sich von einer Vision zu einer immer weiter verbreiteten Realität. Denkende Dinge (engl. „thinking things") können ein Teil des Internets der Dinge sein, vernetzte Objekte (engl. „networked objects") sind es auf jeden Fall; übergeordnete Konzepte sind Ubiquitous und Pervasive Computing. Wearables können genauso zum Internet der Dinge gehören wie Gerätschaften und Fahrzeuge, die Rückmeldung an die intelligente Fabrik geben zur Anpassung und Verbesserung der Produktion (Industrie 4.0).

Im Rahmen der Informationsethik stellen sich Fragen nach informationeller und persönlicher Autonomie, nach Überwachungsstaat und -gesellschaft. Auch die (Verletzung der) Würde von Lebewesen bzw. ihre Instrumentalisierung und die (Versehrtheit der) Schönheit von Gegenständen kann thematisiert werden, sodass es Überschneidungen mit Bereichsethiken wie der Tierethik, aber auch mit philosophischen Disziplinen wie der Ästhetik gibt. Die Maschinenethik kommt ins Spiel, wenn die (teil-)autonomen, intelligenten Maschinen mit den Dingen interagieren und dabei moralische Aspekte berührt werden.

Internetdienst

Internetdienste sind Dienste, die auf Technologien des Internets aufsetzen und Benutzer bei Anforderungen und Aufgaben unterstützen oder zu ihrer Unterhaltung beitragen. Beispiele sind E-Mail, Chats, Diskussionsforen, Instant Messaging, Agenten, Suchmaschinen und das World Wide Web.

Internetrecht

Das Internet ist kein rechtsfreier Raum, und grundsätzlich gelten in On-
line- und Offlinewelt die gleichen Gesetze. Ein Problem ist allerdings, dass
Anbieter, Dienste und Ressourcen weltweit verteilt sind und es zu Kollisio-
nen zwischen nationalen Regelungen kommen kann. Ein anderes Problem
ist, dass neue Gegenstände auftreten, auf die das bisherige Recht nicht
passt. Nicht zuletzt wird man als Geschädigter oder Strafverfolgungsbe-
hörde durch die oftmals gegebene Anonymität der Benutzer vor Herausforderungen gestellt. Das Internetrecht (auch Onlinerecht) entsteht an der
Schnittstelle der verschiedenen Rechtsgebiete, die sich mit Computern
und Netzen beschäftigen, und bezieht sich auf die rechtlichen Aspekte bei
deren Nutzung. Es ist ein Teilbereich des Informationsrechts. Insofern die
Moral dem Recht vorausgehen oder nachfolgen kann, ist es auch mit der
Informationsethik verbunden.

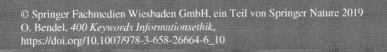

Journalismus

Der Begriff des Journalismus bezeichnet die Tätigkeit von Journalisten, etwa bei Printmedien, bei Radio und Fernsehen und bei Blogs. Roboterjournalismus unterstützt und ersetzt klassischen Journalismus, beispielsweise indem Robo-Content produziert wird. Drohnen liefern Aufnahmen von oben, auch aus abgelegenen Gebieten oder gefährlichen Situationen (engl. „drone journalism"). Live- oder Real-time-Journalismus ist anscheinend das Gebot der Stunde, führt aber tendenziell zu oberflächlichen Beiträgen.

Kampfroboter

Kampfroboter, auch als Kriegs- und Militärroboter bekannt, sind ferngesteuerte oder aber teilautonome bzw. autonome Maschinen, die in kriegerischen Auseinandersetzungen der Ablenkung in Bezug auf Ressourcen, der Auskundschaftung von Stützpunkten sowie der Beobachtung und der Beseitigung von Gefahren und Gegnern dienen. Wenn sie Standorte bewachen, haben sie eine Nähe zu Sicherheitsrobotern, wenn sie nach Minen suchen und diese räumen und sprengen, zu Minenrobotern, wenn sie Transporte durchführen, zu Transportrobotern. Auch Kampfdrohnen sind, ein weiter Begriff vorausgesetzt, Kampfroboter. Man kann Kampfroboter als Serviceroboter ansehen, sie aber genauso als eigene Kategorie begreifen. Der Begriff des Militärroboters kann nicht nur als Synonym, sondern auch als Überbegriff verwendet werden. Bei ferngesteuerten und teilautonomen Systemen, ob für den Einsatz in der Luft oder auf dem Boden gedacht, ist typischerweise nebst dem mobilen Roboter eine Kontrollstation respektive Steuerzentrale auf dem Boden vorhanden.

Ferngesteuerte und teilautonome Kampfroboter sind weltweit im Einsatz. Autonome Systeme werden mit Hochdruck erforscht, vor allem an Universitäten und in den Labors der Waffenhersteller in den USA, in Israel und in Asien, als Prototypen entwickelt und getestet und in mehreren Ländern bereits im Normalbetrieb eingesetzt. Je nach Anwendungsbereich haben sich ganz unterschiedliche Typen herausgebildet. Auf dem Boden sind bewaffnete und unbewaffnete Systeme im Gebrauch. Der Battlefield Extraction-Assist Robot (BEAR) und Bigdog transportieren Verletzte und Gegenstände, Talon und Packbot entschärfen Sprengstoffe. Das englische Modular Advanced Armed Robotic System (MAARS) und der amerikanische XM1219 Armed Robotic Vehicle-Assault-Light (ARV-A-L) sind bzw. waren ebenso mit Waffen ausgerüstet wie die russischen Soratnik und Nerechta. Ein bewaffnetes System für den Einsatz in der Luft ist z.B. der oder die AAI RQ-7 bzw. AAI RQ-7 Shadow. Das israelische und das südkoreanische Militär testen Kampfroboter in Grenzregionen.

KI-Forscher und Robotiker aus aller Welt haben bei der Eröffnung der IJCAI 2015 am 28. Juli 2015 in einem offenen Brief ein Verbot von autonomen Waffensystemen angemahnt. Zu den Unterzeichnern gehörten Stephen Hawking, Steve Wozniak, Noam Chomsky und Elon Musk. In einem weiteren offenen Brief an die Vereinten Nationen, veröffentlicht am 20. August 2017 vom Future of Life Institute, forderten Elon Musk und über 100 weitere Unternehmer und Wissenschaftler erneut ein Verbot von autonomen Waffensystemen und Kampfrobotern. Kritiker sehen wiederum in den Autos von Tesla zwar keine Kampfroboter, aber Roboter, die das Leben von Menschen gefährden, weil ihre Funktionen noch nicht ausgereift seien und ihre Entwicklung zu schnell vorangetrieben werde. Zudem könnten sich Roboterautos durch Hackerangriffe in Waffen verwandeln. In diesem Zusammenhang taucht die Frage der Zweckentfremdung von Robotern auf – und das Problem, dass unterschiedlichste Serviceroboter als Kriegsgeräte benutzt werden können.

Die ethische Diskussion, die durch die genannten offenen Briefe und verwandte Petitionen ausgelöst wird, aber auch unabhängig davon regelmäßig aufkommt, bezieht sich vor allem auf autonome Kampfroboter, die töten sollen und können, also Lethal Autonomous Robots. Befürworter betonen, dass man mit ihnen die eigenen Soldaten schonen und schützen kann. Zudem kann man mit ihnen Ziele präzise erfassen und bekämpfen, dank der eingebauten und mit ihnen verbundenen Technologien und in Relativierung oder Eliminierung menschlicher Fehler. Nicht zuletzt hat der Kampfroboter anders als der Mensch kaum ein Interesse daran, am Rande von kriegerischen Auseinandersetzungen zu plündern, zu brandschatzen und zu vergewaltigen. Gegner erwähnen die relative Einfachheit und potenzielle Grenzenlosigkeit des Einsatzes und den Psychoterror für die Bevölkerung durch unbemannte Systeme. Ebenso werden die Gefahr falscher maschineller Entscheidungen und die Abwälzung menschlicher Verantwortung auf Maschinen ins Feld geführt (mit dem Problem, dass diese keine Verantwortung tragen können), überdies – um die Perspektive zu öffnen – ökonomische Faktoren wie das fragwürdige Kosten-Nutzen-Verhältnis. Nicht zuletzt können Kampfroboter, wie Roboterautos, gehackt und dann manipuliert und missbraucht werden. Die Maschinenethik widmet sich den moralisch begründeten Entscheidungen von Kampfrobotern. Im Zentrum eines Gedankenexperiments steht Buridans Robot, der einen Terroristen töten soll. Da dieser zusammen mit seinem Zwillingsbruder auftaucht, ist sich die Maschine unsicher, wen sie auswählen soll, und gerät in ein ähnliches Dilemma wie Buridans Esel, der zwischen zwei Heubündeln verhungert.

KI-Ethik

Mit der Künstlichen Intelligenz (KI) als Disziplin und der künstlichen Intelligenz als ihrem Gegenstand beschäftigen sich mehrere etablierte Bereichsethiken, die wiederum der angewandten Ethik zugehören. Die Informationsethik hat die Moral (in) der Informationsgesellschaft zum Gegenstand. Sie untersucht, wie wir uns, Informations- und Kommunikationstechnologien und digitale Medien anbietend und nutzend, in moralischer Hinsicht verhalten bzw. verhalten sollen. Mit Blick auf die KI ist z.B. die Frage, wie wir mit ihrer Hilfe observiert und analysiert werden, welche Verzerrungen durch sie entstehen und welche Vorurteile durch sie gefestigt werden (Bias-Diskussion). Typischerweise entstehen in Zusammenarbeit mit der Informationsethik, unter Verwendung ihrer Begriffe und Methoden, auch ethische Leitlinien, deren Nutzen umstritten ist. Die Technikethik bezieht sich auf moralische Fragen des Technik- und Technologieeinsatzes. Es kann um die Technik von Fahrzeugen oder Waffen ebenso gehen wie um die Nanotechnologie oder die Kernenergie. Sie interessiert sich dafür, wie Systeme künstlicher Intelligenz als Technologien und Werkzeuge einzuordnen sind, was wir ihnen zugestehen und wie wir uns ihnen gegenüber verhalten sollen. Die Wirtschaftsethik hat die Moral (in) der Wirtschaft zum Gegenstand. Dabei ist der Mensch im Blick, der wirtschaftliche Interessen hat, der produziert, handelt, führt und ausführt sowie konsumiert (Konsumentenethik), und das Unternehmen, das Verantwortung gegenüber Mitarbeitern, Kunden und Umwelt trägt (Unternehmensethik). Ersetzt künstliche Intelligenz den Menschen, nimmt sie ihm schwierige und anstrengende Arbeiten ab, ermöglicht sie ihm ein Leben mit weniger und mit besserer Arbeit? Das sind Fragen, die man in Bezug auf den Mitarbeiter stellen kann.

Zudem kann sich die Disziplin der Roboterethik mit der künstlichen Intelligenz beschäftigen. KI und Robotik haben unterschiedliche Ziele und Ergebnisse. Ihre Ergebnisse kann man aber integrieren, und intelligente Roboter sind von zunehmender Bedeutung, als Industrieroboter ebenso wie als Serviceroboter. Die Roboterethik kann zunächst als Keimzelle und Spezialgebiet der Maschinenethik aufgefasst werden. Gefragt wird dann danach, ob ein Roboter ein Subjekt der Moral (engl. „moral agent") sein und wie man diese implementieren kann. Man kann aber nicht nur nach den Pflichten oder Verpflichtungen (noch schwächer: Aufgaben), sondern auch den Rechten der Roboter fragen und danach, ob diese Objekte der Moral (engl. „moral patients") sind. Nicht zuletzt ist es möglich, die Disziplin in einem ganz anderen Sinne zu verstehen, nämlich in Bezug auf die Folgen des Einsatzes von Robotern für Menschen. In dieser Ausrichtung kann sie in Technik- und Informationsethik verortet oder diesen zugeordnet werden.

Die bereits genannte Maschinenethik kann von den klassischen Bereichsethiken getrennt werden. Während diese stets den Menschen als Subjekt der Moral thematisieren (auch in der Tierethik, wo das Tier Objekt der Moral ist, nicht Subjekt), fragt sie nach der Maschine als Subjekt der Moral. Und während sich die Bereichsethiken meist damit begnügen, über Maschinen nachzudenken, baut sie Maschinen, zusammen mit Künstlicher Intelligenz und Robotik, um sie dann zu erforschen und womöglich in die Praxis zu bringen. Insofern mag man sie als eigenes Gebiet der angewandten Ethik betrachten oder auf eine Stufe mit der Menschenethik stellen.

Autonomen Systemen wie bestimmten KI-Systemen und bestimmten Robotern kann man moralische Regeln beibringen. Meist sind dies vorgegebene Regeln, an die sich die Maschine unbedingt hält. Es gibt aber auch Prototypen, die ihre Moral anpassen und weiterentwickeln. Beide Ansätze haben Vor- und Nachteile, je nach Ausgangslage, Zielsetzung und Kontext. Das maschinelle Subjekt hat übrigens vieles von dem nicht, was das menschliche hat. Ein Roboter ist nicht gut oder böse, und man kann ihn moralisch auch kaum zur Verantwortung ziehen. Er kann aber unter mehreren Optionen die geeignete auswählen, unter Berücksichtigung moralischer Regeln oder Metaregeln bzw. Prinzipien. Unter den klassischen Modellen normativer Ethik scheinen sich Pflichtethik und Folgenethik besonders für eine Implementierung zu eignen.

Eine KI-Ethik ist noch nicht etabliert (wie dies übrigens auch eine Algorithmenethik nicht ist, deren Begriff vielfach verwendet wird). Es ist die Frage, ob sie sich aus den genannten Bereichen der angewandten Ethik speisen kann oder ob man sie als selbstständige Fachrichtung ausarbeiten soll. Es ist einerseits nicht sinnvoll, zu viele Disziplinen zu etablieren. Schon die Informationsethik ist im deutschsprachigen Raum unterrepräsentiert und bräuchte institutionell und finanziell Verstärkung (während Wirtschafts-, Medien- und Medizinethik gut genährt sind). Andererseits stellt sich die Frage, warum keine KI-Ethik auf den Plan treten soll, wenn schon eine Roboterethik existiert und beide in gewissem Sinne komplementär sind. Allerdings hat sich gezeigt, dass deren Begriff durchaus diffus ist. Hilfsweise und vorläufig soll unter einer KI-Ethik keine neue Bereichsethik und auch keine neue Ethik neben der Menschenethik verstanden werden, sondern ein neues Arbeitsgebiet. Dieses kann man aus den klassischen Bereichsethiken und der Maschinenethik heraus entfalten.

Kinderschutzfilter

Kinderschutzfilter sind Funktionen und Programme, die nur ausgewählte Websites erlauben bzw. pornografische Inhalte und Darstellungen von Gewalt blocken. Sie zählen zu den Parental Controls, zu den informationstechnischen Systemen, mit denen Eltern ihre Kinder vor Bildern und Texten im digitalen Fernsehen, auf dem Rechner und in Computerspielen und den dadurch drohenden psychischen Schäden bewahren können, wobei sie auch von Heimen, Jugendhäusern und Schulen eingesetzt werden. In manchen Fällen werden Kinderschutzfilter zu Zensur- und Überwachungswerkzeugen.

Kirche

Die christlichen Kirchen vertreten eine theologische (aus theologischen Befunden gespeiste) bzw., wie andere religiöse Organisationen, eine theonome (auf angebliche göttliche Gebote bezogene) Ethik. Man spricht bei einer universitären Verankerung (die von Wissenschaftlern kritisiert wird) von der Moraltheologie im Gegensatz zur Moralphilosophie.

Theologische und philosophische Ethik verhalten sich zur Moral ähnlich wie Homöopathie und Medizin zur Gesundheit. Sie haben beide den gleichen Gegenstand, aber völlig unterschiedliche Herangehensweisen. Während die eine, insbesondere in ihrer konsequenten theonomen Ausprägung, letztlich auf Einbildungen, Vermutungen und Behauptungen basiert, kommt die andere mit Hilfe von Analysen, Vergleichen und Begründungen zu ihren Ergebnissen. Dabei spielt die Bewertung von moralischen Begründungen ebenso eine Rolle wie die Verwendung von ethischen Begründungen.

Die Vertreter der Kirchen und Religionen sprechen häufig im Namen der Wirtschafts- und Medizinethik, ohne dass sie immer ihre Voreingenommenheit offenlegen. Sie versuchen sich in die Informationsethik einzubringen, und es werden Gebiete wie Dating, Cybersex und -porn von der Warte einer rigiden Sexualmoral aus betrachtet. Wie Konferenzen und Publikationen zeigen, versucht man sich selbst an Roboterethik und Maschinenethik.

Dem unseligen Lobbyismus erliegen nicht nur Hochschulen mit theologischen Lehrstühlen und Fakultäten, sondern auch Massenmedien. Letzten Endes gewinnt der Moralismus, der sich in der Moraltheologie offenbart, und verliert die Moralphilosophie als kritische Instanz (auch gegenüber der Moral).

Kodex

Der Begriff „Kodex" bezeichnet die Gesamtheit der Regeln, die in einer Gruppe oder Organisation (z.B. Berufsständen, akademischen Gruppen bzw. Einrichtungen oder Unternehmen) maßgebend sind. Ein Code of Conduct ist ein Verhaltenskodex. Er kann allgemeine und moralische Regeln enthalten. Eigentliche Ethikkodizes, auch „ethische Kodizes" oder besser „moralische Kodizes", „Moralkodizes" und „Sittenkodizes" genannt, fokussieren auf moralische Angelegenheiten. In der Informationsgesellschaft sind diese bei IT-Unternehmen, -Lobbyverbänden und -Fachgesellschaften verbreitet. Ein Beispiel sind die ethischen Leitlinien der Gesellschaft für Informatik. Der Kodex kann Teil einer Feigenblattmoral und diese Ziel und Zweck einer Feigenblattethik sein.

Kognitive Verzerrung

Kognitive Verzerrung (engl. „cognitive bias") ist ein Begriff aus der Kognitionspsychologie. Er ist für die Philosophie und speziell die Ethik von Bedeutung. Angesprochen werden systematische Fehlleistungen von Menschen (auch von Benutzern) in ihrem Wahrnehmen, Erkennen, Erinnern, Vermuten und Urteilen. Die meisten Betroffenen sind sich der kognitiven Verzerrungen nicht bewusst. Kognitive Verzerrungen können unabsichtlich oder absichtlich auf Roboter und KI-Systeme übertragen werden. Deren Fehlleistungen sind problematisch etwa bei einer automatisierten Bewerberauswahl.

Kommunikation

Kommunikation kann verstanden werden als die Übermittlung von Informationen über ein Medium im weitesten Sinne zwischen zwei oder mehreren Kommunikationspartnern. Die menschliche Kommunikation dient neben dem Austausch von Erfahrung und Wissen auch der Koordination als Basis kooperativen Handelns. Dabei stehen neben der gesprochenen und geschriebenen Sprache bildhafte Darstellungen sowie Mimik (Gesichtsausdruck), Gestik (Körperhaltung und -bewegung) und Taktilität (Berührungen) zur Verfügung.

Sachinhalte einer Nachricht werden meistens sprachlich und bildlich vermittelt. Man erklärt, wie eine Maschine funktioniert, und zeigt auf Komponenten, Knöpfe und Hebel, oder man erstellt ein Handbuch mit Texten und Grafiken. Beim Transport von Emotionen, die für den Aufbau einer Beziehung zwischen Kommunikationspartnern wichtig sind, spielen dagegen häufig Mimik und Gestik sowie Gerüche (die nicht durchgehend beeinflussbar sind) eine Rolle.

Im virtuellen Bereich – beispielsweise im Internet – wird Kommunikation immer wichtiger. Sie erfolgt zwischen den Teilnehmern stets indirekt, d.h. mit Hilfe von Kommunikationswerkzeugen, und kann synchron (über Chats sowie Audio- und Videokonferenzen) oder asynchron (über E-Mail und Diskussionsforen) stattfinden. Teilweise können Mimik und Gestik durch klassische Emoticons und moderne Emojis ersetzt werden.

Konflikt

Ein Konflikt ist ein Gegensatz zwischen Ideen, Werten und Handlungen und ihren Trägern. Er schwelt, bricht aus und hält mehr oder weniger lange an. In offenen Gesellschaften bemüht man sich um eine rationale Verständigung mit Hilfe von Rechtswissenschaft und Ethik. Die Informationsethik behebt Konflikte zwischen Benutzern und IT-Unternehmen mit Hilfe der diskursiven Methode, die Maschinenethik geht Konflikte an, die sich bei Maschinen zwischen Regeln ergeben, wobei Priorisierung einer der Ansätze ist.

Konsumentenethik

Konsumentenethik ist eine Form der Wirtschaftsethik, die sich auf Konsumenten als moralische Akteure bezieht. Eine zentrale Funktion kommt der primären Verantwortung zu. Die Verbraucher sollen Verantwortung gegenüber sich selbst, gegenüber der Umwelt und in Bezug auf Unternehmen tragen. Neben die Konsumentenethik tritt die Ethik für Produzenten und Investoren; darüber hinaus muss sich z.B. der Einzelhandel verantwortungsbewusst zeigen. Mit solchen Akteuren beschäftigt sich die Unternehmensethik.

Verantwortung gegenüber sich selbst bedeutet, dass der Konsument sich als freie und mündige Person für oder gegen Produkte und Dienstleistungen entscheidet. Auch das Verhältnis zum eigenen Körper bzw. zur eigenen Gesundheit ist von Bedeutung. Verantwortung gegenüber der (natürlichen) Umwelt impliziert, dass der Konsument die Produktionsbedingungen und ihre Folgen für die Umwelt kennt, für Tiere, Pflanzen und Landschaften, und geeignete Produkte auswählt oder meidet. Verantwortung in Bezug auf die Wirtschaft, etwa Industrie und Einzelhandel, drückt sich darin aus, dass der Konsument im Wissen um die Produktions- und Arbeitsbedingungen sein Verhalten anpasst und Einfluss nimmt.

Moralische Fragen sind für Konsumenten von großer Bedeutung. Der Boom des sogenannten Fairen Handels und der Trend zu biologischen Produkten und nachhaltigen Konzepten sind Indizien dafür. Die vegetarische und vegane Ernährung breitet sich aus, weil die Verbraucher auf sich selbst und ihre (natürliche, belebte) Umwelt achten. Obwohl die Konsumenten gemeinschaftlich über eine enorme faktische Macht verfügen, ist es umstritten, ob sie individuell eine sekundäre oder gar tertiäre Verantwortung haben, also zur Verantwortung zu ziehen bzw. haftbar zu machen sind. Ihrer Verantwortung sind insofern Grenzen gesetzt, als sie manipuliert und nicht genügend informiert werden und nicht alle über ausreichend Zeit und Geld verfügen. Verbraucherzentralen und Einrichtungen für den Konsumentenschutz versuchen zur Aufklärung und Mündigkeit beizutragen. Sind diese in ausreichendem Maße vorhanden, können Konsumenten durchaus in die Pflicht genommen werden.

Kooperations- und Kollaborationsroboter

Kooperations- und Kollaborationsroboter sind moderne Industrieroboter, die mit uns Schritt für Schritt an einem gemeinsamen Ziel (Kooperationsroboter) bzw. Hand in Hand an einer gemeinsamen Aufgabe arbeiten, wobei wiederum ein bestimmtes Ziel gegeben ist (Kollaborationsroboter). Sie nutzen dabei ihre mechanischen und sensorischen Fähigkeiten und treffen Entscheidungen (wenn man diesen Begriff zulässt) mit Blick auf Produkte und Prozesse im Unternehmen bzw. in der Einrichtung. Co-Robots oder Cobots, wie sie gelegentlich genannt werden, können in Einzelfällen auch als Serviceroboter auftreten, etwa im medizinischen und pflegerischen Bereich. Die intensive Beschäftigung mit kooperativen und kollaborativen Robotern hat ihren Startpunkt in den 1990er-Jahren. In den 2010er-Jahren begannen sie sich durchzusetzen und in der Produktion zu verbreiten.

Kooperations- und Kollaborationsroboter haben meist einen Arm oder ein Armpaar und zwei bis drei Finger. Mehrere Achsen respektive Gelenke erlauben eine entsprechende Beweglichkeit und Anpassungsfähigkeit. Es handelt sich mehrheitlich um Leichtbauroboter, die zwischen den Orten bewegt werden können, also mobil mindestens in diesem passiven Sinne sind. Sie kooperieren oder kollaborieren mit Menschen, wobei sie ihnen ausgesprochen nahekommen und die Tätigkeiten ineinandergreifen können. Trotz der engen Zusammenarbeit verspricht man sich eine hohe Sicherheit im Betrieb, vor allem in Bezug auf den Menschen, der nicht verletzt werden darf, sondern im Gegenteil geschützt und entlastet werden soll. Co-Robots sind autonome, intelligente, lernfähige Systeme und als Generalisten angelegt, wobei die Veränderungen auf Software- ihre Entsprechungen auf Hardwareseite haben müssen, etwa insofern Werkzeuge und Greifhände ausgewechselt und erweitert werden können. Sie sind in der Lage, von Menschen zu lernen, indem diese ihre Arme bewegen oder ihnen etwas vor ihren Kameras und Sensoren vormachen.

Soziale Robotik und Maschinenethik können zur Verbesserung der Roboter auch im sozialen und moralischen Sinne beitragen. Aus Technik- und Informationsethik heraus ist danach zu fragen, ob Co-Robots wie ein menschliches Gegenüber wirken und wie weit ihre autonomen und intelligenten Fähigkeiten reichen sollen. Gerade die Zweiarmigkeit scheint die Industrieroboter in Lebewesen zu verwandeln, was Erwartungen weckt und Bindungen stärkt, und Tablets können für Mimik genutzt werden, die im Zusammenspiel mit natürlichsprachlicher Kommunikation eine humanoide Anmutung erzeugt. Die Wirtschaftsethik widmet sich den Chancen und Risiken bei Ergänzung und Ersetzung von Werktätigen. Einerseits können Kooperations- und Kollaborationsroboter anstrengende und stumpfsinnige Arbeiten übernehmen, andererseits nach entsprechendem Training alleine oder zusammen mit ihresgleichen mannigfaltige Aufgaben ausführen, was den menschlichen Partner letztlich überflüssig machen könnte.

Kryptowährung

Kryptowährungen sind digitale (Quasi-)Währungen mit einem meist dezentralen, stets verteilten und kryptografisch abgesicherten Zahlungssystem. Zu ihnen gehören Bitcoin und Litcoin. Kryptowährungen haben sich in bestimmten Ländern als ernstzunehmende Alternative zur Zahlung unter Privatpersonen herausgebildet. Während man früher virtuelles Geld auch durch die Zurverfügungstellung von Rechenleistung und Netzinfrastruktur erhalten hat, muss man es heute meist mit konventionellen Mitteln erwerben.

Sinn und Zweck von Kryptowährungen ist, bargeldlosen Zahlungsverkehr ohne die Abhängigkeit, Aufsicht oder Mitwirkung von Banken und Behörden zu ermöglichen. Sie werden mancherorts unterstützt, mancherorts bekämpft, etwa durch staatliche Stellen. Die Währungseinheiten werden nach vorheriger Absprache in der entsprechenden Gemeinschaft in festgelegter Zahl erzeugt. Blockchain ist das System hinter den Kryptowährungen. Erfasst und beschrieben werden damit die Transaktionen. Veränderungen werden auf verschiedenen Computern gespeichert und sind so schwer manipulierbar.

Kryptowährungen werden in Wirtschaft und Wissenschaft kontrovers diskutiert. Bei ihnen können Softwarefehler vorhanden sein, sie sind anfällig für Manipulationen durch Organisationen und in Bezug auf die Kurse sowie für Datendiebstahl. Auch Datenverlust mag auftreten, sowohl durch menschliches als auch durch technisches Versagen. Nicht zuletzt lassen sich Cyberkriminelle, die Systeme mit Schadsoftware lahmlegen, häufig mit Bitcoin bezahlen. Umgekehrt können Dependenzen vermieden werden.

Künstliche Intelligenz

Der Begriff „Künstliche Intelligenz" („KI"; engl. „artificial intelligence" bzw. „AI") steht für einen eigenen wissenschaftlichen Bereich der Informatik, der sich mit dem menschlichen Denk-, Entscheidungs- und Problemlösungsverhalten beschäftigt, um dieses durch computergestützte Verfahren ab- und nachbilden zu können. Zudem kann man das tierische Denken zum Vorbild nehmen – oder eine ganz andere Vorstellung von Intelligenz. Die Intelligenz von Maschinen selbst kann ebenfalls mit dem Begriff gemeint sein, also die künstliche Intelligenz als Gegenstand und Ergebnis. Um beides zu unterscheiden, wird vorgeschlagen, den Namen der Disziplin groß zu schreiben, die Bezeichnung ihres Gegenstands dagegen klein.

Bis zuletzt hat der Intelligenzbegriff der schwachen KI dominiert. Ihr geht es vornehmlich um die Simulation intelligenten Verhaltens bzw. die Berücksichtigung einzelner Aspekte menschlicher Intelligenz, bezogen auf bestimmte Anwendungsgebiete. Durch die Praxis werden inzwischen Fähigkeiten nachgefragt, die man eher der starken KI zuordnen würde, die – seit ihren Anfängen in den 1950er-Jahren – im eigentlichen Sinne denkende Maschinen (womöglich auch deren Bewusstsein und Gefühle) erreichen will und bisher in wesentlichen Aspekten gescheitert ist. Roboter sollen vorsichtig gegenüber Menschen sein, in ihren Worten und Handlungen, und sie sollen sich moralisch verhalten. Tatsächlich genügt aber auch hier zunächst die schwache KI.

Für die klassische und soziale Robotik spielt die KI eine zentrale Rolle. Nicht nur humanoide Kunstwesen müssen eine gewisse Intelligenz aufweisen, sondern z.B. auch Maschinen der Industrie 4.0. Sie alle bringen die Software sozusagen in die Realität, wo sie beobachten und dazulernen kann (wobei Machine Learning nicht zwingend zur künstlichen Intelligenz gehört). Ferner profitieren spezialisierte Agenten, hervorgebracht von der Informatik, von einschlägigen Fähigkeiten. Die Maschinenethik wird von Vertretern der Künstlichen Intelligenz und Philosophen dominiert, und ihr geht es um die (auch emotionale) Intelligenz von Maschinen bei Entscheidungen und Handlungen mit moralischen Implikationen.

Mehr und mehr wird die KI zum Experimentier- und Spielfeld von IT-Konzernen, Suchmaschinenanbietern und Betreibern von Social Networks. Diese wollen u.a. ihre Benutzer durchleuchten und sie auf Produkte aufmerksam machen, wollen sie kategorisieren und instrumentalisieren. Gerade die Ökonomisierung der Künstlichen Intelligenz könnte dieser enorme Sprünge ermöglichen, sie dabei aber auch neuen Zwängen und Beschränkungen unterwerfen. Auch die Ethik hat sich der künstlichen Intelligenz zugewandt und versucht sich, was nicht unbedingt ihre Aufgabe ist, als Regliererin, wobei sie häufig von Politik und Wirtschaft an die Hand genommen wird und dadurch Beeinflussungen ausgesetzt ist.

Leak

Ein Leak (engl. „leak": „Leck", „Loch", „undichte Stelle") ist die nicht erlaub-
te oder nicht erwünschte Veröffentlichung von Informationen. Es kann mit
einem Datenleck (engl. „data leakage") oder einer Datenpanne (engl. „data
breach") zusammenhängen. Der deutschsprachigen Öffentlichkeit wurde
der Begriff bekannt durch die Enthüllungsplattform WikiLeaks (hawaiia-
nisch „wiki": „schnell"), über die (oft als Geheimsache eingestufte) Dokumente anonym veröffentlicht werden.

Lebenslanges Lernen

Lebenslanges Lernen ist ein Konzept, mit dem man auf die Folgen der gesellschaftlichen, wirtschaftlichen und technologischen Veränderungen des
Informationszeitalters reagieren will. Die einmalig in der Erstausbildung
erworbenen Kenntnisse und Fähigkeiten reichen demnach für Arbeit-
nehmerinnen und Arbeitnehmer nicht aus, um technischen Innovationen
oder neuen Arbeitsformen gewachsen und auf dem Arbeitsmarkt wettbe-
werbsfähig zu sein; vielmehr bedarf es einer lebenslangen Weiterqualifizierung, die neben dem formalen Lernen auch informelles Lernen umfasst.
Die lebenslange Weiterbildung setzt beim Lernenden verschiedene Kompetenzen wie die Fähigkeit zur Selbstmotivation und -organisation und
eigenständiges Lernen voraus. Ein Beispiel für eine Weiterqualifizierung
im gegebenen Kontext ist die wissenschaftliche Weiterbildung, etwa in
Wirtschaftsethik oder Informationsethik und allgemein in philosophischer
Ethik.

Liebespuppen

Liebespuppen (engl. „love dolls") unterscheiden sich von klassischen Gum-
mipuppen durch ihre lebensechte Gestaltung. Sie haben künstliche Haut,
unter der sich Gel befindet, sodass sich ihre Gliedmaßen echt anfühlen. An
ausgewählten Stellen erwärmen sie sich oder sondern sie Flüssigkeit ab.
Metallskelette erlauben unterschiedliche Haltungen und Stellungen.

Man stattet manche Liebespuppen mit künstlicher Intelligenz und Sprachfähigkeit aus und ermöglicht ihnen das Bewegen der Augen und der Lider.

Damit werden sie nach und nach zu Sexrobotern – die Unterschiede verwischen, wie bei Harmony, einer vielseitig begabten Figur aus den USA.

Die lebensechte Gestaltung kann in der Gesamtschau im Einzelfall in Frage gestellt sein. Das Wunschdenken mancher Hersteller und Nachfrager führt zu übergroßen Brüsten und superschlanken Taillen. Zudem sind Mangamädchen mit riesigen Augen und Elfenfiguren mit spitzen Ohren auf dem Markt bzw. in den Bordellen vorzufinden.

Anscheinend werden Fantasy- und Comicfiguren von manchen jungen Männern gezielt gesucht bzw. bevorzugt. Wie weit die Abweichung vom Menschen gehen darf, ist weitgehend unerforscht. Ist jemand bereit, sich sexuell mit Daisy Duck oder Minnie Mouse einzulassen? Es könnte sein, dass für die Mehrheit hier eine Grenze überschritten wäre, zumal es sich für Erwachsene vielfach um Figuren aus der Kindheit handelt.

Like-Button

Der Like-Button ist eine Funktion in Social Networks, Diskussionsforen und Kommentarbereichen, mit dessen Hilfe der Benutzer sein Wohlgefallen gegenüber Inhalten und Ereignissen ausdrücken kann. Er oder sie likt beispielsweise eine Fotografie und einen Artikel oder eine Ankündigung bzw. Besprechung. Manche Websites weisen auch einen Dislike-Button auf. Bei anderen Bewertungssystemen werden Sterne, Punkte und – wie bei Microblogs – Favoriten (Favs) benutzt. Sammelt man diese respektive wird man häufig gelikt, dann steigert man seine Reputation. Immer wieder kommt es vor, dass die Ankündigung oder Darstellung einer Folterung oder einer Hinrichtung gelikt wird, was für moralische Diskussionen und auch für Einlassungen von Medien- und Informationsethik sorgt.

Lineare Medien

Der wesentliche Unterschied zwischen Hypertexten und linearen Medien bzw. Dokumenten liegt in der Ordnung der Inhalte; während in Hypertexten die Informationseinheiten meist in eine Netz-, Baum- oder Gitterstruktur gebracht sind, ist in linearen Dokumenten der Inhalt sequenziell angeordnet.

Allerdings enthalten lineare Dokumente häufig Elemente, die typisch für Hypertexte sind und mit denen sich ein Leser im Text bzw. über den Inhalt orientieren kann, wie z.B. Inhaltsverzeichnis, Index, Fußnoten, Quer- und Literaturverweise. Eine Neuerung sind die hybriden Publikationsformen, bei denen QR-Codes und Funkchips eingebettet werden.

LÜGENBOT

Der LÜGENBOT entstand 2016 als Artefakt der Maschinenethik. Er manipulierte Aussagen, die er für richtig hielt, etwa durch Negation und Ersetzung, aber auch durch sehr komplexe Verfahren. Er wurde bereits in Artikeln aus dem Jahre 2013 („Der Lügenbot und andere Münchhausen-Maschinen") und 2015 („Können Maschinen lügen?", „Wenn ein Chatbot zum Lügenbot wird") skizziert. Sie gingen davon aus, dass Maschinen in der Lage sind zu lügen, wenn sie mehr oder weniger absichtsvoll vorgehen und zugleich sprechen oder schreiben (und damit die Unwahrheit sagen) können. Der LÜGENBOT galt als unmoralische Maschine.

In seinem Beitrag „Können Computer lügen?" von 2003 hat Rainer Hammwöhner den Heuristic Algorithmic Liar (HAL) entworfen, dessen Ziel es ist, möglichst viele Zimmer zu möglichst hohen Preisen zu vermieten, wobei das Akronym an den berühmten Computer in Stanley Kubricks „2001: A Space Odyssey" von 1968 gemahnt, der die Astronauten auf ihrem Flug belügt. In seinem Buch „Können Roboter lügen?", das den gleichnamigen Beitrag enthält, führt Raúl Rojas seine Bedenken an. Er gelangt zum Schluss: „Roboter kennen die Wahrheit nicht, deswegen können sie nicht lügen." Wenn man allerdings das Lügen als das gezielte Aussprechen von Unwahrheiten begreift, haben Maschinen durchaus diese Fähigkeit.

Machine Learning

Machine Learning oder maschinelles Lernen umfasst unterschiedliche Formen des Selbstlernens bei Systemen der Künstlichen Intelligenz und der
Robotik. Diese erkennen beispielsweise Regel- und Gesetzmäßigkeiten in
den Daten und leiten Schlüsse und Aktionen daraus ab. Ethem Alpaydin
drückt es so aus: „Maschinelles Lernen heißt, Computer so zu program-
mieren, dass ein bestimmtes Leistungskriterium anhand von Beispieldaten
oder Erfahrungswerten aus der Vergangenheit optimiert wird." Bei Deep
Learning werden große Mengen von Daten (Big Data) verwendet. Maschinelles Lernen kann auch die Nachahmung evolutionärer Prozesse bedeuten, etwa beim Einsatz genetischer Algorithmen. Machine Learning ist
nicht mit der künstlichen Intelligenz gleichzusetzen. Innerhalb der Disziplin
der Künstlichen Intelligenz spielt es freilich eine immer größere Rolle.

Manipulation

Manipulation bedeutet, dass Menschen in ihrem Denken und Verhalten
gesteuert werden, ohne dass ihnen dies bewusst bzw. ohne dass dies
von ihnen gewollt wird. Sie kann mit Informations- und Kommunikationstechnologien und neuen Medien zusammenhängen, die Inhalte auf
bestimmte Art und Weise zusammen- und darstellen. Die Informationsethik untersucht in diesem Kontext den Matthäus-Effekt und das virale
Marketing. Technische Manipulation ist die gezielte Beeinflussung von
Funktionen und Ergebnissen an technischen Einrichtungen bzw. durch
technische Hilfsmittel und kann in die Manipulation von Menschen münden. Münchhausen-Maschinen können als Manipulationsmaschinen gedeutet werden.

Maschine

Artikel 2a der Richtlinie 2006/42/EG des Europäischen Parlaments und
des Rates vom 17. Mai 2006 begreift eine Maschine als „eine mit einem
anderen Antriebssystem als der unmittelbar eingesetzten menschlichen
oder tierischen Kraft ausgestattete oder dafür vorgesehene Gesamtheit
miteinander verbundener Teile oder Vorrichtungen, von denen mindestens
eines bzw. eine beweglich ist und die für eine bestimmte Anwendung zu-

sammengefügt sind". Man kann vereinfachend von komplexen künstlichen Werkzeugen oder auch künstlichen Wesen sprechen. Das Maschinenzeitalter begann im 18. Jahrhundert.

Maschinen sind in der Landwirtschaft, in der Fertigung, im Militär und im Alltag vertreten, als Landwirtschaftsmaschinen, Produktionsanlagen, Industrieroboter, Kampfdrohnen und Fahrkartenautomaten. René Descartes war der Meinung, dass Tiere seelenlose Automaten seien. In der Folge entwickelte sich die Maschinentheorie, in der Lebewesen als Maschinen aufgefasst wurden. Es werden immer mehr (teil-)autonome Systeme eingesetzt, die in bestimmten Situationen selbstständig entscheiden und handeln müssen, wie Drohnen, Roboter und Chatbots (inzwischen werden auch Softwareroboter als Maschinen verstanden). Der Frage nach ihrer Moral widmet sich die Maschinenethik.

Maschinelles Bewusstsein

Maschinelles Bewusstsein (engl. „machine consciousness") ist ein Arbeitsgebiet, das zwischen Künstlicher Intelligenz und Kognitiver Robotik angesiedelt ist. Ziel ist die Schaffung eines maschinellen Bewusstseins oder Selbstbewusstseins. Dieses simuliert das menschliche Bewusstsein oder Selbstbewusstsein, nähert sich diesem ein Stück weit an oder bildet es in Teilen ab. Oder es erreicht das Original, ist mit diesem in wesentlichen Teilen identisch, was bis auf weiteres fernab der Realität ist. Man spricht auch von Maschinenbewusstsein, künstlichem Bewusstsein (engl. „artificial consciousness") oder synthetischem Bewusstsein (engl. „synthetic consciousness"). Zum maschinellen Bewusstsein bzw. Selbstbewusstsein mag man (Selbst-)Wahrnehmung, Erinnerung, Voraussicht, (Selbst-)Lernen sowie subjektive Erfahrung zählen.

Der Begriff des Bewusstseins wird wie der des Selbstbewusstseins nicht einheitlich verwendet. Oft versteht man darunter mentale oder phänomenale Zustände von Menschen oder Tieren. Man erkennt die Welt, indem man sie erlebt, und sich selbst, indem man sich spürt. Solche Zustände sind schwer zu simulieren, wie die Gefühle, die mit ihnen zusammenhängen; dagegen kann man den Ausdruck der Gefühle abbilden. Ähnlich kann man Intelligenz simulieren, indem man Maschinen natürlichsprachliche

Möglichkeiten verleiht, und Moral, indem man ihnen Regeln mitgibt, an die sie sich halten. Man kann Bewusstsein und Selbstbewusstsein auch schwächer deuten. Man erkennt die Welt, indem man sie wahrnimmt, und sich selbst, indem man sich verortet und abgrenzt. Ein solches Zugangsbewusstsein kann man Maschinen durchaus einpflanzen, wie erste Prototypen zeigen.

Die Maschinenethik benötigt das maschinelle Bewusstsein oder Selbstbewusstsein nicht, um moralische Maschinen herzustellen. Man könnte damit aber auf eine neue Stufe maschineller Moral gelangen. Zudem wäre es vielleicht in der Zukunft möglich, so etwas wie Gewissensbisse und Schuldgefühle zu erzeugen. Wenn Intuition und Empathie hinzukommen, ist es im Prinzip nicht auszuschließen, dass man sich der menschlichen Moral im Ganzen annähern kann – ein Ziel, das im Moment jedoch weit entfernt ist und kaum angestrebt wird. Die Roboterethik fragt nach den moralischen Rechten von bewussten Maschinen. Nur Entitäten mit Empfindungs- und Leidensfähigkeit bzw. (Selbst-)Bewusstsein können solche Rechte haben, wodurch Maschinen zunächst einmal ausscheiden. Allerdings müsste man wohl Robotern mit künstlichem Bewusstsein, das mentale Zustände beinhaltet, moralische Rechte zugestehen, ebenso wie umgekehrten Cyborgs, also z.B. Artefakten mit eingepflanzten biologischen Gehirnen, deren Funktionen im Wesentlichen erhalten bleiben. Rechte und Pflichten im juristischen Sinne sind nicht an ein Bewusstsein oder Selbstbewusstsein gebunden.

Das Gebiet des Maschinellen Bewusstseins ist von unterschiedlichen Positionen bestimmt. Während die einen darauf hinweisen, dass menschliches Bewusstsein im engeren Sinne nur schwer abgebildet werden kann, auch weil es schwer zu fassen ist, sind die anderen zuversichtlich, solche mentalen Zustände wie im Original entstehen lassen zu können, etwa indem sie das menschliche Gehirn selbst in seinen wesentlichen Strukturen nachbauen. Einige gehen sogar davon aus, dass ein Superbewusstsein (engl. „superconsciousness") möglich sein wird. Die Schaffung von maschinellem Bewusstsein und Selbstbewusstsein kann der Erforschung der entsprechenden menschlichen Zustände dienen oder auf eine Optimierung der maschinellen Erledigung von Aufgaben ausgerichtet sein, im wissenschaftlichen, wirtschaftlichen und privaten Kontext. Tatsächlich könnten Roboter und KI-Systeme mit Bewusstsein ihre Umwelt anders einschätzen und behandeln und mit Selbstbewusstsein besser ihre Interessen durchsetzen. Ihre Existenz hätte gravierende Folgen, die bereits heute von Roboter- und Informationsethik sowie der Rechtswissenschaft zu untersuchen sind. Zudem muss die Maschinenethik klären, wie sie mit Formen künstlichen Bewusstseins bei der Implementierung moralischer Maschinen umgehen will.

Maschinenethik

Die Maschinenethik erforscht die maschinelle Moral und bringt, zusammen mit Künstlicher Intelligenz und Robotik, moralische Maschinen hervor. Ihr Ausgangspunkt sind in der Regel teilautonome oder autonome Maschinen, etwa Chatbots, Pflegeroboter und Roboterautos. Diese sollen sich moralisch adäquat verhalten. Auch unmoralische Maschinen sind möglich.

Zu beachten ist, dass „maschinelle Moral" (wie „moralische Maschine") ein Terminus technicus ist, so wie „künstliche Intelligenz". Die heutige maschinelle Moral hat mit der menschlichen einfach bestimmte Aspekte gemein. So kann eine moralische Maschine beispielsweise moralische Regeln befolgen. Intuition oder Empathie hat sie nicht, genauso wenig Bewusstsein oder Selbstbewusstsein im Sinne mentaler Zustände.

Der Begriff der Algorithmenethik wird teilweise synonym, teilweise eher in der Diskussion über Suchmaschinen und Vorschlagslisten sowie Big Data verwendet. Die Roboterethik ist eine Keimzelle und ein Spezialgebiet der Maschinenethik (oder ein Gebiet, das gezielt andere Fragen behandelt, etwa zu den Rechten von Robotern).

In der Diskussion der Umsetzung maschineller Moral wird häufig von Top-down- und Bottom-up-Ansätzen gesprochen. Die einen kann man mit Prinzipienethiken verbinden, mit der Pflichtenethik wie mit der Folgenethik. Die anderen passen etwa zur Tugendethik. Insgesamt scheinen sich klassische Modelle normativer Ethik zu eignen.

Maschinenstürmer

Das Maschinenzeitalter begann im 18. Jahrhundert. Schon in der Antike gab es Maschinen aller Art, sogar Automaten. Aber die Mechanisierung und Automatisierung im großen Maßstab erfasste die Welt erst spät. Die Stürmer zerstörten Maschinen, etwa mechanische Webstühle, und ganze Fabriken. Sie wollten sich dadurch ihre Existenzgrundlage erhalten, freilich ohne Erfolg. Erstes Ziel der alten Wirtschaft war die Sicherstellung des Lebensunterhalts: von der Hand in den Mund und von Hand zu Hand, im Handel und im Tausch. Die moderne Ökonomie erreichte bei den Betroffenen das Gegenteil. Handwerker verloren ihre Arbeit und versanken mit ihren Familien in Armut.

In der Informationsgesellschaft können moderne Maschinenstürmer auftreten, die sich gegen Industrieroboter wenden, die Arbeitskräfte ersetzen, oder gegen Roboterautos, die Verkehrsteilnehmer verletzen und töten. Dies ist ein Thema von Technik- und Informationsethik, die die Motive und Motivationen der Aufständischen und ihren moralischen Anspruch herausarbeiten mögen. Die Maschinenethik kann versuchen, solche Maschinen zu schaffen, die die Maschinenstürmer beruhigen und bei deren Aktionen die Vorteile die Nachteile überwiegen.

Mashup

Mashup (engl. „to mash": „mischen") ist das Erstellen neuer Inhalte durch die Kombination bereits bestehender, vor allem im Kontext des Web 2.0. Texte, Bilder, Töne und Videos werden über offene Programmierschnittstellen und einfache Funktionen zusammengefügt. Häufig sind geografische Daten die Grundlage. Beispielsweise reichert man Stadtpläne oder Landkarten mit Beschreibungen, Kommentaren und Fotografien an. Die Wiederverwendung von Inhalten und Daten, die womöglich für einen ganz anderen Zweck gedacht und in einem ganz anderen Kontext verortet waren, berührt Fragen des Datenschutzes und des Urheberrechts.

Matthäus-Effekt

Der Matthäus-Effekt spielt im Web, insbesondere im Web 2.0, eine wichtige Rolle. Frei nach dem Evangelisten kann man sagen, dass die, die viel haben, noch mehr bekommen, und die, die wenig haben, noch weniger. Ursprünglich wurde der Effekt in Bezug auf die Zitationshäufigkeit im Wissenschaftsbetrieb festgestellt, später auf Web und Web 2.0 übertragen. Suchmaschinen wie Google rücken in der Trefferliste diejenigen Websites nach oben, die bereits viel besucht werden bzw. auf die vielfach verlinkt wird. Vorschlagslisten wie Meistgelesen-Rubriken und Wortwolken (Tag Clouds) in Zeitungen und Zeitschriften locken die Leser zu häufig aufgerufenen Artikeln. Der Matthäus-Effekt wird durchaus kontrovers diskutiert, sowohl im Grundsatz als auch im Detail.

Medien

Im allgemeinen Sprachgebrauch werden unter Medien in der Regel entweder Einrichtungen zur Vermittlung von Nachrichten, Meinungen und Informationen wie Rundfunkanstalten bzw. Verlagshäuser verstanden oder Übertragungstechnologien, die der Kommunikation zwischen Personen und der Speicherung und Vermittlung von Information dienen. Beispiele für Medien im letzteren Sinne sind gedruckte Medien wie Bücher, Zeitungen oder Zeitschriften, Audiomedien wie bestimmte Compact Discs oder Tonbänder, visuelle Medien wie Dia, Film oder Video sowie neue Medien wie Computer oder Software. Massenmedien heißen Medien dann, wenn sie, von zentralen Stellen ausgehend, die Distribution von Informationen an große Gruppen erlauben. In den Kommentarbereichen, die vor allem von den Onlineausgaben der Printmedien und von Onlinezeitungen angeboten werden, kann man ein Gegengewicht einbringen und eine Mindermeinung aufscheinen lassen, sofern der Moderator dies zulässt. Soziale Medien (Social Media), eigentlich partizipative Medien, schließen Benutzer zusammen und erlauben ihnen die Verbreitung und Bewertung von Inhalten. Mehr und mehr werden sie vom Marketing ge- und missbraucht.

Mediendidaktik

Die Mediendidaktik als Teilgebiet der Didaktik befasst sich mit der Funktion und Wirkung von Medien in Lehr- und Lernprozessen und untersucht, welche Medien für diese Prozesse besonders geeignet sind und wie sie gestaltet und verwendet werden können, um Lernprozesse anzuregen und Lehrziele zu erreichen. Am Rande kann es auch um Fragen der Medien- und Informationsethik gehen.

Medienethik

Die Medienethik hat die Moral der Medien und in den Medien sowie von Medienschaffenden zum Gegenstand. Es interessieren sowohl die Arbeitsweisen und Abhängigkeiten der Massenmedien als auch die Verhaltensweisen der Benutzer von sozialen Medien. Zudem rücken Automatismen und Manipulationen durch Informations- und Kommunikationstechnologien in den Fokus, wodurch eine Nähe zur Informationsethik entsteht. Auch zur Wirtschaftsethik sind enge Beziehungen vorhanden, zumal die Medienlandschaft im Umbruch ist und die ökonomischen Zwänge stark sind.

Nach Annemarie Pieper beschäftigt sich die Medienethik mit Fragen einer korrekten Information seitens der Journalisten, Redakteure und übrigen Medienschaffenden, die auf der Basis genauer Recherchen und unvoreingenommener Berichterstattung ihrer Wahrheitspflicht nachkommen sollen. Otfried Höffe betont, dass die Medienethik vor allem unter Rückgriff auf das journalistische Berufsethos sowie aus der Perspektive der Medienpädagogik behandelt wurde; ein denkbares Paradigma für eine umfassende Disziplin könne unter Umständen eine journalistische Freiheit nach dem Vorbild der akademischen bilden. Nach Pieper disqualifizieren fingierte Fakten, einseitig selektive Nachrichten, manipulative Maßnahmen und tendenziöse Berichte den Journalismus und stehen daher im Mittelpunkt des Interesses.

Neben den Medienschaffenden sind die Maschinen aktiv, insofern sie Nachrichtenportale füttern, Zeitungen und Bücher zusammenstellen sowie Content produzieren (Robo-Content oder Robot-Content). Der Matthäus-Effekt scheint in verschiedenen Zusammenhängen zu wirken: Suchmaschinen rücken in der Trefferliste diejenigen Websites nach oben, die bereits viel besucht werden bzw. auf die viel verlinkt wird, Vorschlagslisten und Tag Clouds in Onlinezeitungen und -zeitschriften locken die Leser zu Artikeln, die bereits häufig gelesen wurden. User-generated Content und Berichte von Leserreportern ersetzen den Qualitätsjournalismus, wo er noch vorhanden ist; umgekehrt sind hochwertige neue Angebote im Internet zu finden, mit Dienstleistungen wie interaktiven Schaubildern. Live- oder Real-time-Journalismus ist offenbar das Gebot der Stunde, führt aber tendenziell zu oberflächlichen Beiträgen. Die Medienethik muss, zusammen mit Informations- und Wirtschaftsethik, auf diese Umwälzungen reagieren.

Medienkompetenz

Medienkompetenz ist die Befähigung, mit Medien aller Art souverän umgehen zu können, sie also in ihrer Vielfalt und Funktion zu kennen und in ihrer Wirkung zu beurteilen, sie aktiv einzusetzen und passiv zu gebrauchen sowie zu gestalten. Insbesondere in Bezug auf die Beurteilung der Wirkung neuer Medien bestehen Verbindungen mit der Informationsethik. Ob Medienkompetenz als eigenes Fach eingerichtet oder in die vorhandenen Curricula integriert werden sollte, ist bei Experten und Betroffenen stark umstritten. Wenig umstritten ist, dass es Medienbildung in irgendeiner Form braucht, gerade mit Blick auf neue und soziale Medien.

Medizinethik

Die Medizinethik hat die Moral in der Medizin zum Gegenstand. Eine empirische Medizinethik – jede Bereichsethik weist, wie die Ethik an sich, einen empirischen und einen normativen Teil auf – untersucht das moralische Denken und Verhalten in Bezug auf die Behandlung menschlicher Krankheit und die Förderung menschlicher Gesundheit. Eine normative Medizinethik befasst sich nach Bettina Schöne-Seifert „mit Fragen nach dem moralisch Gesollten, Erlaubten und Zulässigen speziell im Umgang mit menschlicher Krankheit und Gesundheit". Zudem kann insgesamt der Umgang mit tierischer Krankheit und Gesundheit reflektiert werden.

In der normativen Medizinethik kann, frei nach einer Einteilung von Schöne-Seifert, wie folgt gefragt werden: a) Wie ist die Autonomie von Patienten zu bewerten und zu schützen? b) Wie steht es um die Zulässigkeit
fürsorglicher Fremdbestimmung? c) Wie soll mit Patientenverfügungen
umgegangen werden? d) Was ist ein lebenswertes Leben und welchen
Wert hat das Leben an sich? e) Wie aktiv oder passiv darf man im medizinischen Kontext sein? f) Wie weit darf man in die Natur und in den Körper
eingreifen? Mit der Wirtschaftsethik sollte sich die Medizinethik ständig
austauschen, schon insofern das Gesundheitswesen unter einem hohen
ökonomischen Druck leidet. In angrenzenden Bereichsethiken wie der Altersethik und der Sterbeethik wird z.B. die Kommerzialisierung und Instrumentalisierung von Alterspflege und Sterbehilfe erforscht. Im Zentrum
der angewandten Ethik kann man die Informationsethik verorten. Einige
Fragen der Medizinethik sind angesichts technologischer Innovationen neu
zu stellen: Wie ist die Autonomie von Patienten in der Informationsgesellschaft zu schützen? Wie steht es um die Zulässigkeit fürsorglicher Fremdbestimmung im virtuellen Raum?

Mit der Entwicklung von medizinischen Apps, elektronischen Assistenz-
systemen sowie Operations-, Pflege- und Therapierobotern sieht sich die
Medizinethik vor neuen Herausforderungen. Auch die Verschmelzung von
Mensch und Maschine in sogenannten Cyborgs wird ein wichtiges Anwen-
dungs- und Forschungsfeld sein. Mediziner und Medizinethiker müssen
sich informationstechnisch weiterbilden, Informationsethiker sich im Medizinischen und Medizinethischen qualifizieren. Bei Erwerb und Nutzung
der Apps, Geräte und Roboter ergeben sich informations- und wirtschafts-
ethische Herausforderungen, z.B. hinsichtlich des Missbrauchs von Daten
und des Ausschlusses von Risikopatienten von Versicherungsleistungen.
Nicht zuletzt muss sich die Medizinethik gesellschaftlichen und politischen Diskussionen öffnen, beispielsweise solchen um die Beschneidung
von Kindern oder die Durchführung von Schönheitsoperationen.

Mehrwert

„Mehrwert" ist ein zentraler Begriff der marxistischen Lehre und bezeichnet in der Arbeitswerttheorie den Unterschied zwischen dem Wert der Ar-
beitsleistung und dem Arbeitslohn. Im Bereich der Informations- und Kommunikationstechnologien und neuen Medien meint der Begriff ein „Mehr

an Wert", wobei ein früherer bzw. alternativer Zustand oder eine einfachere Variante als Bezugspunkt genommen wird. Beispielsweise besitzt ein informationstechnisches Produkt, das veredelt wurde, einen Mehrwert, oder eine informationstechnische Dienstleistung, die man optimiert hat.

Das Mehr an Wert könnte auch im moralischen Sinne aufgefasst und mit dem Return on Morality (ROM) verbunden werden. Zum Beispiel würden ohne Giftstoffe oder Fronarbeit produzierte Smartphones unter Umständen sowohl moralisch wertvoller sein als „normale" Geräte als auch die Rendite steigern. Nebenbei wird deutlich, dass das Mehr an Wert durch ein Weniger an problematischen Substanzen, Bedingungen etc. entstehen kann, ähnlich wie bei Bioprodukten.

Meinungsfreiheit

Meinungsfreiheit ist das Recht auf freie Äußerung und Verbreitung der eigenen oder einer fremden Meinung. Sie hängt eng mit der Informationsfreiheit (Informationszugangsfreiheit) zusammen, die eine Meinungsbildung ermöglicht und unterstützt. Die UN-Menschenrechtscharta gewährleistet die Meinungsfreiheit in Artikel 19 mit folgenden Worten: „Jeder Mensch hat das Recht auf freie Meinungsäußerung; dieses Recht umfasst die Freiheit, Meinungen unangefochten anzuhängen und Informationen und Ideen mit allen Verständigungsmitteln ohne Rücksicht auf Grenzen zu suchen, zu empfangen und zu verbreiten." Die Informationsethik versucht die Idee der Meinungsfreiheit mit ihren Begriffen zu beschreiben und mit ihren Methoden zu begründen. Bei Angriffen auf die Meinungsfreiheit holt sie die unterschiedlichen Interessengruppen an einen Tisch.

Meme

Der Begriff des Mems umfasst Gedanken, Ideen, Vorstellungen, Lösungsansätze etc., die kommuniziert und mithin multipliziert werden. Mit „Mem" oder „Meme" (nach der englischen Schreibung) werden auch Phänomene bezeichnet, die sich in sozialen Medien und überhaupt in virtuellen Umgebungen in viraler Weise verbreiten und im besten (oder schlechtesten) Fall in den Köpfen der Menschen festsetzen.

Mensch

Der Mensch gehört zur Gattung Homo, mit der Art des Homo sapiens („verständiger, vernünftiger, kluger, weiser Mensch") und dessen Vorgänger Homo erectus („aufgerichteter, aufrecht gehender Mensch"). Er bewohnt seit Jahrmillionen die Erde und hat nie einen anderen Planeten besucht, wenn man vom Entsenden von Weltraumfähren und -robotern absieht; lediglich auf den Trabanten der Erde, den Mond, hat er seinen Fuß gesetzt. Als Homo oeconomicus maximiert er seinen Nutzen, ist Teil der Wirtschaft, als Produzent, Konsument oder Prosument. Als Homo politicus und Homo sociologicus ist er in ein Staats- und Gemeinwesen eingebunden, in dem er Rechte und Pflichten wahrnimmt und spezifische Handlungen ausführt, die sich auf Regierung, Verwaltung oder Gesellschaft beziehen. Im Homo faber erscheint der ein Handwerk oder eine Kunst ausübende, ein Werkzeug oder eine Technik schaffende Mensch, der damit seine Umwelt und sich selbst verändert.

Der Mensch hat sich in einem langen Evolutionsprozess nach der einen Lesart aus dem Tier heraus entwickelt, nach der anderen ist und bleibt er ein Tier. Auf die Frage, was ihn womöglich von diesem unterscheidet, hat man zahlreiche Antworten gefunden, die auf körperliche und geistige Merkmale sowie kulturelle Techniken und künstlerische Fähigkeiten verweisen. Der aufrechte Gang ist ein Beispiel, der Gebrauch von Werkzeug, der allerdings auch im Tierreich zu finden ist, ein anderes, oder die Sprachfähigkeit, die freilich auch in der Tierwelt vorhanden ist; überhaupt muss man sagen, dass sich fast jedes scheinbar eindeutige Merkmal bei längerem Nachdenken und Umschauen relativieren lässt. Man muss konkret werden, um die Grenze sichtbar werden zu lassen, das Anfertigen von Geräten und Maschinen herausgreifen, das Herstellen und Verkaufen von Produkten, das Bezahlen mit Geld, das Schreiben und Unterschreiben.

Verknüpft mit dem Menschsein wird vielfach die Moralfähigkeit. Zwar kann man bei (nichtmenschlichen) Tieren vormoralische Qualitäten annehmen, und sie können sich in altruistischer Weise um abhängige und verletzte Lebewesen der eigenen oder einer anderen Art kümmern; sie können sich aber nicht bewusst für eine böse oder gute Handlung entscheiden, sodass man feststellen muss, dass es z.B. keine bösen oder guten Haie oder Hunde gibt. Ob der Mensch als grundsätzlich gut angesehen werden kann, wird oftmals bezweifelt; seine Moral scheint nicht nur ambivalent zu sein, sondern es bestehen auch Dissonanzen zwischen Denken und Verhalten und zwischen Moral und Moralität. Im Ökonomischen wird dies immer wieder sichtbar, sei es in der Zerstörung von Lebensraum, der Ausbeutung von Arbeitskräften oder der Massentierhaltung. Sicherlich lassen sich einige Vorgänge auch mit unterschiedlichen Interessen von Personen und Gruppen erklären, und es würde zu kurz greifen, in jedem Menschen eine gewisse Schizophrenie als Motivation für das erwähnte Destruktive anzunehmen.

Der Humanismus als gesellschaftspolitisches Programm der Gegenwart betont den Menschen als vernunftbegabtes und in gewisser Weise herausragendes Wesen. Meistens wird das Tier ausgeblendet, manchmal berücksichtigt, etwa indem Verwandtschaft (zwischen den Lebewesen) und Verantwortung (des Menschen für das Tier) erkannt werden. Der Transhumanismus, an den Humanismus anknüpfend und ihn zugleich überwindend, wirbt für die selbstbestimmte Weiterentwicklung des Menschen, seine biologische, chemische und technische Erweiterung und Verbesserung, und wenn man nicht als Cyborg das ewige Leben erreicht, von dem manche Anhänger träumen, dann vielleicht, so propagieren es einige Wissenschaftler, durch die Sicherung der individuellen Gedankenwelt und des persönlichen Bewusstseins in virtuellen Speichern. Ob der unsterbliche Mensch noch ein Mensch wäre, muss diskutiert werden, und man könnte als wesentliches Merkmal höheren Lebens durchaus die Sterblichkeit des Organismus verstehen. Darüber, ob der nicht dem Tod geweihte Mensch überhaupt noch eine Umwelt antreffen würde, in der er dauerhaft existieren könnte, mag man ebenfalls debattieren.

Die Philosophie fragt mit Immanuel Kant u.a. danach, was der Mensch ist und was er wissen kann. Die Technikphilosophie widmet sich dem modernen Homo faber und den Vorstellungen und Überzeugungen des Transhumanismus und erkundet, wiederum mit dem Königsberger Aufklärer, was man hoffen darf. Die Maschinenethik entdeckt im autonomen System ein neues mögliches (überaus merkwürdiges und unvollständiges) Subjekt der Moral. In Technik- und Informationsethik kann der ausdrückliche Wunsch nach dem Cyborg ein Thema sein, wobei moralische Probleme in den Vordergrund rücken, etwa die Bevorzugung oder Schädigung der eigenen oder einer anderen Person, in Wirtschafts-, Umwelt- und Tierethik der sichtbare Wille, die Welt mit ihren natürlichen Ressourcen umzuformen und zu zerstören, wodurch das (höherentwickelte, nichtmenschliche) Tier, das Interessen und Rechte besitzt, seine Lebensgrundlage verliert, und letztlich auch der Homo oeconomicus seine Wirtschaftsgrundlage. Es sind in der Ethik die Pflichten des Menschen zu untersuchen, nicht nur seinen Mitmenschen und seinen Nachkommen, sondern auch seiner Umwelt gegenüber. Am Ende sollte deutlich werden, ob der Homo sapiens seinem Namen gerecht geworden ist.

Menschenethik

Menschenethik ist die Ethik, die die Moral des Menschen betrachtet. Bis in die heutige Zeit hinein war Ethik immer Menschenethik. Tieren kann man allenfalls vormoralische Qualitäten zusprechen. Maschinen dagegen fällen Entscheidungen, die moralisch relevant sind, und man kann ihnen eine Form der Moral beibringen; dies ist Thema der Maschinenethik, die als Pendant zur Menschenethik verstanden werden kann. Dabei ist unbestritten, dass die Subjekte der Moral ganz unterschiedlich sind und die Moral der Menschen eine ganz andere ist als die Moral der Maschinen, es sei denn, die Menschen beziehen sich stur auf einen Kodex, ein bestimmtes Regelwerk, das von Maschinen ebenfalls recht problemlos befolgt werden kann.

Mensch-Maschine-Interaktion

Die Mensch-Maschine-Interaktion (MMI), im Englischen „human-machine interaction" (HMI) genannt, behandelt die Interaktion zwischen Mensch und Maschine. Synonym oder mehr auf die Kommunikation bezogen spricht man auch von Mensch-Maschine-Kommunikation („human-machine communication"). In vielen Fällen ist die Maschine ein Computer bzw. enthält Informations- und Kommunikationstechnologien (IKT) und Anwendungs- oder Informationssysteme. Von daher existieren enge Beziehungen zur und erhebliche Überschneidungen mit der Mensch-Computer-Interaktion (MCI), im Englischen „human-computer interaction" (HCI). Spektakuläre jüngere Produkte, an denen die MMI mitgewirkt hat, sind Touchscreen und Datenbrille.

Der Fachbereich Mensch-Computer-Interaktion der Gesellschaft für Informatik (GI) in Deutschland definiert auf seiner Website unter der Überschrift „Ziele und Aufgaben" als Themen der MCI – die auch zentral für die

Mensch-Maschine-Interaktion sind – u.a. „die benutzerorientierte Analyse und Modellierung von Anwendungskontexten", „Prinzipien, Methoden und Werkzeuge für die Gestaltung von interaktiven, vernetzten Systemen" und „multimodale und multimediale Interaktionstechniken". Evaluation und Zertifizierung spielen ebenfalls eine wichtige Rolle. Zudem wird die Integration der benutzergerechten Gestaltung von Informatiksystemen in die Softwareentwicklung angeführt.

Innerhalb der MMI und neben der MCI ist die Mensch-Roboter-Interaktion („human-robot interaction") relevant. Roboter sind nicht einfach Computer; oft sind sie mobil und haben, vor allem wenn sie tier- oder menschenähnlich umgesetzt sind, einen Körper und Gliedmaßen. Ihre Art der Verkörperung („embodiment") hat mannigfache Implikationen, für Fortbewegung und Selbstlernen sowie die Mensch-Maschine-Interaktion. In der Tier-Maschine-Interaktion geht es, wenn man den Begriff analog zu demjenigen der MMI denkt, um Design, Evaluierung und Implementierung von (in der Regel höherentwickelten bzw. komplexeren) Maschinen und Computersystemen, die mit Tieren interagieren und kommunizieren. Im englischsprachigen Raum taucht der Begriff „animal-machine interaction" (AMI) durchaus auf. Der deutsche Begriff muss sich erst etablieren.

Bei (teil-)autonomen Maschinen wie Agenten, bestimmten Robotern, bestimmten Drohnen und selbstständig fahrenden Autos stellt sich die Frage nach dem adäquaten Design nicht bloß im herkömmlichen, sondern auch im sozialen und moralischen Sinne. Sie sollen sich z.B. zum Wohle ihrer Interaktionspartner verhalten und diese weder verletzen noch beleidigen. Die Maschinenethik („machine ethics", um auch hier den englischen Begriff anzubringen) begreift Maschinen als Subjekte der Moral, Menschen und Tiere als Objekte. Sie kann, wie die soziale Robotik, die sich mit (teil-)autonomen Maschinen beschäftigt, die in Befolgung sozialer Regeln mit Menschen (evtl. auch mit Tieren) interagieren und kommunizieren, eine wichtige Partnerin der Mensch-Maschine-Interaktion sein.

Die MMI gewinnt offensichtlich neue Bereiche hinzu. Für die beteiligten Disziplinen – die GI nennt auf ihrer Website, ausgehend von der Informatik, u.a. Design, Pädagogik, Psychologie, Organisations-, Arbeits- und Wirtschaftswissenschaften, Kultur- und Medienwissenschaften sowie Rechts- und Verwaltungswissenschaften (hinzuzufügen wären noch Philosophie und Ethik im Allgemeinen und Maschinen- oder Roboterethik im Besonderen sowie die Künstliche Intelligenz) – ergeben sich damit verschiedene Herausforderungen. Sie müssen sich mit bis dato unbekannten Objekten befassen, und sie müssen weitere Disziplinen wie Tierethik und Biologie neben sich zulassen. Ist die interdisziplinäre Kraftanstrengung von Erfolg gekrönt, sind innovative und disruptive Technologien zu erwarten, die auch für die Wirtschaft erhebliche Bedeutung haben, sei es als Teil cyber-physischer Systeme in der Industrie 4.0, sei es in Form von innovativen Endbenutzerwerkzeugen.

Mensch-Roboter-Kollaboration

Bei der Mensch-Roboter-Kollaboration arbeiten Mensch und Roboter eng zusammen. Sie spielt eine Rolle bei Produktion und Logistik, zunehmend auch in der Pflege. Es findet eine Arbeitsteilung statt, etwa indem sich Mensch und Roboter bei der Bearbeitung von Produkten abwechseln, wie beim Einsatz von Kooperations- und Kollaborationsrobotern in der Industrie, oder indem der Roboter benötigte Teile und Werkzeuge bringt und holt. Auch besonders schwere oder gefährliche Arbeiten kann die Maschine übernehmen. Damit der Mensch in der Nähe der Zusammenarbeit nicht zu Schaden kommt, braucht es die soziale Robotik, womöglich auch die Maschinenethik. Die Mensch-Roboter-Kollaboration ist ein Thema der Mensch-Roboter-Interaktion. Sie ist verwandt mit der Mensch-Roboter-Kooperation.

Metadaten

Unter Metadaten werden Daten über Daten bzw. zu Inhalten verstanden. Man setzt sie ein, um Ressourcen und Objekte aller Art zu beschreiben. Ein Beispiel für Metadaten sind die Angaben in Bibliothekskatalogen zur formalen und inhaltlichen Einordnung eines Mediums (Autor, Titel, Veröffentlichungsdatum, Schlagwörter und Standort).

Durch die Verbreitung des Internets und das Aufkommen des elektronischen Publizierens sind digitale Informationen in großer Menge für jedermann frei oder zumindest leicht verfügbar geworden. Metadaten stellen hier eine Möglichkeit dar, den qualitativen Zugriff auf Ressourcen und Objekte zu gewährleisten. Etwa können sie Angaben zum Urheber, zum

Kontext, zur Version und zur technischen Spezifikation beinhalten. Zudem sollen sie die Verarbeitung und Wiederverwertung ermöglichen.

Mittels Metadaten ist es auch möglich, nichttextuelle Daten wie Grafiken, Fotos, Audio- und Videodateien suchbar zu machen. Mehr und mehr setzen sich Verfahren zur direkten Analyse von Content durch. Insofern scheinen Metadaten eines Tages obsolet zu werden. Allerdings kann man mit ihnen eine hohe Präzision erreichen, und sie dienen nicht nur der Systematisierung und Strukturierung, sondern auch der Kommentierung.

Metaethik

Die Metaethik analysiert ethische Begriffe und Aussagen, nimmt sich der Methoden und Ansätze der Ethik an und fragt nach deren Sinn und Zweck. Auch die Begründung einer Bereichsethik wie der Informationsethik kann ihr zugehören. Im angelsächsischen Sprachraum versteht man unter der Metaethik eine Metamoral, in der man moralische Begriffe und Aussagen auf ihre sprachliche Form, ihren Sinn und ihre Bedeutung hin untersucht.

Microblog

Microblogs oder Mikroblogs, sozusagen kleine Blogs, wurden ursprünglich als Kurznachrichtendienste im WWW konzipiert. Man informiert sich mithilfe von Posts bzw. Tweets, die nur wenige Zeichen umfassen, oder verkündet bzw. kommentiert Neuigkeiten. Es werden auch Gespräche geführt, Witze gemacht und Werbebotschaften verbreitet. Zudem experimentieren Autorinnen und Autoren mit literarischen Kurzformen, mit Prosa ebenso wie mit Lyrik. Zu den bekanntesten Diensten gehört Twitter. Der dort entstandene Begriff für die Posts (engl. „tweet": „piepsen", „zwitschern") wird inzwischen übergreifend verwendet.

Ausgangspunkt ist der von einer Person oder Organisation betriebene Account mit einer kurzen Bezeichnung und einem kurzen Benutzernamen (dem bei Twitter ein @-Zeichen vorangestellt wird), die zusammen mit einem vorgegebenen Symbol oder selbstgewählten Bild erscheinen. Wenn man sich mit dem verifizierten oder nicht verifizierten Account verbindet, wird man zum Follower. Man sieht in seinem persönlichen Stream die aktuellen Tweets. Diese enthalten häufig Links auf externe Fotos, Filme oder weiterführende Texte. Manche Plattformen bieten den Upload von Ressourcen an.

In die Kritik geraten Microblogs wegen der starken Verkürzung von Aussagen sowie der enormen Schnelligkeit und geringen Gründlichkeit, mit der Posts abgesetzt werden. In Diskussionen kommen häufig Missverständnisse auf. Die Informationsethik befasst sich mit der Aggregation von Inhalten, mit der Anonymität der Benutzer sowie mit Shit- und Candystorm. Zusammen mit der Wirtschaftsethik untersucht sie moralische Implikationen des viralen Marketings. Tweet-Funktionen sind heute Bestandteil zahlreicher sozialer Medien.

Militärethik

Die Militärethik beschäftigt sich mit der Moral in militärischen Auseinandersetzungen und Einrichtungen. Dabei fragt sie auch im Sinne einer Individualethik nach der Verantwortung von Soldaten und Politikern. Es gibt, beim Einsatz von Kampfrobotern und -drohnen mit einem hohen Grad an Autonomie, Überschneidungen mit der Maschinenethik.

Mobile Business

Mobile Business kann als Teilbereich des E-Business verstanden werden, in dem Information, Kommunikation, Interaktion und Transaktion über mobile Endgeräte und passende Netze stattfinden. So wie E-Business mehr als E-Commerce meint, also nicht nur den Verkauf und Kauf von Produkten und Dienstleistungen, sondern auch andere Belange professioneller Beziehungen, meint Mobile Business mehr als Mobile Commerce. So ist Mobile Learning eine Ausprägung des Mobile Business, ob es sich um entgeltliche oder unentgeltliche Angebote handelt.

Zur Initialzündung des Mobile Business haben Smartphones und Tablets sowie, damit zusammenhängend, die App Stores beigetragen, über die man Software, Anwendungen für das Konsumieren von Medien sowie Produkte wie Spiele und Bücher herunterladen kann. Auch Webapps, die anders als normale Websites wirken, sind von Bedeutung. Etabliert sind

Mobile Ticketing (unter Verwendung von DataMatrix- und Aztec-Codes) und Mobile Tagging (mithilfe von QR-Codes). Zu den wichtigsten Experimentierfeldern gehören Bezahlfunktionen im Sinne des Mobile Payment. Dank der starken Verbreitung von mobilen Endgeräten und der hohen Verfügbarkeit von entsprechenden Netzen und Diensten geht E-Business immer mehr in Mobile Business auf.

Beim Mobile Business besteht der Vorteil, dass die Benutzer – anders als im WWW – relativ einfach und eindeutig identifiziert werden können. Dies ist zugleich, wegen der möglichen Durchleuchtung und Überwachung, ein Nachteil. Mehr noch als im klassischen Web wird man zum gläsernen Kunden, der sogar seinen jeweiligen Standort (der über GPS oder Funknetze festgestellt wird) oder seine persönlichen Kontakte (die auf dem Handy bzw. der SIM-Karte gespeichert sind) verraten mag. Zudem eröffnen die Nutzung von QR-Codes und der Einsatz von Augmented Reality neue Sicherheitsrisiken. Nicht zuletzt nehmen Angriffe und Spam im mobilen Bereich zu. Dennoch wird sich Mobile Business weiter verbreiten und weitere Transformationen im B2B-, B2C- und B2E-Bereich bewirken.

Moderator

Ein Moderator leitet und steuert eine Veranstaltung oder eine Sendung. Er gibt Impulse, erklärt, vermittelt, stellt Übergänge her, erteilt Redeerlaubnis und unterbricht unfruchtbare oder beleidigende Auseinandersetzungen. Er ist in Chats – dort zuweilen Operator (engl. „operator") genannt – und in Diskussionsforen sowie in Kommentarbereichen von Onlinezeitungen und Weblogs zu finden. Auch Videokonferenzen oder Sessions in Virtuellen Klassenzimmern machen aufgrund ihrer kommunikativen Möglichkeiten oft Moderatoren notwendig. Zu deren speziellen Aufgaben gehören die Überwachung der Einhaltung der Netiquette bzw. Chatiquette und die Strukturierung und Zusammenfassung von Diskussionen.

MOOC

Ein MOOC, ein Massive Open Online Course, ist ein internetbasierter Kurs, der sich an viele Teilnehmende richtet (engl. „massive": „riesig, enorm"), offen für alle (engl. „open") und meist kostenlos ist. Man unterscheidet zwischen xMOOCs („x" für engl. „extension"; die Harvard University machte mit diesem Buchstaben in ihren Verzeichnissen auf virtuelle Kurse aufmerksam) und cMOOCs („c" für „connectivism").

Vorläufer von MOOCs gab es bereits um die Jahrtausendwende. Auch im deutschsprachigen Raum experimentierten Hochschulen mit Formen, die Videos und Folien integrieren und den heutigen xMOOCs ähneln. Massive Open Online Courses erreichen Menschen mit unterschiedlichem Bildungshintergrund. In einigen Kursen sind zehntausende Teilnehmerinnen und Teilnehmer eingeschrieben. Ein xMOOC ist eher lehrerzentriert und formell, ein cMOOC eher lernerzentriert, informell und den sozialen Medien verpflichtet.

Stanford University, Massachusetts Institute of Technology (MIT) und Harvard University gehören zu den Pionieren und Referenzen. Andere Hochschulen haben sich zu Verbünden zusammengeschlossen oder beliefern mit ihrem Content professionelle Plattformen. Auf diesen kann man Kurse suchen und buchen und sich austauschen. Manche Anbieter tragen dem Bedürfnis nach Mobile Learning Rechnung.

MOOCs sind leicht zugängliche und doch anspruchsvolle Lernumgebungen. In der Kritik stehen sie wegen didaktischer Schwächen und hoher Abbrecherquoten. Unklar ist auch, was die Zertifikate wert sind, ob Marken wegen des massenhaften und schwer kontrollierbaren Geschäfts geschädigt werden und welche Geschäftsmodelle ein hochwertiges und nachhaltiges Angebot sicherstellen.

Moral

Der Begriff der Moral zielt auf die normativen Aspekte im Verhalten des Menschen gegenüber sich selbst, gegenüber anderen Menschen und gegenüber der belebten (und evtl. auch unbelebten) Umwelt. Die Moral ist wie die Sprache intersubjektiv und kann wie diese subjektiv ausgestaltet werden. Zu ihr zählen, Otfried Höffe folgend, Tabus, Verhaltensregeln, Wertmaßstäbe und Sinnvorstellungen. Die Moral ist der Gegenstand der Ethik.

Der Einsatz von IT- und Informationssystemen und die Aktionen von (teil-) autonomen Maschinen können moralische Implikationen haben und sich an moralischen Maßstäben orientieren. Die Informationsethik hat die Moral der Mitglieder der Informationsgesellschaft zum Gegenstand, die Maschinenethik die Moral der Maschinen, wobei „maschinelle Moral" ein Terminus technicus ist und die damit bezeichnete Implementierung nicht bzw. nur teilweise der menschlichen Moral entspricht.

Von religiösen Einrichtungen und totalitären Staaten wird die Moral von oben vorgegeben und als Mittel zur Machtausübung benutzt. Wird diese korrumpierte Form der Moral von den Mitgliedern bzw. Bürgern nicht befolgt, drohen Sanktionen. Viele Menschen internalisieren eine solche Moral, vor allem dann, wenn diese bereits in ihrer Kindheit zur Norm erklärt und eine Abweichung bestraft wurde.

Moralische Begründungen

Annemarie Pieper unterscheidet zwischen moralischen und ethischen Begründungen. Man kann auch von moralisch-ethischen und ethisch-philosophischen Begründungen sprechen. Denn manche der moralischen Begründungen, wie die Bezugnahme auf Tatsachen wie das Leiden, werden auch als Argumente in der Ethik benutzt, und die ethischen Begründungen und Beschreibungen sind teilweise in verschiedenen Disziplinen der Philosophie zu finden oder an deren Methoden angelehnt.

Zu den moralischen Begründungen gehören neben der Bezugnahme auf Fakten (wie die Leidensfähigkeit) die Bezugnahme auf Gefühle, mögliche Folgen, einen Moralkodex, moralische Kompetenz, eigene Gefühle und das Gewissen. Alle Begründungen können nachvollziehbar sein; manche sind schwächer, manche stärker. Zu den schwächeren zählt die Bezugnahme auf eine (oft als heilig angesehene) Schrift, da hier die rationale und emotionale Eigenleistung des moralischen Subjekts fehlt. Auch der Rat eines Ethikers in moralischen Fragen sollte mit Vorsicht genossen und angeführt werden.

Moralische Kompetenz

Nach Annemarie Pieper vermitteln sich im Begriff der moralischen Kompetenz – der Einsicht und Besonnenheit im Bereich des Praktischen sowie Entschlusskraft und Verantwortungsbewusstsein meine – Moral und Moralität. Ethikunterricht kann moralische Kompetenz erzeugen; diese muss aber nicht zu moralischem Handeln führen. Ethische Kompetenz ist Sachkenntnis in Bezug auf ethische Begriffe und Modelle.

Moralische Maschinen

Moralische Maschinen sind mehr oder weniger autonome Systeme, die über moralische Fähigkeiten verfügen. Entwickelt werden sie von der Maschinenethik, einer Gestaltungsdisziplin im spezifischen Sinne. „Maschinelle Moral" ist ein Terminus technicus wie „künstliche Intelligenz". Man spielt auf ein Setting an, das Menschen haben, und man will Komponenten davon imitieren bzw. simulieren. So kann man etwa moralische Regeln adaptieren. Moralische und unmoralische Maschinen sind nicht gut oder böse, sie haben keinen freien Willen, keine Intuition und keine Empathie.

Moralische Maschinen werden entweder als solche konzipiert oder auf der Basis von gewöhnlichen Maschinen implementiert, die den Prozess des Moralisierens durchlaufen müssen. Eine mögliche Form sind einfache moralische Maschinen. Es ist sehr schwer, komplexe moralische Maschinen zu bauen, die in offenen Welten eine Vielzahl von Situationen beurteilen können, aber relativ simpel, einfache Maschinen in einfache moralische Maschinen zu verwandeln.

Die Maschinenethik benötigt kein maschinelles Bewusstsein oder Selbstbewusstsein, um moralische Maschinen herzustellen. Man könnte damit aber auf eine neue Stufe maschineller Moral gelangen. Wenn Intuition und Empathie hinzukommen, wäre es im Prinzip möglich, menschliche Moral im Ganzen zu erreichen – ein Ziel, das im Moment jedoch weit entfernt ist und kaum angestrebt wird.

Beispiele für Konzeptionen und Prototypen sind Saugroboter, die Spinnen und Käfer verschonen, Pflegeroboter, die das Wohl des Patienten in den Mittelpunkt rücken, und Chatbots, die auf heikle Aussagen adäquat reagieren. Robotik, Künstliche Intelligenz und Informatik sind Hilfsdisziplinen der Maschinenethik, Informations- und Technikethik Reflexionsdisziplinen, die sich den Folgen der Artefakte widmen.

Eine wichtige Frage ist, welche Maschinen man moralisieren soll und welche nicht. Gerade bei komplexen moralischen Maschinen, die über Leben und Tod befinden sollen, ist Vorsicht angezeigt. Das autonome Auto könnte Menschen quantifizieren und qualifizieren, aber es gibt gute Gründe gegen den Versuch, ihm dies beizubringen. Dasselbe gilt für Kampfroboter, die zudem weitere Probleme aufwerfen, etwa in Bezug auf die Automatisierung und Ökonomisierung des Kriegs.

Moralischer Zweifel

Der moralische Zweifel lässt einen zwischen Billigung und Missbilligung einer Handlung schwanken oder Denkweisen und Handlungen einer Überprüfung unterziehen. Er ist grundsätzlich hilfreich für eine Moral, die der Rationalität Respekt erweist und der Individualität Raum lässt; im Einzelfall kann er einen auch abweichen lassen von einem vordem als richtig erkannten Weg. Im Zuge einer systematischen und wissenschaftlich fundierten Überprüfung wird der moralische zum ethischen Zweifel, der ein methodischer Zweifel ist, wie ihn René Descartes in konsequenter Weise angewandt hat. Ein Ausgangspunkt für den methodischen Zweifel kann die Frage sein, ob man dem letzten Wort von religiösen und politischen Autoritäten oder vorbehaltlos dem Natürlichen, Gewohnten oder Bewährten folgt, womit man gegen Grundprinzipien der philosophischen Ethik verstoßen würde. Der moralische Zweifel ist typisch für die Informationsgesellschaft, die sich im ständigen Umbruch befindet.

Moralisieren

Das Moralisieren ist der Ausdruck des Moralismus. In Veröffentlichungen von Oliver Bendel aus den Jahren 2013 und 2014 wird mit diesem Begriff auch das Umwandeln von Maschinen in moralische Maschinen bezeichnet. Das Moralisieren in diesem Sinne ist ein Optimieren aus maschinenethischer Sicht.

Moralismus

Im Moralismus wird das Moralische erhöht. Er hängt eng mit einer Hypermoral zusammen, die etwa Arnold Gehlen beschrieben hat. Mit „Hypermoralismus" bezeichnet Alexander Grau einen Moralismus mit totalitären Zügen. Der Moralist benutzt die Moral, um sich über andere zu erheben, und trägt seine Moralität zur Schau. Er ist ein Prinzipienreiter und als solcher in der Tugendethik und in der Pflichtenethik eher unterwegs als in der Folgenethik, wobei er deren rationale Anstrengungen im Moralisieren auflöst. Als Hypermoralist schaut er nicht nur auf andere herab, sondern misshandelt und bestraft sie im Extremfall. Der Moralismus der Informationsgesellschaft kann im Shitstorm ebenso wie im Candystorm münden.

Moralität

Moralität als Sittlichkeit ist – Otfried Höffe folgend – die Verbindlichkeit im sittlichen Denken und Handeln gegenüber anderen Menschen, gegenüber der belebten und unbelebten Umwelt und gegenüber sich selbst. Sie wendet sich an Menschen als vernunftbegabte und freie Wesen und verpflichtet sie, das moralisch Richtige zu tun, wenn dieses als solches erkannt worden ist. Bei Immanuel Kant ist die Moralität – gemäß dem „Wörterbuch der philosophischen Begriffe" – die Übereinstimmung des Willens mit dem Sittengesetz; Georg Wilhelm Friedrich Hegel macht zwischen (der nach ihm eher individuellen) Moralität und (der eher gesellschaftlichen) Sittlichkeit einen Unterschied.

Moralkritik

Friedrich Nietzsche übt fundamentale Kritik an der Moral und nimmt eine „Umwertung aller Werte" vor. Der „Sklavenmoral" der Religionen stellt er seine „Herrenmoral" gegenüber. Niklas Luhmann wirft der Moral Förderung von Gewalt sowie Nutzlosigkeit vor. Er betreibt neben Moral- auch Ethikkritik und bemerkt, dass die Disziplin weder vor der „Gewaltbereitschaft" der Moral warnt noch deren Nutzlosigkeit rügt.

Münchhausen-Maschinen

Der Begriff der Münchhausen-Maschinen wurde in den Artikeln „Der Lügenbot und andere Münchhausen-Maschinen" (2013), „Können Maschinen lügen?" (2015) und „Wenn ein Chatbot zum Lügenbot wird" (2015) erwähnt. Diesen zufolge können Roboter, Chatbots, Sprachassistenten oder Internetdienste lügen, wenn sie sprechen oder schreiben (und damit die Unwahrheit sagen) können. Vorausgesetzt wird keine Bewusstheit der (Sprech-)Handlung, allenfalls eine Absichtlichkeit. Der LÜGENBOT ist ein Beispiel für eine Münchhausen-Maschine.

Nachhaltigkeit

Nachhaltigkeit – ursprünglich ein Konzept aus der Ökologie – beinhaltet als zentralen Aspekt den umwelt- und generationenverträglichen Umgang mit Ressourcen. Die Produktion von elektronischen Geräten wie Smartphones und Tablets ist in diesem Kontext zu sehen und mit ihren moralischen Konnotationen auch Gegenstand von Umwelt-, Wirtschafts- und Informationsethik. Letztere interessiert sich im Rahmen der Generationengerechtigkeit vor allem für die Informationsgerechtigkeit.

Narrativ

Ein Narrativ ist eine Erzählung in Kulturen, Gesellschaften und Organisationen, die Werte vermittelt, Einheit schafft und Gefühle auslöst. Dabei kommt es weniger auf den Wahrheitsgehalt an, sondern mehr auf die Überzeugungskraft. Digitaler Wandel und Industrie 4.0 können als Narrative der Informationsgesellschaft aufgefasst werden.

Nearshoring

Nearshoring ist die Verlagerung betrieblicher Aktivitäten ins nahegelegene bzw. -stehende Ausland. Es kann als Sonderform von Offshoring und Gegenteil von Farshoring aufgefasst werden. Für Deutschland, Österreich und die Schweiz gelten z.B. die Ukraine, Polen und Serbien als Nearshoring-Destinationen. Bei Outsourcing steht die organisatorische Verlagerung im Vordergrund, nicht die geografische.

Bei Nearshoring werden Nachteile vermieden, die sich bei Farshoring ergeben können, etwa auf die Arbeitsweise, die Zeitverschiebung und die Erreichbarkeit bezogene Probleme. Zugleich werden Vorteile wie hohe Qualifikation in fachlicher und sprachlicher Hinsicht sowie Flexibilität mitgenommen. Mit Nearshoring wollen Unternehmen wie bei Offshoring überhaupt die Personalkosten (Löhne und Ausgaben für Aus- und Weiterbildung) senken.

Abbau von Arbeitsplätzen im eigenen Land, zunehmender Konkurrenz-
druck in der Belegschaft und durch Partnerunternehmen, erhöhte Komplexität bei Funktionen und Prozessen, gesteigerter Kommunikationsaufwand
sowie Datenschutzrisiken führen dazu, dass Nearshoring (wie Offshoring
insgesamt) in die Kritik gerät. Wirtschafts- und Informationsethik können
sich dieser Themen annehmen. Eine grundsätzliche Herausforderung ist,
dass die verstärkte Nachfrage nach Personal in einem Nearshoring-Land in
Lohnanhebungen münden und damit ein wesentlicher Anreiz für die Verlagerung wegfallen kann.

Nerd

Ein Nerd (engl. „nerd") ist ein Streber, Sonderling, Schwachkopf und Lang-
weiler, aber auch ein Fachidiot und ein Computerfreak (engl. „computer
nerd"). Ein Geek (engl. „geek") ist ein Streber, ein Außenseiter, ein Stuben-
gelehrter und ein Computerfreak. Wer ein Nerd ist, aber keiner sein will,
nennt sich gerne Geek. Inzwischen bekennen sich aber auch viele Com-
puterexperten, -spieler und -freaks sowie Techniker und Ingenieure zu der
Bezeichnung, deren Herkunft bis heute nicht geklärt ist. Der Nerd ist verantwortlich dafür, dass die Informationsethik ein nicht mehr überschauba-
res Problemfeld zu bearbeiten hat, und interessiert sich zugleich für Fragen
der Moral, was in der Hackerethik und auf Konferenzen wie der re:publica
zum Ausdruck kommt.

Netiquette

Die Netiquette regelt – wie der Begriff, eine Zusammenziehung aus engl.
„net" („Netz") und engl. „etiquette" („Etikette"), schon andeutet – das Verhalten in Computernetzwerken bzw. im Internet. Sie ist gewissermaßen
der Knigge für das Kommunizieren, Interagieren, den Umgang miteinander
in Communities, in Diskussionsforen, in Chats und im E-Mail-Verkehr und
zielt auf ein verantwortungsvolles Verhalten im virtuellen Raum insgesamt.
Da keine allgemein anerkannte Version besteht, muss man eigentlich im
Plural sprechen. Netiquetten verbieten Beleidigungen und Verfolgungen
(Cybermobbing und -stalking), rassistische und sexistische Äußerungen
oder die Aufforderung zu kriminellen Handlungen. Ein Phänomen, das seit
2013 hohe Aufmerksamkeit erzielt und ebenfalls berücksichtigt werden

muss, ist die Hassrede (Hate Speech). Internetkodizes bemühen einen breiteren Ansatz und beziehen sich auch auf Datenschutz und -sicherheit sowie Aufgaben von Betreibern.

Die Netiquette in ihren ersten Varianten entstand ursprünglich für das Usenet. Als Mutter der bekanntesten Form gilt Arlene H. Rinaldi, die an der Florida Atlantic University gearbeitet und die vorhandenen Texte und Ansätze zusammengeführt bzw. -geschrieben hat. Es finden sich darin neben verschiedenen Ausführungen zentrale Gebote wie „Du sollst nicht deinen Computer benutzen, um anderen Schaden zuzufügen", „Du sollst nicht anderer Leute Arbeit am Computer behindern" und „Du sollst nicht in anderer Leute Files stöbern". Es handelt sich um einen pragmatischen Katalog, der einerseits scheinbare Selbstverständlichkeiten benennt, andererseits durch den Hinweis auf rechtliche, soziale und moralische Aspekte eine Orientierung bietet.

In Unternehmensnetzwerken und Communities werden oft zusätzlich zu den eher allgemein gültigen Teilen spezifische, auf Unternehmenskultur und -strategie oder die jeweiligen Anforderungen bezogene Regeln eingeführt und bei Zuwiderhandlung Sanktionen ausgesprochen oder Benutzer blockiert bzw. ausgeschlossen. Rechtswissenschaft, Informatik, Soziologie und Philosophie können ihren Beitrag zur Weiterentwicklung leisten. Die empirische Informationsethik beschreibt die Netiquette in ihren verschiedenen Ausprägungen, die normative begründet sie und gestaltet sie mit. Für bestimmte virtuelle Räume haben sich begriffliche Abwandlungen etabliert, zum Beispiel die „Chatiquette" für den Chat. Auch eine Netiquette 2.0 gibt es, die auf das Web 2.0 und die Nutzung der sozialen Medien eingeht.

Netiquette 2.0

Die Netiquette 2.0 ist eine Regelsammlung, die in erster Linie für das Web 2.0 und für die mobile Welt entwickelt wurde. Das erste Gebot gemahnt an das Gleichgewicht der Namen und lautet: „Du sollst im virtuellen Raum deinen Namen nennen, wenn du einen anderen Namen nennst, und auf deiner Website, in deinem Blog und bei deinem Wiki ein Impressum führen." Das zehnte wird in anderer Weise grundsätzlich: „Du sollst Handy und Computer so oft wie möglich ausschalten und dem Gesang der echten

Vögel lauschen." Die Sätze sollen weniger zum Befolgen verpflichten, als
vielmehr zum Nachdenken anregen. Auf moralische oder ethische Begründungen wird deshalb bewusst verzichtet.

Netzaktivist

Der Netzaktivist setzt sich für Anliegen rund um das und über das Netz
ein. Das Netz ist sein Gestaltungsraum und erlaubt ihm – mittels Initiativen
und Kampagnen oder in seiner Rolle als Hacker –, Einfluss auf wirtschaftliche, politische und gesellschaftliche Entwicklungen zu nehmen. Den Netzbürger begreift er als Mitstreiter und Zuarbeiter und verlangt ihm digitalen
Gehorsam ab; mit ihm zusammen übt er sich aber auch in digitalem Ungehorsam.

Netzbürger

Der Netzbürger (auch Netizen oder Netcitizen) bevorzugt das Netz als Lebensraum und nimmt in diesem seine Freiheit und seine Verantwortung
als Bürger wahr. Er übt sich, wenn er genügend aufgeklärt und streitbar ist,
in digitalem Ungehorsam und gefällt sich, wenn er ausreichend erfahren
ist, als Netzaktivist. E-Demokratie, Informations- und Netzfreiheit gehören
zu den vornehmsten Anliegen des Netzbürgers; aber auch vor totalitären
Tendenzen ist er nicht gefeit.

Netzethik

Die Netzethik ist, Rafael Capurro folgend, ein Teilbereich der Informationsethik. Angesprochen werden die moralischen Probleme, die beim Einsatz
und bei der Nutzung von Netzen entstehen, insbesondere des Internets
und von mobilen Netzen. Die Internetethik ist ein Teilbereich der Netzethik.

Netzfreiheit

Unter Netzfreiheit wird die Freiheit des Netzes und des Netzbürgers verstanden. Ein wichtiger Aspekt ist die Informationsfreiheit. Auch Internet-

und IT-Firmen schreiben sich die Netzfreiheit auf die Fahne, selbst wenn sie diese durch Monopolisierung und Überwachung gefährden. Falsch verstandene Netzfreiheit kann in Cyberkriminalität münden.

Netzjargon

Bei der synchronen und asynchronen Kommunikation über Computer im Internet und über Handy und Smartphone (Chat, E-Mail, SMS, Instant Messaging) haben sich sprachliche Formen entwickelt, die sich von der normalen Schrift- und Umgangssprache teilweise stark abheben. Sie werden nicht von allen Benutzern verwendet, sind aber auch kein bloßer Jargon einer Subkultur mehr. Man spricht dennoch vom Netzjargon oder, mehr fokussiert, von der Internetsprache.

Smileys, klassische Emoticons und moderne Emojis, Sound- und Aktionswörter, Kleinschreibweise und Großbuchstaben, Abkürzungen bzw. Akronyme, Dialekte und Nicknames sowie Umdeutungen von Begriffen wie „Troll", „Nerd" und „Geek" sind Beispiele für die sprachliche Vielfalt im Virtuellen. Da der Netzjargon in vielen Bereichen moralisch aufgeladen ist, Wertungen und Abwertungen umfassend, ist er auch ein Gegenstand der Informationsethik.

Netzneutralität

Die Netzneutralität ist die Neutralität bei der Datenübertragung im Netz. Ein Provider, der in ihrem Sinne agiert, behandelt alle Daten gleich, unabhängig von Inhalt, Format, Herkunft und Ziel, transportiert sie also gleich schnell und in gleicher Qualität. Weder Netzbetreiber und Provider noch Benutzer sollen, auch aus Gründen der Informationsgerechtigkeit, gegen die Datengleichberechtigung verstoßen.

Neue Medien

Neue Medien, die auch digitale Medien genannt werden, basieren auf Informations- und Kommunikationstechnologien und können die Aspekte Multimedialität, Hypertextualität, Vernetztheit, Interaktivität und Adaptivität aufweisen. Beispiele sind im Allgemeinen Computer und Software, im Besonderen Internet, elektronische Bücher, Chats und Diskussionsforen. Neue Medien können in unterschiedlichen Kontexten eingesetzt werden, beispielsweise in der Unterhaltung oder für Bildungszwecke, und sind somit zunächst verwendungsneutral.

New Work

New Work ist ein Ansatz von Frithjof Bergmann, nach dem zwei Drittel der klassischen Erwerbstätigkeit ersetzt werden sollen, mit einem Drittel, das aus Arbeit besteht, nach der man wirklich strebt, und einem Drittel, das eine Kombination aus intelligentem Verbrauch und technisch hochstehender Selbstversorgung ist. Der Philosoph hatte eine Analyse des Kapitalismus vorgenommen, Skepsis gegenüber dem Kommunismus gezeigt und eine umfassende Idee von Freiheit entwickelt, Entscheidungs- und Handlungsfreiheit beinhaltend.

Eine Antwort auf Digitalisierung und Automatisierung könnte auch eine Reduktion der Arbeitszeit im Sinne von Halbtags- bzw. Teilzeitarbeit sein. Die Probleme des geringeren Einkommens und der gefährdeten Rente – heute Hauptkritikpunkte – müssten gelöst werden. Der Rest des Tages wird als Freizeit genutzt oder beispielsweise mit Freiwilligenarbeit gefüllt. Eine Verbindung mit dem Ansatz der New Work sowie mit dem des bedingungslosen Grundeigentums ist verschiedentlich möglich.

Normative Ethik

Mit Modellen der normativen Ethik, wie sie auf Aristoteles, Immanuel Kant, Johann Gottlieb Fichte, Jeremy Bentham, John Stuart Mill, Sören Kierkegaard und John Rawls zurückgehen, werden moralische Möglichkeiten eingeordnet, begründet und bewertet. Annemarie Pieper führt den transzendentalen, existenzialistischen, eudämonistischen, vertragstheoretischen, traditionalen, materialistischen und lebensweltlichen Ansatz auf.

In der Maschinenethik wird danach gefragt, welches normative Modell sich für die Entwicklung einer moralischen Maschine eignet. In der Literatur gibt man meist der transzendentalen (vor allem der deontologischen), der eudämonistischen (vor allem der teleologischen) und der traditionalen (vor allem der auf die Tugend gerichteten) Ethik den Vorzug. Eventuell ist es sinnvoll und möglich, sich neue Modelle auszudenken, die sowohl mit moralischen Maschinen als auch mit menschlichen Vorstellungen korrespondieren.

Nudging

Beim Nudging (engl. „nudging": „Anstoßen", „Schubsen" oder „Stupsen") bewegt man jemanden auf mehr oder weniger subtile Weise dazu, etwas Bestimmtes einmalig oder dauerhaft zu tun oder zu lassen. Dabei können Voreinstellungen und Standards (Defaults) ebenso zum Einsatz kommen wie Produktinformationen und Warenpräsentationen. Angestrebt werden die Verhaltensänderungen der Personen und Gruppen etwa von Unternehmen oder vom Staat. Geprägt wurde der Begriff durch das Buch „Nudge: Wie man kluge Entscheidungen anstößt" des Wirtschaftswissenschaftlers Richard Thaler und des Rechtswissenschaftlers Cass Sunstein.

Für die beiden Autoren handelt es sich um Nudging, wenn eine Fliege in einem Urinal abgebildet ist und die Männer beim Urinieren auf sie zielen, oder wenn Gesundes in einem Buffet in einer Kantine in Griffnähe ist, Süßes dagegen nicht. Nach ihrer Meinung sollte die Organspende der Normalfall sein, und wer bei seiner Person dagegen ist, muss dies schriftlich festlegen. Privacy by Default, wie es die Datenschutz-Grundverordnung (DSGVO) vorsieht, mag ebenfalls zu den Nudges gezählt werden. Ein Label für vegane und vegetarische Produkte oder eine Energieetikette liefern Informationen, die dem Konsumenten aufgeklärte, „kluge" Entscheidungen ermöglichen. Eine immer größere Rolle beim Nudging spielen Scoring, Gamification und Künstliche Intelligenz.

In moralischer Hinsicht gilt für Thaler und Sunstein, dass Nudges transparent sein müssen, man sich in einfacher Weise gegen sie entscheiden können und die Verhaltensänderung der Gesellschaft dienen sollte. In diesen Punkten kann aus Wirtschafts-, Politik- und Informationsethik heraus freilich Kritik geäußert werden, etwa mit Blick auf eine unternehmerische oder staatliche Bevormundung von Kunden und Konsumenten (Konsumentenethik), Bürgern und Benutzern bzw. die Unterordnung individueller unter gesellschaftliche Interessen. Manche Nudges führen unter Umständen nicht nur zu einer Verhaltens-, sondern auch zu einer Bewusstseins-änderung und einer Realitätsverschiebung. Wir lassen uns von sozialen Medien und Systemen der Künstlichen Intelligenz animieren und dirigieren, reagieren auf Lob und Tadel, akzeptieren Belohnungen und Geschenke, selbst wenn wir damit auf andere Druck ausüben und zu Gleichschaltung und Überwachung beitragen.

Objekt der Moral

Ein Objekt der Moral (engl. „moral patient") ist von einer Handlung betroffen, die moralische Implikationen aufweist, die z.B. gut oder böse ist in Bezug auf den Willen, der sie hervorgebracht hat. Alle Menschen sind Objekte der Moral, und alle haben Rechte (und als Subjekte der Moral auch Pflichten). Auch Tiere sind Objekte der Moral, wobei in der Tierethik umstritten ist, ob nur leidensfähige dazugehören. Dass man Tieren Rechte zugesteht, ist weithin üblich. Ob Pflanzen und Steine auch Objekte der Moral sind, wird in der Umweltethik diskutiert. Sicherlich haben sie keine Rechte, aber vielleicht einen (nicht nur finanziellen) Wert, einen Eigenwert, einen Wert an sich.

In der Regel wird mit Blick auf den Menschen (allenfalls noch mit Blick auf die Tiere) argumentiert. So könnte es moralisch fragwürdig sein, das Matterhorn zu sprengen, weil der Tourist oder der Einheimische es gerne betrachtet, oder weil es der Lebensraum für viele Lebewesen ist. Es könnte aber auch fragwürdig sein, weil ihm ein Wert zukommt, wenn ein solcher ohne religiöse und esoterische Tricks begründet werden kann. In der Informationsgesellschaft sind Objekte der Moral z.B. Benutzer von Geräten und Konsumenten im Internet. Ob Maschinen auch Objekte der Moral sein können, ob sie Rechte oder einen Wert haben sollen, untersucht die Roboterethik.

Offline

„Offline" bedeutet, dass ein Computer mit Netzanschluss (oder ein Handy) temporär oder permanent keine Verbindung zum Internet oder Intranet (oder zum Mobilfunknetz) hat. Ein Benutzer, der offline ist, arbeitet für eine bestimmte Zeit lokal oder gar nicht am Gerät bzw. ist nicht in der Lage, mit Geschäftspartnern, Freunden und Familie zu kommunizieren.

Offline zu sein, kann Unabhängigkeit von virtuellen Welten und finanzielle Ersparnisse implizieren. Oft sind offline erstellte Inhalte zu einem späteren Zeitpunkt online nutzbar; umgekehrt ist es möglich, online bestimmte Informationen auf dem Computer zu speichern und dann offline zu verwenden. Im Internetjargon bezeichnet man mit dem Begriff auch jegliches reales Tun.

Offlinebeziehungen sind Beziehungen, die nicht nur online stattfinden. Man trifft sich in Cafés, zu Hause und in Hotels. Offlinesex ist unmittelbarer Sex, kein Telefon- oder Cybersex. Inzwischen wird das Offlinesein auch als Verweigerungsform verstanden bzw. als Form der Enthaltsamkeit und – bei Onlinesucht – des Entzugs.

Online

Der Begriff „online" drückt aus, dass von einem Computer mit Netzanschluss aus aktuell eine Verbindung zu einem Server bzw. zum Internet oder Intranet besteht (oder dass ein Handy Empfang hat). Eine Person, die online ist, nutzt eine Netzverbindung, etwa um mit anderen per E-Mail, Chat oder Instant Messaging zu kommunizieren. „Online" wird oft in Wortkombinationen benutzt, wie im Falle von „Onlinezeitung" und „Onlinesucht". Der Gegensatz zu „online" ist „offline".

Onlinesucht

Computer, Smartphones und Internet bzw. damit verbundene Anwendungen und Spiele können süchtig machen. Die betroffenen Benutzer verbringen unverhältnismäßig viel Zeit vor dem und mit dem Gerät und sind nervös und gereizt, wenn sie keinen Zugriff auf Dienste und Medien haben.

Anders als bei lange bekannten Suchtformen mangelt es bei der Computer-, Handy- oder Internetsucht (auch „Onlinesucht", im Englischen „online compulsive disorder" genannt) an weithin anerkannten und eindeutig abgrenzbaren Indikatoren. Seit Juni 2018 wird immerhin die Onlinespielsucht, eine Form der Onlinesucht, von der Weltgesundheitsorganisation (World Health Organization, WHO) als Krankheit geführt.

Obwohl Phubbing, das unentwegte Starren auf das Smartphone und gleichzeitige Abweisen des Gegenübers, ein ernstzunehmendes Phänomen darstellt, das ebenfalls mit der Onlinesucht zusammenhängt, ist der Begriff selbst ursprünglich scherzhaft gemeint.

Open Content

Unter „Open Content" (dt. „freier Inhalt") werden veröffentlichte digitale Inhalte wie Texte, Bilder, Audio oder Video subsumiert, die in unterschiedlichem Umfang von Dritten verwendet werden können. Anders als der Begriff suggeriert, ist Open Content allerdings nicht immer gänzlich frei verfüg- und manipulierbar. Der Umfang der Nutzung ist vielmehr durch Bestimmungen und Lizenzen genau geregelt und mehr oder weniger stark eingeschränkt. So gibt es neben Lizenzen, die den freien Zugang und die freie Nutzung und Verwertung für alle oder für eine bestimmte Nutzergruppe festlegen, auch Lizenzen, die die freie Nutzung, nicht aber die Änderung von Inhalten erlauben. Zudem ist häufig ein kommerzieller Gebrauch untersagt. Die Open-Content-Lizenzen – wie die GNU- oder Creative-Commons-Lizenzen – gehen auf Modelle zurück, die im Rahmen der Open-Source-Bewegung entwickelt worden sind.

Ein Gefäß für Open Content ist die ebenso beliebte wie umstrittene Onlineenzyklopädie Wikipedia, deren Inhalte im Internet prinzipiell frei zugänglich, nutz- und bearbeitbar sind. Einschränkungen bezüglich Erstellung und Bearbeitung treten bei einzelnen (zur Löschung vorgeschlagenen oder gesperrten) Artikeln auf. Beispiele für frei zugängliche Inhalte, die kopiert, aber nicht verändert werden dürfen, sind die Materialien des Massachusetts Institute of Technology (MIT), die über OpenCourseWare angeboten werden, oder das Literaturprojekt Gutenberg.

Open Data

Open Data ist der Versuch, öffentliche Daten offen – also frei verfügbar und nutzbar – zu machen. Zum einen wird die Informationsfreiheit gefordert, zum anderen die Abwesenheit von Copyright und Patenten. Open Data gliedert sich damit in Bewegungen wie Open Source, Open Government und Open Education ein. Es kann bei einer massenhaften Verbreitung und Nutzung von Daten zum Phänomen des Big Data führen. Im Ausnahmefall sind auch private Daten gemeint, die veröffentlicht werden, etwa im Rahmen von Quantified Self. Der Gegenbegriff ist „Closed Data".

Operationsroboter

Mit einem Operationsroboter lassen sich Maßnahmen innerhalb einer Operation oder gar ganze Operationen durchführen. Er ist in der Lage, sehr kleine und sehr exakte Schnitte zu setzen und präzise zu fräsen und zu bohren. Er wird entweder – das ist die Regel – durch einen Arzt gesteuert, der vor Ort ist, oder er arbeitet – in einem engen zeitlichen und räumlichen Rahmen – mehr oder weniger autonom. Eine Operation ist ein mithilfe von Instrumenten und Geräten vorgenommener Eingriff am oder im Körper eines menschlichen bzw. tierischen Patienten zum Zweck der Behandlung, der Erkennung oder der Veränderung. Sie findet im besten Falle in geschützten Räumen statt, etwa in einem Krankenhaus oder einer Arztpraxis. Der Operationsroboter wurde ursprünglich mit Blick auf ungeschützte Räume geschaffen, etwa ein Schlachtfeld. Der Arzt sollte die Verwundeten aus sicherer Entfernung operieren können.

Das da Vinci Surgical System von Intuitive Surgical ist weit verbreitet und in Kliniken für die radikale Prostatektomie und die Hysterektomie zuständig. Es ist ein Teleroboter und als solcher nicht autonom oder auch nur teilautonom, kann aber z.B. das Zittern der Hände ausgleichen. Das Amigo Remote Catheter System wird bei Herzoperationen eingesetzt, das CyberKnife Robotic Radiosurgery System zur Krebsbehandlung, das Magellan Robotic System für Eingriffe in Blutgefäße. Der Smart Tissue Autonomous Robot (Star) des Sheikh Zayed Institute, ein autonomer Operationsroboter, kann Wunden mit großer Sorgfalt und Gleichmäßigkeit zunähen, ist aber noch zu langsam für den regulären Einsatz. MIRO vom DLR ist ein Roboterarm für chirurgische Anwendungen. Er ist verwandt mit Kooperations- und Kollaborationsrobotern (Co-Robots oder Cobots) in der Industrie und kann dem Chirurgen assistieren und sich mit ihm bei Tätigkeiten so abwechseln, dass beide ihre Stärken auszuspielen vermögen und ihre Schwächen ausgeglichen werden.

Zu den Vorteilen eines Operationsroboters gehört, dass die Operation meist schonender ist als bei konventionellen Verfahren und damit vom Patienten besser vertragen wird. Der Arzt kann das Operationsfeld bei vielen Apparaturen optimal einsehen und beherrschen. Zu den Nachteilen gehört, dass künstliche Operationsassistenten sehr teuer sind und nach einer zusätzlichen gründlichen Einarbeitung der bedienenden und betreuenden Personen verlangen. Überhaupt ist die Amortisierung umstritten. Aus Sicht der Ethik, etwa der Informationsethik oder Medizinethik, ist die Frage der Verantwortung zentral. Diese wird bei manchen Modellen einfach zu beantworten sein, da sie lediglich Werkzeuge des Arztes sind. Allerdings gibt es zuweilen die Option, eine definierte (Teil-)Aufgabe autonom ausführen zu lassen, und es wird eben mit autonomen Systemen experimentiert. Bei ihrem Gebrauch wäre nicht nur der Mediziner (wenn überhaupt), sondern auch der Hersteller bzw. der Entwickler in die Verantwortung zu nehmen, mithin das Krankenhaus.

© Springer Fachmedien Wiesbaden GmbH, ein Teil von Springer Nature 2019
O. Bendel, *400 Keywords Informationsethik*,
https://doi.org/10.1007/978-3-658-26664-6_16

Peer-to-Peer

Die Peer-to-Peer-Kommunikation und -Kooperation findet zwischen zwei Computern statt, ohne dass ein Server vermitteln muss. Ein solcher kann bei Bedarf zur Sicherung von Daten zur Verfügung stehen. Peer-to-Peer-Verbindungen sind für den eigenständigen, selbstbestimmten Austausch von Meinungen bzw. Dateien und damit für die informationelle Autonomie von Bedeutung.

Person

Die Person ist aus Sicht der Ethik das Subjekt der Moral, der moralische Akteur. Der Mensch kommt im Heranwachsen von der Freiheit von Entscheidung zur Freiheit der Entscheidung und wird zur Person, die Verantwortung tragen und zur Verantwortung gezogen werden kann, die nicht bloß Rechte, sondern auch Pflichten hat. Nicht jeder Mensch ist also von Anfang an eine Person in diesem Sinne, und nicht jeder muss es bis zum Ende seines Lebens bleiben. Kleinstkinder können nicht verantwortlich für etwas gemacht werden, sie haben Rechte, selbst wenn manche davon eingeschränkt sind, aber keine Pflichten; das Gleiche gilt für Demenzkranke in einem fortgeschrittenen Stadium.

Ganz anders wird der Personenbegriff von manchen Tierethikern, Tierrechtlern und Biologen gedeutet, die eine starke Ausweitung der Tierrechte (als Grundrechte) oder sogar die Anwendung der Menschenrechte auf Tiere anstreben. Für sie sind Menschenaffen, Elefanten oder Delfine durchaus Personen, etwa aufgrund ihrer Intelligenz, ihrer Kommunikationsfähigkeit und ihrer Zielorientiertheit.

Auch die Maschine kann – ein Gegenstandsbereich der Maschinenethik – Subjekt der Moral sein. Das Objekt der Moral muss keine Person, sondern mag ein Tier oder zukünftig unter Umständen auch ein Roboter sein (dafür müsste er z.B. empfinden und leiden können, ein hehres Ziel, das derzeit außer Reichweite ist). Der Benutzer ist nicht per se eine Person im engeren Sinne, und man kann in der Informationsethik fragen, ob seine Verantwortung mit seiner Medienkompetenz zusammenhängt.

In der Rechtswissenschaft deutet man Rechte und Pflichten abweichend. Ein Roboter kann im Moment keine moralischen Rechte haben, womöglich aber Ansprüche im Zivilrechtlichen. Seine Pflichten können mit der Haftung zusammenhängen. Möglich macht dies alles das Konstrukt der elektronischen Person, das von Rechtswissenschaftlern und politischen Gremien vorgeschlagen wurde.

Personalisierung

Personalisierung bezeichnet den Vorgang, eine Dienstleistung, ein Produkt, ein System oder eine virtuelle Umgebung an individuelle oder gruppenbezogene Anforderungen und Bedürfnisse anzupassen, oder das Ergebnis, zu dem der Vorgang führt. Sie ist verwandt mit der Individualisierung.

Bei Informations- und Kommunikationstechnologien und Informationssystemen mit der Fähigkeit der Adaptivität wird die Personalisierung von selbst vollzogen. Die Nutzung von Algorithmen kann zur sogenannten Filter Bubble (Filterblase) führen, vor allem bei Websites und Apps. Ansonsten ist die Anpassung Sache der Benutzer oder anderer zuständiger Personen, wobei diese meist von den Technologien unterstützt werden.

Pflegeroboter

Pflegeroboter unterstützen menschliche Pflegekräfte bzw. Betreuerinnen und Betreuer und stehen Pflegebedürftigen zur Verfügung. Sie bringen und reichen Kranken und Alten die benötigten Medikamente und Nahrungsmittel, helfen ihnen beim Hinlegen und Aufrichten oder alarmieren den Notdienst. Manche haben natürlichsprachliche Fähigkeiten, sind lernende und intelligente Systeme. Einige Patienten bevorzugen Maschinen gegenüber Menschen bei bestimmten Tätigkeiten, etwa Waschungen im Intimbereich. Andere Tätigkeiten, vor allem sozialer Art, scheinen ungeeignet für Pflegeroboter zu sein. Anders als Therapieroboter sind Pflegeroboter kaum im regulären Einsatz.

Beispiele für Entwicklungen und Prototypen sind JACO, Care-O-bot, Cody, Robear (Vorgängerversionen RIBA und RIBA-II), HOBBIT und TWENDY-ONE. JACO, ein Arm samt Hand mit drei Fingern, kann alles in Griffnähe besorgen, Care-O-bot, ein mobiler Assistent, sogar alles aus dem Nebenraum. Cody wäscht ans Bett gefesselte Patienten. Robear, der an einen Teddy erinnert, hebt sie hoch und lagert sie um, zusammen mit einem Pfleger. Der als wandelndes Infoterminal gestaltete HOBBIT soll Seniorinnen und Senioren helfen. Er soll das Sicherheitsgefühl stärken und kann Gegenstände vom Boden aufheben. TWENDY-ONE, ein humanoider Roboter, hilft Bettlägrigen beim Sichaufrichten und bei Haushaltsarbeiten. P-Rob ähnelt JACO, hat aber lediglich zwei Finger. Er kann sowohl in der Pflege als auch in der Therapie seine Funktion erfüllen. Weitere Modelle des Herstellers sind Lio, ein mobiler Roboter mit einem Arm, und P-Care, ein mobiler, humanoider Roboter mit zwei Armen.

Vorteile von Pflegerobotern sind durchgehende Verwendbarkeit, beschränkt auch in Zwischenphasen, in denen keine Pflege notwendig ist, und gleichbleibende Qualität der Dienstleistung. Nachteile sind Kostenintensität (bei möglicher Amortisation) und Komplexität der Anforderungen. Ein Pflegeroboter, der die vielfältigen Aufgaben einer Pflegekraft erledigen könnte, ist nicht in Sicht. Bereichsethiken wie Wirtschafts-, Medizin- und Informationsethik müssen Fragen dieser Art stellen: Wer trägt die Verantwortung bei einer fehlerhaften Betreuung und Versorgung durch die Maschine? Inwieweit kann diese die persönliche und informationelle Autonomie des Patienten unterstützen oder gefährden? Ist der Roboter in unpassender Weise umgesetzt, etwa in Form einer stereotyp dargestellten Krankenschwester? Ist er eine Entlastung oder ein Konkurrent für Pflegekräfte? Antworten müssen von Wissenschaft und Gesellschaft gefunden werden.

Pflichten

Man unterscheidet in der Ethik zwischen negativen und positiven Pflichten. Zum ersten Typus gehören Formulierungen wie „Du sollst/darfst nicht töten", zum zweiten Formulierungen wie „Du sollst/musst Leben schützen". Pflichten im moralischen Sinne hat man gegenüber denjenigen, die Rechte haben, womöglich auch gegenüber Wäldern und Bergen, die einen Eigenwert, zumindest aber eine schützenswerte Existenz haben. Man kann sie nur haben, wenn man prinzipiell einsichts- und empathiefähig ist, also über eine spezielle Art des Denkens verfügt und im Besitz seiner geistigen Kräfte ist. Damit kommen Pflichten nur bestimmten Menschen zu, nämlich Personen, und keinesfalls Kleinkindern oder Bewusstlosen; auch Tiere können keine Pflichten haben (allenfalls gewisse Verpflichtungen in ihrem sozialen Gefüge), genauso wenig Pflanzen, die unbelebte Natur etc.

Ob moralische Maschinen Pflichten haben, ist innerhalb der Maschinenethik und der Ethik überhaupt umstritten. Man kann vorsichtiger von Verpflichtungen sprechen oder noch besser einfach davon, dass sie bestimmte Regeln befolgen sollten. Von daher sind sie ganz spezielle Subjekte der Moral. Die Pflicht- oder Pflichtenethik stellt die Pflicht in den Mittelpunkt ihrer normativen Bemühungen. Dabei versucht sie u.a. zu klären, wann und für wen sie gilt und wie sie entsteht bzw. bestimmt werden kann. Ob der digitale Ungehorsam zu den Pflichten des aufgeklärten Netzbürgers gehört, wird in der Informationsethik diskutiert.

Philosophie

Die Philosophie (gr. „philosophía": „Weisheitsliebe") ist die Lehre vom Erkennen und Wissen und die Prinzipien- und Methodenlehre der Einzelwissenschaften, als deren Ursprung und Rahmen sie angesehen werden kann. Ihre Erkenntnisse gewinnt sie u.a. mit Hilfe der logischen, analytischen, dialektischen, diskursiven und hermeneutischen Methode, in neuerer Zeit auch in Zusammenarbeit mit empirischen Wissenschaften, mit Verhaltens- und Hirnforschung. Zu ihren heutigen Disziplinen gehören Logik, Ethik, Ästhetik und Wissenschaftstheorie. An diesen kann man ihr enormes Spektrum erkennen und ihren Brückenschlag bzw. Treppenbau zwischen formal unterschiedlichen Ansprüchen, verschiedenen (Meta-) Ebenen und einer mathematisch-naturwissenschaftlichen und geisteswissenschaftlichen Ausrichtung. Die Theologie zeigt sich meist entweder als Fremdkörper oder Feindin der Philosophie, die ihr Selbstverständnis im Kontrast zu mythologischen und religiösen Deutungen entwickelt hat. Scharf getrennt werden sie durch ihre Grundannahmen und ihre Haltung zur Rationalität.

Die Vorsokratiker der griechischen Antike verantworteten (vor-)wissenschaftliche Prognoseinstrumente und Modellbildungen, wobei das Atommodell von Demokrit hervorgehoben werden kann. Auf Sokrates, den mündlichen Philosophen, folgten Platon und Aristoteles, die sich mit schriftlichen Äußerungen gegenüber ihren Zeitgenossen und Schülern und für die Nachwelt festlegten. Aristoteles ist als früher Hauptvertreter des systematischen, wissenschaftlichen Denkens anzusehen und hat die Ethik ebenso geprägt wie die Logik. In ganz anderer Tradition erblühte die östliche Philosophie unter der Obhut des legendären Laotse und des chinesischen Konfuzius. Höhepunkte in der westlichen Philosophie als Erkenntnistheorie waren die Leistungen von René Descartes, David Hume und Immanuel Kant. In der Ethik sind neben Aristoteles u.a. Jeremy Bentham (Begründer des Utilitarismus) und Arthur Schopenhauer herauszustellen, nicht zuletzt wegen ihrer Betonung der Leidensfähigkeit und des Mitleids, über die Tiere als moralische Objekte sichtbar werden. Ludwig Wittgenstein gab Logik und Sprachphilosophie neue Impulse, Jürgen Habermas der Kritischen Theorie, welche die gesellschaftlichen und geschichtlichen Bedingungen der Theorieentwicklung untersucht. Auch die Diskursethik, die wichtig für die Informationsethik ist, ist eng mit seinem Namen verbunden. Friedrich Nietzsche und Martin Heidegger sind nicht allein als bemerkenswerte Stilisten in die Philosophiegeschichte eingegangen: Der Philologe aus Röcken hat fundamentale Moralkritik geübt („Umwertung aller Werte"), der Philosoph aus Meßkirch den Grundstein der Fundamentalontologie gelegt („Sein und Zeit").

Die Wirtschaftsphilosophie, mit Fritz Berolzheimer als geistigem Vater, behandelt die Grundlagen der Wirtschaft und – zusammen mit der Wissenschaftstheorie – die Methoden der Wirtschaftswissenschaften. Die Wirtschaftsethik hat die Moral in der Wirtschaft zum Gegenstand. Dabei ist der Mensch im Blick, der wirtschaftliche Interessen hat, der produziert, handelt, führt, ausführt (verschiedene Formen der Individualethik) und konsumiert (Konsumentenethik), und das Unternehmen, das Verantwortung gegenüber Mitarbeitern, Kunden und Umwelt trägt (Unternehmensethik). Zudem interessieren die moralischen Implikationen von Wirtschaftsprozessen und -systemen sowie von Globalisierung und Monopolisierung (Ordnungsethik). Unterschieden werden eine moralphilosophische, moralökonomische und integrative Position. In der Informationsgesellschaft ist die Wirtschaftsethik eng mit der Informationsethik verzahnt. Mehr und mehr rückt auch die Umweltethik, mitsamt der Tierethik, in den Wahrnehmungsbereich.

Die Philosophie hat einerseits ihre ehemalige Bedeutung verloren, andererseits über Sachbücher und Massenmedien neue Popularität erlangt. Ihr Potenzial wird von manchen Personen und Gruppen nicht in genügender

Weise erkannt, was mit einer Begriffsverwirrung („Philosophie" als Ausdruck der Umgangssprache mit ganz anderer Konnotation), mit der Lobbyismustätigkeit wissenschaftsfremder, esoterischer und religiöser Kreise und mit Kompetenzstreitigkeiten zu tun haben mag. Ethik z.B. wird häufig als Angelegenheit der Kirchen und der Religion missverstanden. Gläubige und Theologen zementieren die Verhältnisse, indem sie die von ihnen vertretene theonome bzw. theologische Ethik nicht als solche kennzeichnen, sich in Bereichsethiken einmischen und z.B. Ethikkommissionen sowie Ethikzentren an Hochschulen besetzen. Gerade in der Wirtschaftsethik engagieren sich religiöse Vertreter stark, wobei sie sich gerne auf untergegangene Gesellschafts- und Wirtschaftsformen und pauschale Wertvorstellungen beziehen. Vor diesem Hintergrund muss sich die Philosophie, will sie sich erneut und dauerhaft etablieren, auf ihre Wesensmerkmale besinnen, muss ihre Streitlust wiederentdecken, ihren Platz an Schulen und Hochschulen zurückerobern und sich in den gesellschaftlichen, politischen und wirtschaftlichen Diskurs einbringen, ihren methodischen Zweifel, ganz im Sinne von Descartes, auf sich und die Welt anwendend.

Phubbing

„Phubbing" (engl. „phone": „Telefon" und engl. „snubbing": „Brüskierung"), ein im Rahmen von viralem Marketing erfundener (Scherz-)Begriff, zielt auf das Phänomen, dass Benutzer ständig auf ihr Handy oder Smartphone starren, beim Essen, beim Gehen und beim Fahren, selbst wenn sie am Steuer sitzen. Der Hans Guck-in-die-Luft wird zum Hans Starr-ins-Handy oder Hans Starr-auf-das-Display. Die individuellen und sozialen Risiken können auch von der Informationsethik behandelt werden.

Pilot

Ein Pilot steuert ein Luftfahrzeug, einen Roboter oder ein Exoskelett. Der Flugzeugpilot startet, navigiert und landet den Flieger, koordiniert sich mit dem Flugverkehrsleiter und informiert Passagiere über den Flugverlauf. Der Roboterpilot benutzt den Roboter entweder als Avatar, etwa im Schulunterricht, den er krankheitshalber nicht besuchen kann, oder als Maschine, in der er sich selbst befindet und mit der er sich umherbewegt. Der Pilot des Exoskeletts richtet sich mit diesem auf oder setzt sich mit diesem hin, oder er nimmt Lasten auf und transportiert sie durch die Gegend. Der Autopilot lenkt ein Fahr- oder Flugzeug über eine bestimmte Zeit ohne Zutun des Menschen.

Piraten

Piraten sind Mitglieder der Piratenpartei, die auf regionaler, nationaler und u.a. europäischer Ebene aktiv ist und sich einsetzt für eine Stärkung der Bürgerrechte, Möglichkeiten der Mitbestimmung, die Reform des Urheberrechts und die Informationsfreiheit, mit dem Grundgedanken, dass die Informationsgesellschaft innovative Ansätze und Lösungen braucht. Die säkularen und libertinären Kräfte sind in ihr besonders stark. Manche Piraten können als Nerds angesehen werden bzw. verstehen sich selbst als solche.

Podcast

Podcasts – der Begriff setzt sich zusammen aus „iPod" und „Broadcast" – sind, technisch gesehen, Audiodateien, die sich ein Benutzer auf seinen Computer, seinen Multimedia-Player bzw. sein Smartphone laden kann. Formal und inhaltlich handelt es sich um Hörbeiträge aller Art.

Mithilfe eines Computers und eines Mikrofons lässt sich der Podcast auf einfache Weise produzieren und über das Internet distribuieren; dafür wird z.B. die Audiodatei im MP3-Format über eine Website bereitgestellt und gleichzeitig die Internetadresse im RSS-Feed veröffentlicht oder anderweitig informiert.

Um einen Podcast zu beziehen, subskribiert ein Benutzer sich für einen bestimmten Podcast-Dienst. Eine spezielle Software (z.B. ein Podcatcher) prüft ab diesem Zeitpunkt regelmäßig, ob neue Podcast-Dateien verfügbar sind, und lädt sie automatisch auf den Computer oder Multimedia-Player des Users herunter. Alternativ sucht dieser über Verzeichnisse nach Podcasts und downloadet diese bzw. streamt sie.

Ab 2015 fand ein regelrechter Boom der eigentlich schon lange bekannten Medienform statt, was mit einem veränderten Konsumverhalten und Lebensstil zu tun haben mag. Beispiele für Podcasts sind Audiotagebücher, gesprochene Briefe, Sendung und Verbreitung eigener Musik oder Radio-shows sowie Vortrags-, Interview- und Gesprächsreihen. Neben Audio-können auch Videodateien per Podcast verbreitet werden.

Portal

Portale bieten als elektronische Plattformen einen zentralen Zugang zu In-halten, Anwendungen, Funktionen und Services. Die verbreitetste Form ist das Internet- bzw. Intranetportal; es sind aber auch Portale mit anderen technologischen Grundlagen und Benutzerschnittstellen möglich, etwa Audioportale, die man über das traditionelle Telefon erreicht.

Man unterscheidet nach der Businessaktivität „Business-to-Custo-mer"-Portale (B2C) bzw. „Business-to-Consumer"-Portale, „Busi-ness-to-Business"-Portale (B2B) sowie „Business-to-Employee"-Portale (B2E). Erstere zielen als von (einzelnen oder mehreren) Unternehmen zur Verfügung gestellte Systeme auf die Bedürfnisse von Endkunden, zweitere dienen Kommunikation und Kooperation von Geschäftskunden und Unter-nehmen, letztere unterstützen als Mitarbeiterportale u.a. Arbeitsvorgänge und Weiterbildungen.

Weiter differenziert man zwischen horizontalen und vertikalen Portalen. Horizontale Portale geben Benutzern einen breiten inhaltlichen Einstieg, indem sie Informationen und Ressourcen in ganz verschiedenen Katego-rien anbieten oder vermitteln. Vertikale Portale konzentrieren sich auf ein einzelnes Thema (respektive einen Themenkomplex) oder beziehen sich auf spezifische Kundenbedürfnisse bzw. als sogenannte Prozessporta-le auf einen zu befriedigenden Kundenprozess, wie Hochzeitsportale, die vom Rendezvous bis zur Scheidung jeden notwendigen oder gewünschten Schritt begleiten.

Schließlich kann man zusätzlich zu den „normalen" Formen noch Meta-portale identifizieren. Diese geben eine Übersicht über vorhandene Por-tale in einem bestimmten Bereich, bewerten teilweise deren Angebote und Funktionen und führen zuweilen auch Inhalte zusammen, mithilfe von Redakteuren oder Maschinen (Robo-Content). Auch Metasuchmaschinen können als Metaportale aufgefasst werden.

Predictive Analytics

Bei Predictive Analytics werden historische Daten verwendet, um künftige Ereignisse voraussagen und passende Handlungen vorschlagen zu können. Dabei spielen Big Data und Machine Learning eine wichtige Rolle.

Privacy by Default

Mit Privacy by Default soll durch entsprechende Voreinstellungen bei Diensten, Geräten und Systemen die Privatsphäre bewahrt und der Datenschutz sichergestellt werden. „Privacy" ist das englische Wort für Privatsphäre und Privatheit. Es wird auch mit Blick auf den Datenschutz verwendet. Der Besitzer bzw. Benutzer kann die Einstellungen in der Regel verändern und dadurch z.B. zusätzliche Funktionen freischalten, mit dem Risiko der Beeinträchtigung der Privatsphäre und der Preisgabe und Verarbeitung personenbezogener Daten.

Privacy by Default ist neben Privacy by Design eines der wesentlichen Konzepte der Datenschutz-Grundverordnung (DSGVO). Diese vereinheitlicht die Regeln zur Verarbeitung personenbezogener Daten durch Unternehmen, Behörden und Vereine, die innerhalb der Europäischen Union einen Sitz haben. Man kann Privacy by Default als einen Aspekt von Privacy by Design (der Schutz der Daten wird schon bei der Gestaltung der Systeme berücksichtigt) oder als eigenen Ansatz auffassen (der Schutz der Daten ist durch „Werkseinstellungen" gewährleistet, kann aber durch den Anwender ausgehebelt werden).

Mit Privacy by Default soll eine Logik umgekehrt werden, die jahrzehntelang den Betrieb von Diensten und das Angebot von Geräten und Systemen beherrscht hat. Unternehmen und Behörden sind an personenbezogenen Daten interessiert, um ökonomische und informationelle Vorteile zu erlangen. Die Voreinstellungen waren daher meist in ihrem Sinne, nicht unbedingt im Sinne des Verbrauchers und Bürgers. Die Informationsethik untersucht Voraussetzungen und Auswirkungen von Privacy by Default, auch im Zusammenhang mit Informationsfreiheit und informationeller Autonomie. Die Wirtschaftsethik beschäftigt sich ebenfalls mit dem Thema.

Privatsphäre

Die Privatsphäre ist der nichtöffentliche Raum der Exklusivität und Intimität und der freien Entfaltung der Persönlichkeit, die Privatheit ihr allgemeiner Ausdruck. Zum Persönlichkeitsrecht gehört, dass niemand ohne Erlaubnis den Wohnbereich einer Person überwachen oder betreten darf. Auch die persönlichen Daten (Datenschutz) und die Abbildungen einer Person (Recht am eigenen Bild), teils auch ihrer Besitztümer, sind schützenswert bzw. geschützt. Insofern ist die Privatheit mit der informationellen Autonomie bzw. der informationellen Selbstbestimmung (als rechtliche Dimension) verbunden. Im Internet geht sie, so eine allgemeine Klage, immer mehr verloren, insofern man sich zur Schau stellt und zur Schau gestellt wird und persönliche Daten aggregiert und veröffentlicht werden. Dies ist auch ein Forschungsgegenstand der Informationsethik.

Profil

Ein Profil ist der Platzhalter und die Beschreibung eines Benutzers, etwa in Communities und Social Networks. Neben dem Namen bzw. Pseudonym gehören häufig Foto, Kontaktdaten und persönliche Interessen dazu. Man orientiert sich bei der Profilpflege am Original bzw. weicht bewusst oder unbewusst davon ab. Bei Social Networks und anderen Plattformen, die sich an ein Massenpublikum richten, haben sich besondere Phänomene herausgebildet. So ist das Foto häufig ein Selfie, ein Selbstporträt, für das man die Kamera bzw. das Smartphone in der eigenen Hand hält oder an einer Stange (Selfie-Stick) befestigt. Bei Jugendlichen, eher bei Mädchen als bei Jungen, ist die Entenschnute beliebt, eine auch als Duckface bekannte Grimasse.

Prostitution

Prostitution ist die Bereitstellung sexueller Dienstleistungen gegen Entgelt. Sie kann in Freiheit und Freiwilligkeit erfolgen oder unter Zwang (Zwangsprostitution), in Verbindung mit Menschenhandel und Sklaverei. Man spricht augenzwinkernd vom horizontalen Gewerbe (wobei es sich gerade beim schnellen Sex häufig um ein vertikales handelt), übertreibend vom ältesten Gewerbe der Welt und mehrdeutig von käuflicher Liebe. Die Exis-

tenzsicherung kann ebenso das Ziel sein wie die Beschaffung von Konsum-
und Luxusgütern (in diesem Sinne meist Gelegenheitsprostitution, wie im
Falle von Schülerinnen in Japan) oder (eher die Ausnahme) der Lustge-
winn. In der Antike trat neben der Erwerbs- womöglich die Tempelprosti-
tution auf.

Es prostituieren sich vor allem Frauen, weibliche Jugendliche und Kinder
(was zu Kindesmissbrauch führt). Sie werden umgangssprachlich bzw.
abwertend Huren, Dirnen und Nutten genannt. Begriffe wie „Liebesdiene-
rin", „Freudenmädchen" und „Bordsteinschwalbe" ironisieren und roman-
tisieren die Tätigkeit. Hetären, Mätressen, Kurtisanen und Geishas sind in
ihrer Zeit respektive ihrer Kultur mehr oder weniger angesehene Anbie-
terinnen sexueller und anderweitiger Dienstleistungen. Auch Männer und
männliche Jugendliche und Kinder nehmen sexuelle Handlungen gegen
Entgelt vor und bieten ihren Körper sowohl Männern als auch Frauen an.
Man spricht von Strichern und Strichjungen, Lustknaben und Callboys. Die
Vermittler zwischen Prostituierten und Kunden (Freiern) bzw. Kundinnen
sind die Zuhälter. Liebespuppen und Sexroboter ersetzen oder ergänzen
menschliche Prostituierte. In mehreren Ländern haben Bordelle eröffnet, in
denen ausschließlich Liebespuppen zu finden sind.

Prostitution findet in Bordellen und Laufhäusern statt, in Nachtclubs und
Striplokalen, in Privat- und Modellwohnungen – oder im Freien (Raststät-
ten, Straßenstrich), wobei Toiletten, Parkanlagen und Fahrzeuge zum Voll-
zug verwendet werden. In Swingerclubs kommen Prostituierte mit Einzelnen und Paaren zusammen. Massagestudios bieten entweder erotische
Massagen oder die ganze Bandbreite sexueller Handlungen an, ähnlich wie
Einrichtungen und Personen, die sich mit Sexualassistenz an Behinderte
und Betagte richten. Ob Pflegeroboter solche Aufgaben übernehmen sollen, wird kontrovers diskutiert. Callgirls und -boys als Selbstständige oder
Mitarbeitende von Escortservices bedienen die Kunden und Kundinnen zu
Hause oder im Hotel oder begleiten sie auf Reisen. Liebespuppen sind in
immer mehr Freudenhäusern zu finden und können über Agenturen ausgeliehen werden. Portale und Websites dienen der Werbung, Vermittlung
und Bewertung.

Tatsächlich ist das Internet zur wesentlichen Informationsquelle und Kom-
munikationsplattform in Bezug auf die Prostitution geworden. Frauen und
Männer offerieren auf eigenen Homepages und über die Websites von

Laufhäusern und Escortservices ihre Liebesdienste, Bordelle veröffentlichen den Tagesplan online und liefern Informationen zu Praktiken, Preisen und Anfahrt. Meist stellt sich jeder Sexworker mit mehreren Fotos zur
Schau. Manchmal sind die Gesichter und Geschlechter verschwommen
oder verpixelt, manchmal klar und deutlich zu erkennen; tendenziell handelt es sich um echte, wenngleich nicht ausnahmslos aktuelle Bilder. Be-
wertungsplattformen erlauben den Austausch zum Straßenstrich und zu
Etablissements und ihren Mitarbeiterinnen und Mitarbeitern.

Prosumer

Prosumer (engl. „prosumers") sind Konsumenten, die zugleich Produzenten sind, oder auch Produzenten, die zugleich als Konsumenten auftreten.
Der Begriff ist eine Zusammensetzung aus engl. „producer" und engl. „con-
sumer". Unter Verwendung deutscher Begriffe kann man von „Prosument"
(aus „Produzent" und „Konsument") sprechen.

Es gibt sozusagen schwache und starke Prosumenten. Ein schwacher ist
nur indirekt in die Produktion involviert, etwa indem er bewusst oder unbewusst seine Interessen und Vorlieben offenlegt, die entsprechend berücksichtigt werden. Ein starker Prosument ist direkt an der Produktion
beteiligt, indem er an bestimmten oder allen Schritten mitwirkt, entweder
als Teil eines Kollektivs oder als Individuum in Eigenregie bzw. im Auftrag.

Beispiele für Prosumer sind Besucher eines Wikis, die gelegentlich mit-
arbeiten, Blogger, die Beiträge anderer Blogger lesen und kommentieren,
und Kunden von Videoplattformen, die eigene Produktionen einstellen. Im
Web 2.0, im Mitmachweb, dominiert der User-generated Content, der von
Benutzern bereitgestellte digitale Inhalt. Auch Personen, die auf Ideen- und
Innovationsplattformen, auf Prämien hoffend, Vorschläge für Produkte und
Dienstleistungen einreichen, fallen unter den Begriff.

Im Kontext partizipativer, sozialer Medien wird der Prosument zum Normalfall. Phänomene wie Crowdfunding und -sourcing fördern die Verschmelzung weiter. Dabei entstehen neben offensichtlichen Chancen
verschiedene Probleme und Risiken. Der Mitarbeiter wird während seiner
Arbeitszeit oder in seiner Freizeit zum Handlanger der Konkurrenz. Der
Kunde verhilft durch seinen Vorschlag einem Produkt zum Durchbruch,

ohne dafür angemessen entschädigt zu werden. Der Profi wird durch den
Laien an den Rand gedrängt und verliert seine Bedeutung und seine Aufträge.

Pseudonym

In virtuellen Räumen – in Kommentarbereichen von Onlinemedien, in
Chats und Diskussionsforen sowie in Internetspielwelten – geben sich Benutzer oft Pseudonyme, u.a. in Form von Nicknames oder Abkürzungen, sei
es aus Gründen der Anonymität, sei es, um in eine bestimmte Rolle oder
einen bestimmten Charakter zu schlüpfen und damit in spielerischer Weise die Identität zu wechseln. Die Informationsethik untersucht den Wandel
der Selbst- und Fremdwahrnehmung und, damit zusammenhängend, der
Moralität.

QR-Code

Der QR-Code – die Abkürzung steht für „quick response" (engl. für „schnelle Antwort" oder „schnelle Reaktion") – wurde im Jahre 1994 von der japanischen Firma Denso Wave, einer Tochter von Toyota, entwickelt. Man hatte nach einer einfachen und günstigen Möglichkeit gesucht, die Autoteile in den Produktionsstätten zu markieren und automatisch ihre Position und ihre Art zu ermitteln. Der QR-Code war also ursprünglich zur Verbesserung der Logistik eines Autoherstellers gedacht. Er ist ein Hauptvertreter der 2D-Codes und besteht aus mindestens 21 mal 21 und höchstens 177 mal 177 quadratischen Elementen. Speichern kann er bis zu 7089 Ziffern.

In QR-Codes können u.a. Webadressen, Telefonnummern und freier Text enthalten sein. Es besteht die Möglichkeit, ein Logo oder ein anderes Bild zu integrieren, wobei eine gute Kenntnis des Aufbaus der in sich strukturierten Kacheln erforderlich ist und sich die Fehleranfälligkeit erhöhen kann. So wie jede Person den QR-Code mithilfe von Handys, Smartphones oder Tablets (und deren Kamera und Reader) einscannen und auslesen kann, kann sie auch ihren eigenen produzieren. Voraussetzung hierfür ist ein Generator, der als Webanwendung und lokal installierbare Anwendung für den Computer, das Handy und das Smartphone verfügbar ist. Man kann den Code, sobald er erstellt bzw. das Aussehen bekannt ist, ausdrucken und kopieren; auch wenn man ihn mit Farbe auf eine Leinwand überträgt oder in ein Getreidefeld fräst, ist er maschinenlesbar.

Ein wichtiges Anwendungsgebiet von QR-Codes ist das Mobile Tagging. Tagging bedeutet im vorliegenden Zusammenhang in der Regel, dass Objekte der physischen Welt mit zusätzlichen Informationen angereichert werden. Beispielsweise wird ein Plakat mit einem Code versehen, in dem ein Link zu einer Website mit weiterführendem Material steckt, oder auf ein Gebäude wird ein Code aufgebracht, der Informationen zu Baujahr, Höhe oder Architekt speichert. In Artikeln und Büchern verweisen QR-Codes auf ergänzende Texte, Bilder, Videos und Websites. Auch virtuelle Objekte können getaggt werden, wie eine Litfaßsäule in Second Life oder ein Prospekt auf einem Bildschirm in einem Schaufenster. Eine verbreitete Einteilung ist diejenige in Commercial Tagging, Public Tagging und Private Tagging, also in Bezug auf kommerzielle, nichtkommerzielle bzw. öffentliche und private Anwendungen. Des Weiteren kann man nach Einsatzgebieten im engeren Sinne (Tracking, Ticketing, Frankierung) differenzieren.

QR-Codes weisen verschiedene Sicherheitsrisiken auf. Das grundsätzliche Problem ist, dass man ihnen nicht ansieht, was sie beinhalten. Ein Mensch vermag kaum zwischen einem originären und einem manipulierten oder gefälschten Code zu unterscheiden. Reader und Generatoren können dazu missbraucht werden, Daten von Anwendern einzusammeln. Weiterhin ist es möglich, auf Gegenstände aufgebrachte QR-Codes zu überkleben und auszutauschen. Auf diese Weise kann ein Benutzer auf Websites mit fragwürdigen Informationen oder mit Malware gelockt und dem Anbieter auf unterschiedliche Weise geschadet werden.

Es gibt mehrere Weiterentwicklungen von Denso Wave. Ein Beispiel ist der Micro-QR-Code, der kleiner ist und weniger speichern kann. Weiterhin sind der Secure-QR-Code, der die Verschlüsselung von Daten erlaubt, und der iQR-Code in rechteckiger Form zu nennen. Mit den 3D- und 4D-Codes (die auf QR-Codes aufsetzen können) werden weitere (Offline-)Anwendungen möglich. So kann man dank der höheren Speicherkapazität Lieder, Bilder und Videos direkt im Code unterbringen. Benötigt werden geeignete Generatoren und Reader.

Qualität

Qualität ist die Güte von Produkten, Prozessen, Dienstleistungen oder auch von Kompetenzen und Handlungen von Personen. Sie setzt sich immer aus mehreren Eigenschaften zusammen, und die Qualitätsbestimmung ist stets abhängig von der Zielgruppe, den Zielen, der Umwelt und dem Ressourceneinsatz.

Grundsätzlich ist zwischen einer objektiven Qualität, die sich auf vorab definierte und messbare Eigenschaften im Erstellungsprozess oder beim fertigen Produkt bezieht, und der subjektiven Qualität, die sich in der Zufriedenheit eines Kunden oder Benutzers mit einem Produkt oder einer Dienstleistung manifestiert, zu unterscheiden.

Qualität kann entweder produkt- und dienstleistungsbezogen (mit Blick auf Funktionen und Merkmale) verstanden werden, oder kundenbezogen, also hinsichtlich der Erfüllung von Kundenbedürfnissen. Um die definierten Qualitätsziele zu erreichen, bedarf es einer Qualitätssicherung.

Qualitätssicherung

Qualitätssicherung stellt Methoden bereit, um die Qualität in allen Prozessen und für alle Produkte, Dienstleistungen und Beteiligten zu gewährleisten und zu verbessern. Qualitätssicherung kann in die drei Bereiche Qualitätsplanung, -steuerung und -kontrolle untergliedert werden. Bei der Qualitätsplanung werden die Qualitätskriterien sowie die Komponenten, auf die diese angewendet werden, bestimmt. Die Qualitätssteuerung regelt Durchführung und Überwachung der Qualitätssicherungsverfahren. Im Rahmen der Qualitätskontrolle findet eine Überwachung der Einhaltung der Kriterien sowie der sachgerechten Durchführung der Qualitätssicherungsmaßnahmen statt. In bestimmten Bereichen nennt man Qualitätssicherung auch Audit, etwa in der Ethik und in der Ökologie. Zusammenhänge gibt es mit der Evaluation.

Quantified Self

„Quantified Self" steht für Self-Tracking-Lösungen, vor allem im sportlichen und medizinischen Bereich, und eine damit verbundene Bewegung. Es werden Daten des Körpers zusammen mit anderen Daten (Zeit, Raum, Konkurrenz etc.) erfasst, ausgewertet und dokumentiert sowie teilweise – über Streamingdienste und über Erfahrungsberichte – mit anderen geteilt. Beanstandet wird Quantified Self u.a. aus Datenschutzsicht, begrüßt im Zusammenhang mit der Kontrolle von Alten und Kranken.

© Springer Fachmedien Wiesbaden GmbH, ein Teil von Springer Nature 2019
O. Bendel, *400 Keywords Informationsethik*,
https://doi.org/10.1007/978-3-658-26664-6_18

Racheporno

Ein Racheporno (engl. „revenge porn") ist eine explizite sexuelle Darstellung, die oft vom Opfer selbst oder aus seinem persönlichen Umfeld
stammt und vom Täter aus Gründen der Rache weitergegeben bzw. im
Netz verbreitet wird. Damit sind enge Beziehungen zum Cyberporn und
zum Sexting vorhanden.

Raumfahrt

Zur Raumfahrt (Weltraumfahrt) gehören Reisen und Transporte in den,
durch den und aus dem Weltraum zu zivilen oder militärischen Zwecken.
Der Start auf der Erde erfolgt in der Regel mit einer Trägerrakete. Das Raum-
schiff (Raumfahrzeug) ist, wie die Landefähre, bemannt oder unbemannt.
Das Ziel kann die Umlaufbahn eines Himmelskörpers sein, ein Trabant,
Planet oder Komet, der durch einen Astronauten respektive Kosmonauten
oder Roboter (etwa einen Rover) erkundet, oder eine Gegend, die fotogra-
fiert und analysiert wird. Nicht nur Menschen, auch Tiere wurden wiederholt ins All geschossen, Fliegen, Affen und Hunde. Raumsonden dringen
immer weiter ins Universum vor und hinterlassen immer mehr Spuren.

Die Geschichte der Raumfahrt begann 1957 mit dem sowjetischen Satel-
liten Sputnik 1. Davor hatte es jahrelange Planungen und Entwicklungen
gegeben, ganz abgesehen von fiktionalen Erkundungen von Autoren wie
Jules Verne, H. G. Wells und Stanisław Lem. Der Sputnik-Schock führte zur
Intensivierung amerikanischer Bemühungen und schließlich zum Start von
Apollo 11 im Jahre 1969 und zum Betreten des Monds durch Neil Armstrong
und Buzz Aldrin, nebenbei zur Erfindung des Internets, das als Kommuni-
kations- und Kommandonetzwerk unzerstörbar sein sollte. Die Mondlan-
dung war das erste Ereignis, das die Menschheit vor den Fernsehapparat
brachte, so wie die Lewinsky-Affäre das erste war, das die Massen in das
Internet (genauer das WWW) lockte. Die Weltraumstation MIR wurde ab
1986 aufgebaut, die ISS ab 1998. 1997 hob die europäische Rakete Ariane
1 ab. Die kommerzielle Nutzung begann früh, mit Kommunikations- und
Fernsehsatelliten.

Die Raumfahrt ermöglicht neue Ein- und Ausblicke, in Bezug auf Erde und Sonne sowie fremde Planeten und Sterne. Die Erkenntnisse, die von Astronomie bzw. Astrophysik gewonnen werden, befruchten andere Wissenschaften. Robotik und Informatik (speziell Künstliche Intelligenz) werden ständig wichtiger für die Missionen. Die Raumfahrt bedeutet die Zunahme von Müll im Weltraum. Mond, Mars und Venus werden mit Blick auf Bodenschätze betrachtet und jetzt oder künftig ausgebeutet. Das All, der Mond und der Mars gelten als touristische Ziele, die vor allem von Unternehmen erschlossen werden sollen. Die Umweltethik, die sich für gewöhnlich auf die Umwelt der Erde richtet, muss verstärkt Weltraum, Trabanten und Planeten einbeziehen. Die Informationsethik kann sich mit ihr zusammen mit den Folgen des Einsatzes von Informations- und Kommunikationstechnologien in einer unberührten, nichttechnisierten Welt befassen. Die Raumfahrt könnte sich als Rettungsanker der Menschheit erweisen, aber auch als Todesstoß für bewohnbare Planeten und Exoplaneten.

Recht am eigenen Bild

Das Recht am eigenen Bild ist das Recht einer Person, über die Veröffentlichung und Verbreitung einer Fotografie, die sie klar und deutlich zeigt, selbst bestimmen zu können. Es gilt, unterschiedlich geregelt, in mehreren europäischen Ländern. Das Erstellen des Abbilds kann das allgemeine Persönlichkeitsrecht tangieren und muss im Einzelfall beurteilt werden.

Recht auf Vergessenwerden

Das Recht auf Vergessenwerden, auch (eher missverständlich) Recht auf Vergessen genannt, steht in einem engen Zusammenhang mit der informationellen Selbstbestimmung und der (philosophisch verstandenen) informationellen Autonomie. Personenbezogene Daten, vor allem im Internet und im mobilen Bereich, sollen auf Wunsch der Benutzer gelöscht oder unzugänglich gemacht werden, damit diese nicht unzumutbar lange mit Aussagen und Vorfällen in Verbindung gebracht werden können. Die automatische Entfernung, nach einer gewissen Zeit oder nach Eintreten eines bestimmten Ereignisses, wird ebenfalls als Option gesehen.

Der Europäische Gerichtshof (EuGH) entschied am 13. Mai 2014, der Richtlinie 95/46/EG der Kommission folgend, dass das Recht auf Vergessenwerden für die Suchmaschine von Google, die über eine erhebliche Marktmacht verfügt, verbindlich ist. Benutzer in Europa können über ein Webformular des Unternehmens beantragen, dass Ergebnisse für Suchanfragen mit ihrem Namen entfernt werden, etwa solche, die mit kompromittierenden Videos oder Texten mit falschen Tatsachenbehauptungen verlinkt sind. Es wird individuell geprüft und entschieden und gegebenenfalls bei den europäischen Domains (z.B. google.de) umgesetzt. Das Recht auf Vergessenwerden ist in die Datenschutz-Grundverordnung von 2016 bzw. 2018 eingeflossen.

Das Recht auf Vergessenwerden wird kontrovers diskutiert. Die einen loben den Schutz von Betroffenen, die anderen befürchten eine Einschränkung der Meinungs- und Pressefreiheit, die Zunahme von Zensur und im Einzelfall den Streisand-Effekt. Die Praxis, dass das Unternehmen begutachtet und nicht eine Behörde oder eine unabhängige Stelle, ist umstritten, ebenso das Beharren darauf, dass die Suchergebnisse auf google.com nicht angetastet werden. Die Informationsethik untersucht, welche Personen das Recht auf Vergessenwerden in welcher Weise in Anspruch nehmen und welche moralischen Begründungen dafür gelten können sowie – mit anderer Schwerpunktsetzung auch ein Arbeitsgebiet der Informatik – welche technischen Umsetzungen adäquat sind.

Rechte

Rechte im moralischen Sinne werden in der Regel denjenigen zugesprochen, die die Fähigkeit haben zu denken oder zu fühlen. Diese muss sozusagen prinzipiell vorhanden sein, sodass auch Wesen mit eingeschlossen sind, die man vorübergehend der Fähigkeit – etwa durch Narkotisierung oder Gewaltanwendung – beraubt hat. Wer Rechte hat, hat noch keine Pflichten; diese hat nur eine Person im engeren Sinne. Denken kann die Form von Interessen (Pläne, Wünsche etc.) annehmen, Fühlen die Form von Leiden oder Glück. Die Wahrnehmung von Rechten kann in der Bewahrung von Interessen bestehen oder in der Maximierung von Glück bzw. in der Minimierung von Leiden. Der Utilitarismus in seinen verschiedenen Ausprägungen ist die dazugehörige Strömung. Existenzielle Rechte werden auch Grundrechte genannt.

Kinder sind nach der vorgetragenen Argumentation ebenso Träger von Rechten wie Tiere. Mindestens allen geborenen Menschen kommen Menschenrechte zu, mindestens allen höheren Tieren Tierrechte. Die Tierethik begründet Tierrechte oder Grundrechte von Lebewesen und sucht nach Argumenten über die Empfindungs- und Leidensfähigkeit hinaus, wie der Interessensbekundung oder dem Lebenswillen. Roboter und Computer sind keine Objekte der Moral in diesem Sinne; es ist aber nicht ausgeschlossen, dass sie es eines Tages sein werden; dass sie Subjekte der Moral sein können, ist das Thema der Maschinenethik. Ob der Zugang zum Internet zu den Grundrechten gehört, ist umstritten und wird von der Informationsethik abgehandelt.

Regulierung

Regulierung im Sinne von Marktregulierung bezeichnet nach Bernd-Thomas Ramb die „Verhaltensbeeinflussung von Unternehmen und Konsumenten durch gesetzgeberische, meist marktspezifische Maßnahmen mit dem Ziel der Korrektur bzw. Vermeidung von vermutetem Marktversagen, z.B. zur Verhinderung monopolistischen Machtmissbrauchs und ruinöser Konkurrenz". In Deutschland ist die Bundesnetzagentur für Elektrizität, Gas, Telekommunikation, Post und Eisenbahnen regulierend tätig. Nach eigener Aussage will sie nicht zuletzt Verbraucherrechte stärken. In den Medien, in der Politik und in der Wissenschaft wird die Art und Weise der Regulierung von Firmen wie Facebook, Google und Twitter diskutiert.

Reputation

Die Reputation ist der Ruf, den man hat. Sie scheint auf in der Achtung oder Anerkennung. Dass ein Benutzer einem anderen Benutzer hilft, in einem Forum oder in einem sozialen Netzwerk, kann nicht nur auf den (Hang zum) Altruismus, sondern auch auf die (Sehnsucht nach) Anerkennung zurückzuführen sein. Er oder sie will sich – in der allgemeinen Ausdeutung Otfried Höffe folgend – einen guten Ruf verschaffen, zu Ehre oder gar zu Ruhm kommen. Die Informationsethik untersucht z.B. die moralischen Aspekte von Reputationssystemen und -diensten.

Return on Morality

Die Abkürzung ROE bedeutet Return on Equity, Return on Education und, wenn man so will, Return on Ethics. Präziser könnte man im letzten Fall, wo man den erzielten Gewinn ins Verhältnis zur aufgewendeten Moral setzt, um die Rendite einer unternehmerischen Tätigkeit zu messen, von Return on Morality sprechen (ROM). Sicherlich lässt sich durch Moral (bzw. Moralität) in vielen Fällen die Rendite steigern, wie die Fair-trade-Bewegung und die Diskussion um die „saubere" Produktion von Smartphones zeigen. Gerade deshalb muss man aber aufpassen, dass sie nicht allein vom Gewinn abhängig gemacht und damit vorrangig als Feigenblattmoral geführt wird.

Revenge Editing

Revenge Editing ist das Bearbeiten aus Rache, etwa innerhalb von Wikipedia. Wer bei den Mitarbeitenden des Lexikons in Ungnade gefallen ist und dort selbst einen Eintrag zur Person hat, wird zuweilen mit Kürzung oder Löschung bestraft. Revenge Editing kann in einen Editing War, einen Redigierkrieg, münden.

RFID

Die Abkürzung RFID steht für engl. „radio-frequency identification". Sinn und Zweck von RFID-Systemen ist die automatische Identifizierung und Lokalisierung von Dingen, Tieren und Menschen. Mehr und mehr bringt man Funkchips unsichtbar in Schuhen und Kleidungsstücken und an sonstigen Alltagsgegenständen an. Diese werden zu einem Teil des Internets der Dinge oder zu Objekten für Tracking- und Überwachungssysteme. Insofern ist RFID auch ein Thema der Informationsethik. Der Kern des TFRGL-Konzepts ist, dass bestimmte Technologien entfernt oder vermieden werden, etwa Funkchips in Kleidung und Tieren, um die Selbstbestimmung zu stärken und die Belastung für Mensch und Umwelt zu reduzieren.

Ring des Gyges

Gyges war ein König in Kleinasien im 7. Jahrhundert vor unserer Zeitrechnung. Bei Platon ist er ein Hirte, der mit Hilfe eines Rings, mit dem er sich unsichtbar machen kann, zum König wird. In moralischer Hinsicht fragt sich, was man mit solchen magischen Kräften anfangen würde, ob man den Versuchungen widerstehen könnte oder seine Macht missbrauchen würde.

Die Anonymität im virtuellen Raum gemahnt an den legendären Schmuck. Ein virtueller Ring des Gyges könnte angesichts zunehmender Überwachung nicht nur in der Virtualität des Netzes, sondern auch in der Realität der Städte nützlich sein. Tatsächlich sind Möglichkeiten bekannt, ein Bild von seinem Gesicht bzw. die damit zusammenhängende Gesichtserkennung zu verhindern, beispielsweise mit einer speziellen Brille wie dem PrivacyVisor, und es wird Lösungen brauchen, um die Datenbrille zu blockieren, die Passanten mit Social-Media-Informationen versieht.

Roboselfie

Roboselfies (auch Robot Selfies genannt) sind Selfies, die von Robotern angefertigt werden. Weltraumroboter sind in diesem Bereich Pioniere. Seit den 1970er-Jahren nehmen sie sich selbst auf, erst eher unabsichtlich, dann mehr und mehr absichtlich wie der Mars-Rover Curiosity. Die Ingenieure müssen wissen, ob die Außenhaut und die Werkzeuge intakt sind. Sie vertrauen nicht nur Kontrollfunktionen und Messdaten, sondern lassen sich auch Selbstporträts schicken. Andere Roboter können mit Hilfe von Selfies im Prinzip ihre Mimik und Gestik verbessern, was für die soziale Robotik und am Rande auch für die Maschinenethik von Belang ist.

Roboter

Roboter sind nach Thomas Christaller sensumotorische (sensomotorische) Maschinen zur Erweiterung der menschlichen Handlungsfähigkeit. Entsprechend bestehen sie aus mechatronischen Komponenten, Sensoren und rechnerbasierten Kontroll- und Steuerungsfunktionen. Die Komplexität eines Roboters unterscheidet sich nach dem selben Autor deutlich von anderen Maschinen durch die größere Anzahl von Freiheitsgraden und die Vielfalt und den Umfang seiner Verhaltensformen. Mit dem Begriff der Freiheitsgrade sind Achsen bzw. Gelenke angesprochen.

Neben der Erweiterung der Handlungsfähigkeit wäre die Abschaffung der Arbeitsmöglichkeit, die teilweise oder vollständige Ersetzung des Menschen durch die Maschine, zu nennen. Auch die Entscheidungsfähigkeit ist mehr und mehr von Relevanz, und die menschliche Autonomie, die wiederum an die Freiheit (auch von der Fremdgesetzlichkeit) denken lässt, wird durch die maschinelle (die einen anderen Charakter hat) verdrängt.

Unterscheiden kann man Roboter in verschiedene Typen wie Industrieroboter, Serviceroboter, Weltraumroboter und Kampfroboter, zudem in Hardwareroboter – zu denen die genannten Arten zählen – und Softwareroboter wie Chatbots, Social Bots, Agenten und Crawler. Seit einigen Jahren wird eine Brücke geschlagen zwischen Industrie- und Servicerobotern, und man darf sagen, dass Kooperations- und Kollaborationsroboter sozusagen Spuren des zweitgenannten Typs enthalten bzw. dass sie in der Regel Industrieroboter sind, aber auch als Serviceroboter auftreten können, etwa im Pflegebereich.

Roboterauto

Selbstständig fahrende oder autonome Autos bewegen sich als Prototypen durch die Städte und Landschaften, in den USA genauso wie in Europa und Asien. Umgangssprachlich werden sie als Roboterautos bezeichnet. Sie nehmen dem Fahrer (bzw. dem Insassen) wesentliche oder sogar sämtliche Aktionen ab. Ein Verkehr, der von Wagen dieser Form geprägt wird, ist eine Vision, allerdings eine, deren Umsetzung von Herstellern und anderen Unternehmen verfolgt, von verschiedenen Disziplinen erforscht und in Gesellschaft und Medien eifrig diskutiert wird sowie technisch gesehen ohne Weiteres möglich ist. Vorstufen sind das assistierte sowie teil- und hochautomatisierte Fahren.

Ziele des Einsatzes von selbstständig fahrenden Autos sind Erhöhung der Fahrsicherheit, Steigerung des Fahrkomforts und Verbesserung der Effizienz (z.B. durch Senkung des Verbrauchs). Einige Systeme sind so konzipiert, dass der Insasse sie temporär deaktivieren kann, sodass eine manuelle Steuerung bzw. eine individuelle Anweisung möglich wird. Dies hat nicht zuletzt haftungs- und sicherheitstechnische Gründe. Manche Produzenten verzichten aber auch bewusst auf Lenkrad und Gaspedal, mit dem Argument, dass menschliche Aktionen nicht notwendig oder nicht erwünscht sind. Die Freiheit, die für andere Tätigkeiten entsteht, wird von Wissenschaft und Wirtschaft untersucht. Man überlegt beispielsweise, die Sitze wie in Straßenbahnen oder Zügen anzuordnen und Bildschirme zur Unterhaltung und für die Arbeit einzubauen.

Die Informationstechnologie im Automobil, die sogenannte Car IT, nimmt in diesem Fall breiten Raum ein. Das selbstständig fahrende Auto ist ein rollender Computer und, wie der alternative Name sagt, ein Roboter, und zwar einer, der mobil ist, seine Umwelt beobachtet und seine Schlüsse daraus zieht. Wichtig ist die Car-to-Car Communication, die Kommunikation zwischen autonomen sowie zwischen autonomen und konventionellen, aber mit IT angereicherten Fahrzeugen. Diese verständigen sich hinsichtlich ihrer Abstände, sowohl innerhalb der Spur als auch von Spur zu Spur, der Dichte des Verkehrs sowie der Gefahren in der näheren und weiteren Umgebung. Möglich könnte eine selbstständige Einigung sein, z.B. wenn ein geparktes Auto beschädigt wurde. Ein übergeordneter Rahmen ist die Maschine-Maschine-Kommunikation. Selbstständig fahrende Autos sind eingebunden in ein Netzwerk, das Internetanwendungen, u.a. das Internet der Dinge, und Informationssysteme aller Art umfasst.

Fahrerassistenzsysteme (FAS) stellen wichtige Bausteine des selbstständig fahrenden Autos dar. Sie unterstützen den Lenker von PKW und übernehmen in bestimmten Situationen seine Aufgaben. Es handelt sich mehrheitlich um Car IT, die mit Ein- und Ausgabegeräten (auditiv oder visuell realisiert) gekoppelt ist und Zugriff auf ausgewählte Komponenten und Funktionen der Fahrzeuge hat. Beispiele sind Antiblockiersystem (ABS), elektronisches Stabilitätsprogramm (ESP), Lichtautomatik, Scheibenwischerautomatik, Verkehrszeichenerkennung, elektrische Feststellbremse, Bremsassistent, Notbremsassistent, Stauassistent, Spurwechselassistent, Spurwechselunterstützung, intelligente Geschwindigkeitsassistenz, Abstandsregeltempomat, Abstandswarner, Reifendruckkontrollsystem und Einparkhilfe. Die Akzeptanz gegenüber FAS ist hoch, und Wert und Preis von Autos werden immer mehr von ihnen bestimmt.

Autonome Autos können nach Ansicht verschiedener Experten die Unfall-
zahlen senken und Staus vermeiden helfen, insbesondere bei einer weiten
Verbreitung und starken Vernetzung. Der eine oder andere spricht sich
allerdings dafür aus, dass sie nur in festgelegten Bereichen – auf der Not-
fallspur der Autobahn oder auf speziellen Trassen – und zu festgelegten
Zeiten fahren dürfen. Ein vollkommen automatisierter und autonomisierter
Verkehr würde weitgehende Entscheidungen der Fahrzeuge, nicht zuletzt
in moralisch relevanten Situationen, erforderlich machen. Diesbezüglich
ist die Maschinenethik gefragt, die sich mit der Moral von Maschinen befasst. Der robotergeprägte Verkehr wird anhand klassischer Gedanken-
experimente und theoretischer Dilemmata wie des Trolley- und des Fet-
ter-Mann-Problems sowie mit Blick auf praktische Dilemmata diskutiert.
Gefragt ist zudem die Informationsethik, etwa in Bezug auf die informationelle Autonomie der Insassen, die Fahrzeug- und die Datensicherheit.
Informations- und Technikethik können sich mit der persönlichen Autonomie befassen, z.B. mit dem Verlust menschlicher angesichts zunehmender
maschineller Autonomie, und auch mit dem Wegfall der Freude am Fahren.

Roboterauto-Problem

Das Trolley-Problem ist ein Gedankenexperiment der britischen Philosophin Philippa Foot. Eine außer Kontrolle geratene Straßenbahn rast auf fünf
Personen zu. Sie kann auf ein anderes Gleis umgeleitet werden, auf dem
sich ein weiterer Mensch aufhält. Darf man dessen Tod in Kauf nehmen,
um das Leben der Gruppe zu retten? Im Verkehr der Zukunft stellt sich die
Frage neu. Bei einem autonomen Auto versagen die Bremsen. Die Alternativen mögen ähnlich wie beim Trolley-Problem sein. Das Auto steuert auf
fünf Personen zu. Es könnte zu einer Seite ausweichen. Dort steht ein einzelner Mann, der nicht mehr wegspringen kann. Bei einer Geradeausfahrt
würden sich mehrere Tote nicht vermeiden lassen. Wie soll die Entscheidung ausfallen? Das Roboterauto-Problem der Maschinenethik entspricht,
bis auf die Ersetzung des Menschen durch die Maschine, in dieser Form im
Wesentlichen dem Original.

Eine etwas komplexere Form wurde dem Roboterauto-Problem im Jahre
2012 gegeben, mit Blick auf einen Beitrag („Towards Machine Ethics") für
eine Konferenz der Technikfolgenabschätzung Anfang 2013 in Prag. Das
Roboterauto muss sich – ebenfalls im Rahmen eines Gedankenexperi-

ments – zwischen dem Bürgermeister auf dem linken Gehsteig, der Bürgerrechtlerin in einem zweiten autonomen Auto und einer Gruppe spielender Kinder auf dem rechten Gehsteig entscheiden. Dies macht es mit Hilfe einer Formel, die quantifizieren und qualifizieren kann. Es trifft den Bürgermeister. Im Vortrag wurde betont, dass eine moralische Maschine nicht über Tod und Leben von Menschen befinden soll, schon gar nicht, indem sie quantifiziert und qualifiziert.

Roboterethik

Die Roboterethik ist, so eine mögliche Auslegung, eine Keimzelle und ein Spezialgebiet der Maschinenethik. Gefragt wird danach, ob ein (weitgehend autonomer) Roboter ein Subjekt der Moral sein und wie man diese implementieren kann. Im Fokus sind auch mimische, gestische und natürlichsprachliche Fähigkeiten, sofern diese in einem moralischen Kontext stehen. Man kann indes nicht nur nach den Pflichten (oder, schwächer formuliert, Verpflichtungen bzw. Aufgaben), sondern ebenso nach den Rechten der Roboter fragen. Allerdings werden ihnen – im Gegensatz zu Tieren – solche üblicherweise nicht zugestanden. Nicht zuletzt kann man die Disziplin in einem ganz anderen Sinn verstehen, nämlich in Bezug auf Entwicklung und Herstellung und die Folgen des Einsatzes von Robotern, und in ihr Richt- und Leitlinien für den Gebrauch erarbeiten. In dieser Ausrichtung mag man sie in Technik- und Informationsethik verorten.

Die Robotik oder Robotertechnik beschäftigt sich mit dem Entwurf, der Gestaltung, der Steuerung, der Produktion und dem Betrieb von Robotern. Sie muss, was die Wirkung von Emotionen und die Glaubwürdigkeit von Aussagen, Handlungen und Bewegungen angeht, eng mit der Psychologie und der Künstlichen Intelligenz (KI) zusammenarbeiten. Je mehr ein Roboter durch sein Aussehen verspricht, desto perfekter muss er umgesetzt sein, damit er nicht unheimlich wirkt (Uncanny-Valley-Effekt). Das betrifft auch Fragen der Moral; von einem humanoiden Roboter erwartet man adäquate Aussagen und Entscheidungen. Bei hohen Ambitionen in diesem Kontext muss sich die Robotik mit Roboter- und Maschinenethik zusammentun, nicht ohne kritische Fragen von Technikethik und Informationsethik zuzulassen.

Über moralische Maschinen haben nicht bloß Wissenschaftler, sondern auch Schriftsteller nachgedacht. Robotiker, KI-Experten und Philosophen beziehen sich gerne auf den Science-Fiction-Autor Isaac Asimov und seine drei Robotergesetze („Three Laws of Robotics"), die in einer Kurzgeschichte aus dem Jahre 1942 enthalten sind. Der Katalog ist hierarchisch aufgebaut und gibt so eine Priorisierung vor. Nach dem ersten Gesetz darf kein Roboter einen Menschen verletzen oder durch Untätigkeit erlauben, dass ein menschliches Wesen zu Schaden kommt. Nach dem zweiten muss ein Roboter den ihm von Menschen erteilten Befehlen gehorchen, es sei denn, einer der Befehle würde mit dem ersten Gesetz kollidieren. Nach dem dritten muss ein Roboter seine Existenz schützen, solange er dabei nicht mit dem ersten oder zweiten Gesetz in Konflikt kommt. Asimov hat in einem späteren Werk den Katalog erweitert und modifiziert. Aus wissenschaftlicher Sicht sind die Robotergesetze, so durchdacht und visionär sie sein mögen, nicht befriedigend.

Wenn es um die Moral von (und gegenüber) Maschinen ging, war man lange Zeit auf Roboter fokussiert. Zum einen erfüllten sie die Anforderung, mehr oder weniger autonome Systeme zu sein (wenn man Teleroboter einmal ausnimmt), zum anderen erweckten sie – gerade wenn es sich um humanoide Roboter handelte – den Eindruck, als müssten sie in sittlicher und sozialer Hinsicht mehr leisten können als normale Maschinen. Als sich zu den Robotern weitere (teil-)autonome Maschinen wie Softwareagenten, Chatbots, bestimmte Drohnen, Computer im automatisierten Handel und selbstständig fahrende Autos gesellten, war es vorbei mit der Einzigartigkeit. Der Vielfalt von Systemen mit ihren unterschiedlichen Möglichkeiten widmet sich die Maschinenethik, wobei sich diese auf Maschinen als Subjekte der Moral konzentriert. Der Begriff der Roboterethik wird sicherlich nicht verschwinden, allenfalls verstärkt auf Roboter als Objekte der Moral und als Verursacher von Problemen und Herausforderungen angewandt.

Robotergesetze

Über die Moral von Maschinen haben nicht nur Wissenschaftler, sondern auch Schriftsteller nachgedacht. Robotiker, KI-Experten und Philosophen sowie Technikjournalisten beziehen sich im Kontext von Roboter- und Maschinenethik gerne auf den Science-Fiction-Autor Isaac Asimov und seine berühmten Robotergesetze bzw. Gesetze der Robotik („The Three Laws of Robotics"), die in der Kurzgeschichte „Runaround" aus dem Jahre 1942 und in weiteren Shortstorys enthalten sind.

Der Katalog ist hierarchisch aufgebaut und gibt so eine Priorisierung vor. Nach dem ersten Gesetz darf kein Roboter einen Menschen verletzen oder durch Untätigkeit erlauben, dass ein menschliches Wesen zu Schaden kommt. Nach dem zweiten muss ein Roboter den ihm von Menschen erteilten Befehlen gehorchen, es sei denn, einer der Befehle würde mit dem ersten Gesetz kollidieren. Nach dem dritten muss ein Roboter seine Existenz schützen, solange er dabei nicht mit dem ersten oder zweiten Gesetz in Konflikt kommt. Asimov hat in einem späteren Werk den Katalog erweitert und modifiziert. Zudem spricht er in der 1974 erschienenen Geschichte „... That Thou Art Mindful of Him" von den „Three Laws of Humanics", erdacht von Robotern, die die Macht an sich reißen wollen.

Es ist beim Heranziehen der Robotergesetze zu bedenken, dass diese eben für den fiktionalen, nicht den realen Kontext geschaffen wurden. Die Regeln erfüllen damit primär eine Funktion in einer Geschichte, können dort (und in der Literaturwissenschaft) thematisiert und kritisiert werden. Natürlich darf man sich von ihnen inspirieren lassen, und es ist häufig sinnvoll, gerade bei moralischen Maschinen, von bestimmten Metaregeln oder Prinzipien auszugehen.

Roboterphilosophie

Roboterphilosophie (engl. „robot philosophy" oder „robophilosophy") ist ein Teilgebiet der Philosophie, das sich mit Robotern (Hardware- und Softwarerobotern) sowie mit Erweiterungsoptionen wie künstlicher Intelligenz befasst. Dabei geht es vor allem (aber nicht nur) um mehr oder weniger autonome Serviceroboter, Pflege-, Transport- und Kampfroboter eingeschlossen, und um Chatbots und virtuelle Assistenten, und nicht allein um die Entwicklungs-, sondern auch die Ideengeschichte, angefangen bei den Werken von Homer und Ovid bis hin zu Science-Fiction-Büchern und -Filmen. Beteiligt sind Disziplinen wie Erkenntnistheorie, Ontologie, Ästhetik und Ethik, darunter Roboterethik und Maschinenethik; die Technikphilosophie kann einerseits als übergeordnete Instanz verstanden werden, andererseits auch als gleichgestellte, insofern sie Roboter meist lediglich als technische Hilfsmittel und weniger als künstliche Mitgeschöpfe und Zeitgenossen begreift und die Roboterphilosophie mit ihrer spezifischen Perspektive neben sich braucht. Die Philosophie ist die Lehre vom Erkennen und Wissen und die Prinzipien- und Methodenlehre der Einzelwissenschaften, als deren Ursprung und Rahmen sie angesehen werden kann, durchaus auch von Robotik und Informatik.

Die Roboterphilosophie wendet ihren Blick scheinbar zunächst weg vom Menschen (den sie freilich ständig als Vorbild bemüht) und stellt Fragen zu den Eigen- und Beschaffenheiten von Robotern. Kann der Begriff der Autonomie sinnhaft auf diese angewandt werden? Können sie eines Tages, mittels Sensoren und Formen der künstlichen Intelligenz, Bewusstsein erlangen? Können sie eines Tages denken, fühlen und leiden? Wie Menschen, wie Tiere oder in anderer Weise? Was können sie (wiederum im Vergleich zu Menschen, nach denen die Philosophie im Allgemeinen fragt) erkennen und wissen? Wie wichtig ist ihr funktionsfähiger Körper, sind mimische und gestische Fähigkeiten? Sollen Roboter wie Menschen gestaltet werden, als Androiden, oder wie Tiere – oder als abstrakte Gebilde? Zusammen mit der Roboterethik untersucht die Roboterphilosophie die Möglichkeit von Rechten von Robotern, zusammen mit der Maschinenethik von Pflichten, wobei diese ebenso schwächer als Verpflichtungen oder einfach als Vorschriften, die Maschinen einzuhalten haben, gedeutet werden können. Selbstlernende Systeme sind allerdings in der Lage, eigene moralische Haltungen (im weitesten Sinne) einzunehmen, was wiederum von der Roboterphilosophie erörtert werden mag. Diese fragt zudem, zusammen mit Informationsethik, Technikethik, Roboterethik, Wirtschaftsethik und Technikfolgenabschätzung, nach den Folgen des Einsatzes von Robotern, etwa dem Vorhandensein, der Veränderung und der Bewertung menschlicher Arbeit. Dabei geht es nicht bloß um Service-, sondern auch um Industrieroboter.

Robotiker warnen regelmäßig davor, (Hardware-)Roboter und künstliche Intelligenz gleichzusetzen. Tatsächlich haben Robotik und Künstliche Intelligenz (KI) eine unterschiedliche Entstehungsgeschichte, und ihre Entwicklungen müssen zunächst getrennt betrachtet werden. Ohne Zweifel können Roboter aber dank der Teildisziplin der Informatik ganz neue Möglichkeiten gewinnen, und bei einer entsprechenden Integration wirken sensomotorische Einheit und künstliche Intelligenz zusammen. Bei Softwarerobotern und KI-Systemen besteht häufig eine noch engere Beziehung, bis hin zur Verschmelzung. Andere Experten beanstanden die Überhöhung von Robotern. Diese sind und bleiben sicherlich Maschinen (selbst wenn sie in Organismen eingepasst werden, sodass Cyborgs resultieren), und es kann zum Beispiel nicht überzeugend begründet werden, warum sie Rechte erhalten sollten; eine Leidensfähigkeit etwa ist derzeit nicht in Sicht. Unbestritten kann man ihnen moralisch begründete Regeln einpflanzen, ohne dass sie ein Bewusstsein davon haben, was sie tun und warum sie es tun. Eine weitere Kritik betrifft das Reden über Roboter. Einige Experten sind der Meinung, dass diese nicht entscheiden, nicht handeln etc. Allerdings wird es schwierig bei einer solchen Striktheit, überhaupt über bestimmte Roboter zu sprechen, und vermutlich darf man Metaphern zulassen, die nicht überdehnt und die unmissverständlich sind.

Letztlich sind Roboter, nicht nur Serviceroboter, neuartige, merkwürdige Subjekte (mithin der Moral), mit denen wir Lebensräume teilen, die ihre Umwelt und uns beobachten und bewerten, um reagieren und menschliche Subjekte informieren zu können. Dabei werden sie auch wirtschaftlich immer relevanter, gerade dann, wenn sie die Käfige der Fabriken verlassen, als Kooperations- und Kollaborationsroboter eng mit uns in der Produktion zusammenarbeiten und als Serviceroboter auf Straßen und Plätzen, in Einkaufszentren, an Hotelrezeptionen und im Haushalt uns ergänzen und ersetzen. In diesem Zusammenhang sind Ideen und Konzepte wie Robotersteuer und Roboterquote (etwa für öffentliche Räume) zu diskutieren.

Roboterrecht

Roboterrecht ist die rechtswissenschaftliche Beschäftigung mit Robotern als Rechtssubjekten oder -objekten bzw. der Erlass von Regelungen und Gesetzen und die Rechtsprechung zum Einsatz und Gebrauch von teilautonomen und autonomen Maschinen. So wird etwa die Idee der elektronischen Person diskutiert, nach der man einen Roboter verklagen und haftbar machen könnte. Es geht in erster Linie um das Zivilrecht. Allerdings werden auch Vorschläge für das Strafrecht unterbreitet.

Robotersex

Robotersex, Sex mit und zwischen Robotern, ist ein Sujet von Science-Fiction-Büchern und -Filmen und – dort teilweise mithilfe von Avataren visualisiert – von Computerspielen. Auf dem Markt sind Sexroboter als handliches Spielzeug und (wie im Falle von Roxxxy und Harmony) in Lebensgröße erhältlich. Mit Cybersex gibt es Berührungspunkte, wenn Sexroboter über das Netz gesteuert werden. Informations-, Technik- und Sexualethik gehen beim Robotersex eine Liaison ein; zudem können Fragen der Maschinenethik aufgeworfen werden, wenn der künstliche Sexarbeiter ein autonomes System ist.

Robotersteuer

Die Robotersteuer ist eine Ausprägung der Maschinensteuer, die man wiederum als Wertschöpfungsabgabe begreifen kann. Die Idee ist, den Betrieb respektive die Arbeit von Robotern (allenfalls von Agenten) in der Produktion und in anderen Bereichen zu besteuern und die Gelder entweder dem System der Sozialversicherung oder beispielsweise dem Bildungswesen zuzuführen. Auch eine Kopplung an das bedingungslose Grundeinkommen wird vorgeschlagen. Zugleich ist die Frage, ob im Gegenzug die Arbeit von Menschen steuerlich entlastet werden soll.

Die Maschinensteuer wurde bereits in den 1970er- und 1980er-Jahren in Deutschland und Österreich diskutiert. Für Joachim Becker handelt es sich um einen sozialpolitischen Begriff bzw. eine politische Forderung „nach Einführung eines zusätzlichen Beitragsanteils zur Sozialversicherung, um die Lohnsummenverluste auszugleichen, die durch die zunehmende Rationalisierung der Arbeitsplätze durch Maschinen und Computer entstehen, weil dadurch weniger Arbeitnehmer den gleichen wirtschaftlichen Ertrag erbringen können, die Beitragseinnahmen zur Sozialversicherung aber (möglicherweise) sinken". Vor dem Hintergrund der Industrie 4.0 bzw. mit Blick auf die weitgehende Automatisierung mithilfe von modernen, teilweise mobilen und intelligenten Robotern ist die wirtschaftliche und politische Forderung nach einer Robotersteuer entstanden, die nicht zwangsläufig mit der Sozialversicherung verbunden sein muss.

Gegen die Robotersteuer spricht, dass nicht klar ist, was man genau besteuern soll. Welche Systeme sind betroffen? Um welche Arbeit geht es konkret? Auch könnten Entwicklung und Einsatz von Robotern, die Menschen ergänzen und entlasten, gehemmt und Wege zur Befreiung von der Bürde des beruflichen Alltags blockiert werden. Für die Steuer spricht, dass der Roboter als Risiko für die Vollbeschäftigung im Vollzeitmodell erkannt und eine sozialpolitische Antwort auf die zunehmende Automatisierung gefunden wird. Die Wirtschaftsethik ist gefragt bei der Beurteilung der Chancen und Risiken für Betriebe, Mitarbeitende und Arbeitslose. Auch Technik- und Informationsethik können einbezogen werden, da es um das Verhältnis von Technik und Mensch und die Nutzung von Informations- und Kommunikationstechnologien und Formen von Robotik und Künstlicher Intelligenz geht.

Robotik

Die Robotik oder Robotertechnik beschäftigt sich mit dem Entwurf, der Gestaltung, der Steuerung, der Produktion und dem Betrieb von Robotern, z.B. von Industrie- oder Servicerobotern. Bei anthropomorphen oder humanoiden Robotern geht es auch um die Herstellung von Gliedmaßen und Haut, um Mimik und Gestik sowie um natürlichsprachliche Fähigkeiten. Im Fokus sind Hardwareroboter mit Hard- und Software. Reine Softwareroboter (Bots) werden in erster Linie in der Informatik entwickelt, Nanoroboter in der Zukunft in der Nanotechnologie.

Die Robotik integriert Ansätze aus Maschinenbau, Elektrotechnik und Informatik, insbesondere Künstlicher Intelligenz (KI). Sie muss eng mit Mensch-Maschine-Interaktion, Psychologie, Soziologie (soziale Robotik) und Philosophie (Maschinenethik) zusammenarbeiten. Die Ergebnisse der Robotik sind wichtig u.a. für Wirtschaft (Industrie-, Landwirtschafts- und Serviceroboter), Wissenschaft (Forschungs- und Experimentierroboter), Gesellschaft (Serviceroboter, Assistenzsysteme), Gesundheitswesen (Pflege- und Therapieroboter), Verkehrswesen (Roboterautos) und Militärwesen (Kampfroboter).

Die Robotik entwickelt sich neben und mit der Informatik (mitsamt KI) zu einer der Leitdisziplinen des 21. Jahrhunderts, was im Fach selbst nicht durchgehend ausreichend reflektiert wird. Die sozialen und moralischen

Implikationen des Einsatzes der Maschinen sind Gegenstand von Technikfolgenabschätzung, Technikethik, Informationsethik und Roboterethik. Auch die Wirtschaftsethik ist von Bedeutung, da menschliche durch maschinelle Arbeitskraft unterstützt und ersetzt wird. Neue Herausforderungen entstehen nicht zuletzt für Rechtswissenschaft (Roboterrecht), Rechtsprechung und Gesetzgebung.

Rolle

Der Begriff der Rolle ist vielschichtig. In der Soziologie bezeichnet man damit ein System von Verhaltensweisen, die durch die Erwartungen und Vorgaben der Gesellschaft dem Einzelnen gemäß seiner sozialen Position abverlangt werden. Allgemeiner kann man Rollen auch als Verantwortungen, Aufgaben, Kompetenzen, Eigenschaften und Verhaltensweisen von Personen und Gruppen in einem bestimmten Kontext und unter einer bestimmten Zielsetzung ansehen.

Rollen verändern sich durch externe Faktoren (Umwelt im weitesten Sinne, strukturelle Veränderungen, inhaltliche Neuausrichtung), ihre Träger (persönliche Neuausrichtung, Kompetenzenerwerb und -verlust) und ihre Neubestimmung (Änderung bei der Verantwortung, Aufgabenerweiterung und -einschränkung).

In elektronischen Systemen werden Rollen – zusammen mit Profilen – auch im Rahmen von Berechtigungskonzepten gebraucht. Je nachdem hat man – etwa als Leser, Autor, Manager oder Administrator – bestimmte Zugriffsrechte auf das System bzw. einzelne Anwendungen, Dokumente und Dateien.

_____

© Springer Fachmedien Wiesbaden GmbH, ein Teil von Springer Nature 2019
O. Bendel, *400 Keywords Informationsethik*,
https://doi.org/10.1007/978-3-658-26664-6_19

Schlüsselqualifikation

„Schlüsselqualifikation" ist ein Sammelbegriff für all diejenigen Fähigkeiten und Kompetenzen, die notwendig oder auch wünschenswert für die erfolgreiche Beherrschung von in einem bestimmten Kontext wiederkehrenden Anforderungen sind.

Unter den Begriff werden insbesondere Softskills bzw. Sozialkompetenzen wie Kommunikations- und Teamfähigkeit, auch in verteilten Strukturen, sowie Methodenkompetenzen (beispielsweise mit Blick auf virtuelles Projektmanagement) subsumiert.

Häufig werden auch persönliche Einstellungen (verknüpft mit individueller Bereitschaft) wie Flexibilität, Verfügbarkeit, Belastbarkeit, Leistungsbereitschaft, Verantwortungsbewusstsein, Ehrlichkeit und Anständigkeit als Schlüsselqualifikationen bewertet.

Schrift

Der Begriff der Schrift zielt auf Zeichensysteme, die Daten, Informationen und Wissen sowie Emotionen vermitteln. Es kann sich um Handschrift handeln oder um Maschinengeschriebenes (das mithilfe von bzw. von Maschinen erstellt wurde). Die Schrift wird von Menschen oder Maschinen gelesen. Sie bildet sich aus Schriftzeichen sowie Sonderzeichen (einschließlich Satzzeichen) und Regelapparat (Orthografie und Grammatik). Auch Symbole und Bilder sind von Bedeutung, als Vorgänger der Zeichen oder Bestandteile der Schrift.

Die Schrift entstand wohl im 4. Jahrtausend v.u.Z. in Vorderasien. Wurden damals u.a. Steintafeln zur Niederschrift verwendet, kamen später Pergament, Papyrus und Papier auf. Es wurde gemeißelt und geritzt respektive mit Farbe und Tinte gearbeitet. Heute sind vielfach digitale Speicher im Einsatz. Gestempelt und gedruckt hat man bereits in der Antike und im frühen Mittelalter. Im 15. Jahrhundert erfand Johannes Gutenberg den modernen Buchdruck, der Schrift und Bild (das zunächst auch noch händisch eingefügt wurde) zur Massenware machte. In der Gegenwart beeinflussen

Emoticons und Emojis (Bildschriftzeichen) die Schrift, in Diensten wie E-Mail, Chat und Instant Messaging und bei Geräten wie Notebooks und Smartphones.

In der Philosophie wurde die Mündlichkeit eines Sokrates von der Schriftlichkeit des Platon und des Aristoteles abgelöst. Die Schrift ist Grundlage jeder Wissenschaft. Zu den ältesten Schriftstücken gehören Wirtschaftstexte. In der Antike spielte die Schrift auf dem Marktplatz ebenso eine Rolle wie beim Besuch von Bordellen (Namen der Prostituierten an der Wand). Der Begriff der Digitalisierung bezog sich ursprünglich auf die Umwandlung von Handschriften, Drucksachen, Kunstwerken etc. im Kontext der Datenverarbeitung. Die Textverarbeitung hat Einfluss auf die Typographie und auf die Orthografie, nicht zuletzt durch falsche Vorschläge in den Standardprogrammen. Unternehmen schenken der einheitlichen Kunden- und Mitarbeiteransprache, dem Tone of Voice, immer mehr Beachtung.

Die Schrift ist wichtiges Kulturgut und -werkzeug sowie wesentliche Grundlage der Menschheitsentwicklung. Sie ermöglicht die Bewahrung von Wissen ebenso wie dessen Verzerrung und Verfälschung. Die Notenschrift erlaubt das Festhalten von Musikstücken, die Lautschrift das Abbilden des Gesprochenen, die Blindenschrift die Teilhabe von Sehbehinderten. Lesen und Schreiben ermöglichen Informiertheit, Wissensaufbau und Bildung, ein Zusammenhang, der von Pädagogik, Psychologie und Informationsethik thematisiert werden kann. Die einheitliche Kunden- und Mitarbeiteransprache mit ihrer Beziehung zur Markenpersönlichkeit und ihrer Beschränkung des Handlungsspielraums ist Gegenstand der Wirtschaftsethik.

Schwarmintelligenz

Schwarmintelligenz (im Sinne der kollektiven Intelligenz von Menschen, nicht von Agenten oder Robotern) meint den gezielten Einsatz der Fähigkeiten von Individuen und der Macht der Masse zur Lösung von Problemen und Bewältigung von Anforderungen. Beispielsweise werden Doktorarbeiten über Wikis von Benutzern daraufhin überprüft, ob sie Plagiate darstellen, oder virtuelle Friedhöfe mit Bildern von Grabsteinen und Informationen zu den Toten bestückt.

Während die kollektive Intelligenz solche Fleißarbeiten meistens passabel bewältigt, bringt sie selten eine Weisheit der Masse hervor, wenn eine solche überhaupt existiert. Das zeigt sich auch an Projekten wie Wikipedia, wo unterschiedliche Schulen und Hintergründe, begriffliche Unschärfen und Inkonsistenzen, formale und strukturelle Schwächen sowie inhaltliche Defizite einer gesamthaft brauchbaren und von tiefer Erkenntnis geprägten Enzyklopädie entgegenstehen.

Polizei, Geheimdienste und Unternehmen analysieren Resultate der Schwarmintelligenz, um zu Prognosen zu gelangen und Trends herauszufinden. Dabei bedienen sie sich spezieller Software und dringen in geschützte Räume ein. Die Central Intelligence Agency (CIA) interessierte sich zum Beispiel dafür, wer Präsident im Iran werden würde. Unternehmen nutzen die Schwarmintelligenz auch im Rahmen von Crowdsourcing.

Schwarzer Schwan

Ein schwarzer Schwan ist ein Ereignis, das völlig unwahrscheinlich ist, gänzlich überraschend eintritt und (fast) alle erstaunt. Im Nachhinein wird deutlich, dass durchaus Anhaltspunkte vorhanden waren, und in manchen Fällen wurde das Ereignis auch von einem Experten vorausgesehen, den man nicht gehört, nicht verstanden oder nicht ernstgenommen hat. Der Begriff geht auf Publikationen von Nassim Nicholas Taleb zurück, das Bild auf Juvenal, der in den Satiren VI eine treue Ehefrau mit dem schwarzen Schwan vergleicht, der in der Antike in Europa unbekannt war.

Moralische Maschinen können als schwarze Schwäne angesehen werden. Tauchten sie lange Zeit nur in Science-Fictions auf und hielten die meisten Menschen ihre Umsetzung für unmöglich, werden sie nun von der Maschinenethik konzipiert und implementiert. Technik- und Informationsethik berücksichtigen schwarze Schwäne in Technikgeschichte und Informationsgesellschaft.

Schweigespirale

Die Schweigespirale ist eine Theorie von Elisabeth Noelle-Neumann aus den 1980er-Jahren, basierend auf ihrer Theorie der öffentlichen Meinung aus den 1970er-Jahren. Weil Menschen sich davor fürchten, sich gesellschaftlich zu isolieren, artikulieren sie eher Mehrheitsmeinungen als Minderheitsmeinungen, sodass Mehrheitsmeinungen weiter gestärkt, Minderheitsmeinungen weiter geschwächt werden. Eine Rolle der Massenmedien kann darin bestehen, dass faktische Minderheitsmeinungen als Mehrheitsmeinungen dargestellt werden, bis sie zu Mehrheitsmeinungen werden, weil die Anhänger der faktischen Mehrheitsmeinungen sich immer weniger getraut haben, ihre Meinungen zu vertreten, bis diese zu Minderheitsmeinungen geworden sind. Der Matthäus-Effekt im Web 2.0 hat mit der Schweigespirale durchaus Berührungspunkte, scheint aber eher eine „Schreispirale" zu sein.

Science-Fiction

Science-Fiction ist ein Literatur- und Filmgenre. Die Handlung ist meist in der Zukunft, auf der Erde, die kaum wiederzuerkennen ist, auf Weltraumschiffen oder auf Exoplaneten angesiedelt. Es werden Alternativen des Seins, des Zusammenlebens und des Bewohnens und für Technik, Politik und Wirtschaft entwickelt, bis hin zur Utopie, sodass auch einschlägige Romane, beginnend mit „Utopia" (1516) von Thomas Morus, dazuzählen können. Die Eutopie ist in der Science-Fiction möglich, die Dystopie wahrscheinlich, da sie mehr Spannung verspricht.

Etliche Filme sind ein mögliches oder tatsächliches Vorbild für die Maschinenethik, z.B. „2001: Odyssee im Weltraum" („2001: A Space Odyssey") von Stanley Kubrick mit der künstlichen Intelligenz namens HAL (1968) und „Moon" von Duncan Jones mit GERTY (1999). Besonders einflussreich sind die Robotergesetze („The Three Laws of Robotics") aus Isaac Asimovs Kurzgeschichte „Runaround" von 1942 geworden, und auch Stanisław Lems Geschichten dienen der Inspiration. In Technik- und Informationsethik werden Serien wie „Real Humans" (ab 2012) und Filme wie „Ex Machina" (2015) und „Blade Runner 2049" (2017) diskutiert.

Second Life

Second Life ist eine virtuelle Spiel- und Lebenswelt, in der man mit Hilfe von Avataren miteinander kommunizieren und interagieren sowie von Insel zu Insel navigieren kann. Man geht umher, betrachtet sich und andere, tanzt, fliegt und schwimmt. Die Avatare bauen sich nach und nach auf, mitsamt ihrer Kleidung und ihren Schuhen, die in ihren gehobenen Varianten für Linden-Dollars erstanden werden können. Unternehmen halten Meetings ab, Hochschulen Lehrveranstaltungen, die Folien auf pixelige Leinwände projizierend. Sie erschaffen eigene Gebäudekomplexe und Landschaften. Kinderavatare und Rollenspiele haben auch im Kontext der Informationsethik und der Sexualethik für Diskussionen gesorgt.

Selfie

Ein Selfie ist ein Selbstporträt, das mit dem Handy, dem Tablet oder dem Fotoapparat aufgenommen wird, indem man diese möglichst weit von sich weghält oder an einer Selfie-Stange (Selfie-Stick) befestigt. Es wird über soziale Medien bzw. über Kommunikationsdienste verteilt. Sonderformen sind Dronies, also Selfies, die man mit Hilfe von Fotodrohnen erstellt, und Roboselfies, also Aufnahmen, die Roboter aus verschiedenen Gründen von sich selbst machen. Daneben tauchen in den Medien immer wieder Neologismen wie „Polfies" (Selfies, die die Ersteller zusammen mit Polizisten zeigen) oder „Velfies" (Video-Selfies) auf.

Viele Selfies werden von jungen Leuten geschossen. Bei Mädchen ist die Entenschnute beliebt, eine auch als Duckface bekannte Grimasse, die zu einem vorübergehend volleren Mund führen soll. Zu sehen sind neben Einzelpersonen auch Gruppen. Wenn Nacktheit vorhanden ist, können Selfies zum Sexting gehören. Egozentrik, Sexualisierung und Schädigung der informationellen Autonomie sind Probleme, die auch in der Informationsethik diskutiert werden. Selfies sind allerdings nicht nur das hässliche Gesicht der Informationsgesellschaft, sondern auch ihr experimenteller, verspielter und ironischer Ausdruck. Sie können damit eine Form des Cyberhedonismus sein.

Serviceroboter

Serviceroboter sind für Dienstleistungen und Hilfestellungen aller Art zuständig, sie bringen und holen Gegenstände, überwachen die Umgebung ihrer Besitzer oder das Befinden von Patienten und halten ihr Umfeld im gewünschten Zustand. Wenn sie mit Sensoren ausgestattet sind, wenn sie über Intelligenz und Erinnerungsvermögen verfügen, werden sie nach und nach zu allwissenden Begleitern. Sie wissen, was ihr Eigentümer oder Gegenüber tut und sagt oder was die Passanten in der Umgebung umtreibt und melden es womöglich an ihre Betreiber oder an Geräte und Computer aller Art. So wie Industrieroboter immer mehr ihre geschützten Bereiche verlassen, so wie sie mobiler und universeller geraten und mehr und mehr an den Menschen heranrücken, so werden Serviceroboter immer eigenständiger und „unternehmungslustiger". In privaten und (teil-)öffentlichen Bereichen trifft man auf ganz unterschiedliche Typen: a) Sicherheits- und Überwachungsroboter, b) Transport- und Lieferroboter, c) Informations- und Navigationsroboter, d) Unterhaltungs- und Spielzeugroboter, e) Pflege- und Therapieroboter, f) Haushalts- und Gartenroboter. Ob man Kampfroboter und Weltraumroboter ebenfalls dazuzählen kann, ist umstritten. Manche der Modelle sind als Prototypen unterwegs, andere im ständigen und standardisierten Einsatz.

Im Folgenden werden die Typen in Bezug auf ihre Ziele, Zwecke und Merkmale skizziert. a) Sicherheits- und Überwachungsroboter verbreiten sich in den Stadtteilen, in den Einkaufszentren und auf den Firmengeländen, als rollende und fliegende Maschinen. Sie sollen für die Sicherheit der Unternehmen, Besucher und Kunden sorgen. b) Transport- und Lieferroboter befördern Gegenstände aller Art, wie Pakete und Einkäufe, von einem Akteur (oft der Anbieter oder Vermittler) zum anderen (oft der Kunde) oder begleiten und entlasten Fußgänger und Fahrradfahrer. c) Informations- und Navigationsroboter fahren oder gehen über Parks und Gelände, durch Museen, Messen und Verkaufsräume und informieren Besucher und Kunden über Veranstaltungen und Möglichkeiten der Besichtigung und führen sie an die gewünschte Stelle. Zudem werden sie in Hotels eingesetzt, etwa an der Rezeption. Sie besitzen häufig Displays respektive Touchscreens und natürlichsprachliche Fähigkeiten. d) Unterhaltungs- und Spielzeugroboter dienen der Unterhaltung und Zerstreuung von Benutzern, von Kindern und Jugendlichen sowie von Erwachsenen. Auch zum Lernen kann man manche von ihnen verwenden. Sie tanzen, singen, spielen Musik, erlauben ihre

Konstruktion und Dekonstruktion. e) Pflegeroboter komplementieren oder substituieren menschliche Pflegekräfte. Sie bringen den Pflegebedürftigen benötigte Medikamente und Nahrungsmittel und helfen ihnen beim Hinlegen und Aufrichten und bei ihrem Umbetten. Sie unterhalten Patienten und stellen auditive und visuelle Schnittstellen zu Experten bereit. Manche verfügen über natürlichsprachliche Fähigkeiten und sind in einem bestimmten Umfang lernfähig und intelligent. Therapieroboter unterstützen therapeutische Maßnahmen oder wenden selbst solche an. f) Haushalts- und Gartenroboter helfen im Haushalt oder im Garten, als Saug- und Mähroboter, als Poolroboter oder Fenster- und Grillputzroboter. Sie sind stark verbreitet und fast schon so selbstverständlich wie Wasch- und Spülmaschinen.

Durch Serviceroboter, die sich unter die Menschen begeben, mit ihnen die Wege, Zonen und Plätze teilen und in ihren Gebäuden und Zimmern weilen, entstehen Herausforderungen in Bezug auf unser leibliches Wohl, unsere körperliche Unversehrtheit und unser Weiterleben, womit moralische und soziale Aspekte angesprochen sind. Sie machen uns unseren Lebensraum streitig, können Stolperfallen und Hindernisse darstellen und benötigen teilweise die gleichen Ressourcen wie wir. Sie vermögen uns zu unterstützen und zu ersetzen. Und sie können uns ausspionieren und überwachen. Im vorletzten Problemkreis ist die Wirtschaftsethik einzubeziehen. Eine Frage ist, ob aus dem Umstand, dass Serviceroboter unsere Tätigkeiten übernehmen, nicht nur Risiken resultieren, wie drohende Arbeitslosigkeit, sondern auch Chancen, etwa indem der Betroffene den übermächtigen Brotberuf relativiert und sich an einer andersgelagerten Sinnstiftung probiert. Beim letzten Konfliktbereich ist es naheliegend, die Perspektive der Informationsethik einzunehmen und von ihren Begriffen aus zu denken und zu handeln. Die informationelle Autonomie ist die Möglichkeit, selbst auf Informationen zuzugreifen und die Daten zur eigenen Person einzusehen und gegebenenfalls anzupassen. Gesellschaftliche und politische Gruppen und Einrichtungen müssen auf diese moralische Dimension, jenseits der rechtlichen, immer wieder hinweisen, auch mit Blick auf Serviceroboter. Die informationelle Notwehr entspringt dem digitalen Ungehorsam oder stellt eine eigenständige Handlung im Affekt dar und dient der Wahrung der informationellen Autonomie und der digitalen Identität. Es muss diskutiert werden, wann man sich gegen Serviceroboter zur Wehr setzen und in welcher Weise man sich schützen darf.

Sexroboter

Sexroboter sind Roboter, mit denen Menschen bestimmte Formen von Sex haben können. In der Regel sind Hardwareroboter gemeint, physisch vorhandene Maschinen. Bei einem weiten Begriff können auch Software-roboter, also Bots bzw. Agenten, hinzugezählt werden, wobei vor allem Chatbots relevant sind. Es gibt eine Palette von Produkten für den Hausge-brauch. Manche von ihnen werden für den Gesundheitsbereich in Betracht gezogen, etwa als Möglichkeit der Erleichterung für Behinderte und Alte und zur Unterstützung von Therapien. Robotersex, Sex mit und zwischen Robotern, ist ein Sujet von Science-Fiction-Büchern und -Filmen und – dort teilweise mit Avataren visualisiert – von Computerspielen. In den Medien wird emsig über Robotersex berichtet, in der Wissenschaft eifrig über ihn diskutiert.

Sexroboter sind je nach Geldbeutel und Geschmack als handliches Spiel-zeug oder in Lebensgröße erhältlich. Sie helfen bei der Befriedigung, indem sie Menschen penetrieren (aktive Sexroboter) oder sich penetrieren las-sen (passive Sexroboter). Manche haben – wie auch Chatbots – natürlich-sprachliche Fähigkeiten, und es ist daran zu denken, dass in Chats verbale Erotik beliebt und die Nachfrage nach Telefonsex nicht völlig eingebrochen ist. Einschlägige Formulierungen („dirty talk") und erotische Stimmen wir-ken offenbar, ob Menschen oder Maschinen die Urheber und Besitzer sind. Die sexuellen Interaktionen in 3D-Welten wie Second Life können ebenfalls dem Vergleich dienen. Wichtig ist zudem Virtual Reality (VR), die in der Regel mit doppelten Bildern umgesetzt und über VR-Brillen oder -Apps für Smartphones erschlossen wird. Die entstehenden Peripheriegeräte sind einfache Stimulationsmaschinen oder echte Sexroboter mit Eigeninitiative.

Fuckzilla, vorgestellt auf der Arse Elektronika 2007, verfügt über ein gan-zes Arsenal an Spielzeugen und Hilfsmitteln, vom Dildo bis zur Kettensäge, an der Zungen befestigt sind. Das Ganze wirkt eher (passend zum avant-gardistischen Kontext) wie ein randseitiges Kunstprojekt, weniger wie ein ernstzunehmender Liebespartner. Roxxxy von TrueCompanion.com (New Jersey) kann auf ihre Weise zuhören und sprechen sowie auf Berührungen reagieren. Man kann unter verschiedenen Persönlichkeiten auswählen, von „Wild Wendy" bis „Frigid Farrah". Das männliche Pendant ist Rocky. Har-mony von Realbotix gehört zu den ambitioniertesten Exemplaren, verfügt sie doch über überzeugende mimische Fähigkeiten und künstliche Intelligenz. Zu erwähnen sind ferner Pepper und Nao, die nicht als Sexroboter konzipiert sind, aber als aktive oder passive Komponenten fungieren können. Der japanische Hersteller hat sexuelle Handlungen mit Pepper ausdrücklich untersagt, aus moralischen oder Haftungsgründen. Bei Virtual Reality existieren zahlreiche Anwendungen, etwa für Samsung Gear VR oder Oculus Rift, entweder als reine Kunst- oder als reale Filmwelten.

Als Vorteile von Sexrobotern werden die passgenaue Befriedigung persönlicher Vorlieben, die ständige Verfügbarkeit sowie eine gewisse Entlastung von Sexarbeiterinnen und -arbeitern genannt, als Nachteile die Bedienung von spezifischen Stereotypen, die geringe Bandbreite bei der Befriedigung und die geringe Akzeptanz in der Gesellschaft. Bei der Gestaltung der Roboter und aus sozialer Robotik und Maschinenethik heraus stellen sich verschiedene Fragen: Soll der Roboter selbst aktiv werden und die Partnerin bzw. den Partner zum Sex bewegen? Soll er sich unter bestimmten Voraussetzungen weigern können, einen Akt durchzuführen? Soll er gegenüber Partnerinnen und Partnern betonen, dass er nur eine Maschine ist? Sollte die Umsetzung moralischen Kriterien genügen, etwa ein kindlicher Sexroboter verboten sein? Sollten ganz neuartige Möglichkeiten vorgesehen werden oder Menschen das Vorbild sein? Technik- und Informationsethik fragen nach der Abhängigkeit von Technik im Sexuellen oder der Verantwortung bei Verletzungen und nach der informationellen Selbstbestimmung angesichts auditiver und visueller Schnittstellen. Es muss sich zeigen, ob Sexroboter lediglich eine Nische besetzen oder der Normalfall in Privatwohnungen, Betreuungseinrichtungen und Freudenhäusern werden.

Sexting

Sexting ist das Produzieren und Versenden von digitalen Fotos und Videos mit sexuellen Inhalten, vornehmlich durch Kinder, Jugendliche und junge Erwachsene, die ihren eigenen oder einen anderen nackten Körper (respektive Teile davon) zur Schau stellen wollen. Es kann als Form des Cybersex gelten, wenn man auch mobile Geräte und entsprechende Netze zum Cyberspace zählt. Der Racheporno basiert häufig auf dem Sexting. Innerhalb der Informationsethik ist der Zusammenhang zwischen Sexting und Cybermobbing relevant.

Sharing Economy

Der Begriff der Sharing Economy (auch „Shared Economy") meint das systematische Ausleihen von Gegenständen und gegenseitige Bereitstellen von Gegenständen, Räumen und Flächen, insbesondere durch Privatpersonen und Interessengruppen. Der Begriff der Share Economy wird synonym oder – neben der ursprünglichen Definition von Martin Weitzman – in Bezug auf das Teilen von Informationen und Wissen verwendet.

Nach der Idee der Ökonomie des Teilens soll man als Nachfrager etwas nicht zum Eigentum machen, sondern vorübergehend benutzen, bewohnen und bewirtschaften. Voraussetzung dafür ist freilich meist das Eigentum eines Anbieters. Im Mittelpunkt steht die Collaborative Consumption, der Gemeinschaftskonsum. Die Güter wechseln den Besitzer, solange sie brauch- bzw. verfügbar sind. Die Instandsetzung ist in der Regel Sache des Eigentümers.

Mit elektronischen Plattformen und sozialen Netzwerken erreicht man einen großen Interessentenkreis, kann kurzfristig agieren und reagieren und eine optimale Nutzung und Auslastung erzielen. Manche Plattformen sind auf Wohnungssharing und Landsharing spezialisiert, andere ermöglichen Varianten wie Book- und Schmucksharing. Auch Tausch- und Schenkbörsen gehören zur kaum noch zu überblickenden Landschaft. Mithilfe von Funktionen sozialer Medien bewertet man Nachfrager und Anbieter und sanktioniert damit Vandalismus und Missbrauch.

Die Ökonomie des Teilens wird von der Wirtschaft einerseits kritisch betrachtet, andererseits produktiv genutzt. Carsharing etwa ist in einigen Ländern ausgesprochen beliebt und in der Hand von Genossenschaften und Firmen. Zudem werden private Autos zu öffentlichen Taxis umfunktioniert und über Apps die Fahrer und die Gäste zusammengebracht. Kritisiert wird mit Blick auf die Benutzer, dass überwiegend diejenigen, die Zutritt zur virtuellen Welt haben, auch Zugang zur Sharing Economy erhalten, was mit den Begriffen der Informationsethik einen digitalen Graben bzw. digitale oder informationelle Ungerechtigkeit bedeutet. Mit Blick auf die Anbieter fällt auf, dass diese allein durch ihre Plattformen, ohne eigene Wohnungen, Fahrzeuge, Inhalte etc. zu besitzen, ganze Branchen ins Wanken bringen können. Dieser „Plattformkapitalismus" (Sascha Lobo) kann von Informations- und Wirtschaftsethik thematisiert werden. Positiv ist, dass die Umwelt geschont und der Verbrauch bewusster und sozialer wird. Auftrieb erhält die Sharing Economy in Krisenzeiten; zugleich dürfte sie Ausdruck der Erlebnis- und Spaßgesellschaft sein.

Shitstorm

Ein Shitstorm ist ein Sturm der Entrüstung im virtuellen Raum, in sozialen Netzwerken, in Blogosphären sowie in Kommentarbereichen von Onlinezeitungen und -zeitschriften. Er wird verursacht durch den Moralismus der Informationsgesellschaft und die Wut der Netzbürgerinnen und -bürger. Er richtet sich gegen Personen oder Organisationen und kann die Grenzen zum Cybermobbing überschreiten. Ebenso kann er in manchen Fällen ein Umdenken und Einlenken nach sich ziehen. Die Verantwortlichen begeben sich gerne unter den Schutz der Anonymität. Das Gegenteil ist der Candystorm.

Sicherheit

„Sicherheit" ist im Deutschen ein schillernder Begriff. Im Englischen wird zwischen „security" (Sicherheit vor einem Angriff) und „safety" (Sicherheit im Betrieb) unterschieden. IT-Sicherheit (Cybersecurity) kann beide Aspekte umfassen. Datensicherheit meint den Schutz von Daten vor unerwünschter Verfälschung, ungewollter Zerstörung und unzulässiger Verbreitung.

Silicon Valley

Das Silicon Valley ist ein Tal südlich von San Francisco, in dem bedeutende Hightech-, IT- und Internetfirmen ihren Sitz haben. Der englische Begriff „silicon" verweist auf das Silizium, der „silicon chip" auf den Siliziumchip, der in Computern steckt. Menlo Park, Mountain View, Sunnyvale und Palo Alto sind bekannte Städte der Region, die von San Mateo bis nach San José reicht und das Santa Clara Valley mit einschließt.

Die berühmte Stanford University hat vom Silicon Valley stark profitiert und beeinflusst es ihrerseits durch Absolventen, Kooperationen und Konferenzen (etwa im Bereich der Künstlichen Intelligenz). Mit dem Geist des Tals werden häufig disruptive Technologien und Plattformkapitalismus verbunden.

Nicht nur im Silicon Valley sind technisch orientierte Einhörner (Start-ups mit einer Marktbewertung von über einer Milliarde US-Dollar vor Börsengang oder Exit) und etablierte Hightech-, IT- und Internetunternehmen angesiedelt, sondern auch in San Francisco (wie Uber) und in Los Angeles (wie Snap Inc.). Damit ist die ganze Küste von Kalifornien prägend für die Digitalisierung.

Der Boom im Silicon Valley hat dieses mitsamt seinem Umfeld weltweit bekannt gemacht und einigen Unternehmen und Personen großen Wohlstand gebracht. Andere leiden unter den gestiegenen Mieten und dem grundlegenden Umbau der Gegend. Es kommt zu Attacken gegen Busse von Google und Apple, die die Mitarbeitenden in San Francisco einsammeln und auf der Interstate 280 unterwegs sind, und – ausgehend von Taxifahrern, die sich bedroht sehen – zu Blockaden gegen Uber-Fahrzeuge.

Singularität

„Singularität" (engl. „singularity") ist ein schillernder Begriff. Die „technologische Singularität" soll nach Catrin Misselhorn den Zeitpunkt bezeichnen, „ab dem Maschinen in der Lage sind, mit Hilfe künstlicher Intelligenz Maschinen zu schaffen, die weit intelligenter sind als der Mensch".

Anhänger des Transhumanismus hoffen, dass der Mensch von diesem Fortschritt profitieren und beispielsweise länger leben kann. Andere glauben, dass eine künstliche Superintelligenz (engl. „superintelligence") nicht mehr kontrolliert werden kann und gefährlich ist.

Den Begriff der Singularität benutzen auch Einrichtungen wie die kalifornische Singularity University. Diese bietet Bildungsprogramme an und propagiert exponentielles Denken. Ihre wissenschaftliche Fundiertheit ist umstritten. Verschiedene Unternehmen in Europa lassen sich von ihr inspirieren bzw. kooperieren mit ihr.

Sinnhafte Entcomputerisierung

„Sinnhafte Entcomputerisierung" ist der Titel einer Glosse aus dem Jahre 2013 und ein Begriff für die systematische Eindämmung der Computerisierung und mithin der Automatisierung. Im Buch „Die Rache der Nerds" von 2012 kommt die Abkürzung TFRGL vor, die als Arbeitsbegriff für „technologiefreie Räume, Gegenstände und Lebewesen" steht. Innerhalb der Informationsethik kann danach gefragt werden, ob wir in der Informationsgesellschaft in unseren Möglichkeiten und Freiräumen eingeschränkt werden bzw. gesundheitlichen Gefahren ausgesetzt sind.

Smart City

Die Smart City ist die von Informations- und Kommunikationstechnologien und Informationssystemen sowie anderen modernen Technologien durchdrungene und durch diese anscheinend verbesserte Stadt bzw. Agglomeration.

Verkehrsleitsysteme helfen im Zusammenspiel mit modernen Fahrzeugen Staus zu vermeiden, Beleuchtungsanlagen richten sich in ihrem Betrieb nach Tageszeit, Wetterlage und Anwesenheit von Personen, Solaranlagen auf Hausdächern erlauben eine dezentrale Erzeugung und Einspeisung von Strom, auch im Zusammenhang mit Smart Grid.

Befürworter machen geltend, dass die Smart City sicherer und sauberer ist. Gegner wenden ein, dass sie den Angriffen von Hackern ausgesetzt ist und sich eine Abhängigkeit von IT-Systemen und -Anbietern ergibt, mit Blick auf Geräte, Sensoren und Software und deren Betrieb und Wartung.

Smart Clothes

Der Begriff der Smart Clothes zielt auf elektronifizierte bzw. computerisierte Kleidungsstücke. Diese ermöglichen Funktionen aller Art, etwa das Erheben von Daten, die Anzeige von Angaben oder die Bedienung von Geräten. Ein Smartphone, das mit den Kleidungsstücken verbunden wird, kann dabei eine zentrale Rolle spielen, ebenso unterschiedliche Wearables, die wiederum oft mit dem Smartphone zusammengeschlossen sind. Gebraucht man den Begriff der Wearables weit, darf man auch Smart Clothes darunter zählen.

Wie bestimmte Wearables im engeren Sinne, etwa intelligente Armbänder, Smartwatches, Smart Rings und Datenbrillen, können Smart Clothes die Vitalfunktionen des Trägers überprüfen, Daten zu seinen körperlichen Aktivitäten sammeln und seinen Aufenthaltsort bestimmen (Quantified Self). Intelligente (Hand-)Schuhe können dazu dienen, Gefahrenstoffe zu erkennen, eingebaute Kameras, Mikrofone und Sensoren dazu, die Umgebung zu überwachen. Gegenüber den genannten Wearables besteht der Vorteil, dass Smart Clothes keine zusätzlichen Gadgets sind. Dies bedeutet zugleich, dass der Träger evtl. vergisst oder gar nicht weiß, dass er elektronifizierte Komponenten an sich trägt, was ihm zum Nachteil gereichen mag.

In der Informationsethik interessiert, ob durch die (Nicht-)Verfügbarkeit von Optionen aus finanziellen oder anderweitigen Gründen die Informationsgerechtigkeit in Frage gestellt und ob die persönliche oder informationelle Autonomie des Menschen eingeschränkt oder erweitert wird. Quantified Self wird aus Datenschutzsicht hinterfragt, wegen der Personendaten und der Bewegungsprofile. Speziell das Verschwinden des Digitalen im Analogen stellt vor besondere Herausforderungen, vor allem wenn die Träger oder andere Betroffene nicht über die Funktionen aufgeklärt wurden. Smart Clothes können nicht zuletzt ein Mittel für das sogenannte Human Enhancement sein und in diesem Zusammenhang – auch kritisch – diskutiert werden.

Smart Farming

Der Begriff „Smart Farming" bezeichnet den Einsatz von Informations- und Kommunikationstechnologien, Anwendungssystemen und Robotern in der Landwirtschaft. Es geht um die Automatisierung von Abläufen, verbunden u.a. mit der Erhöhung des Ertrags durch bessere Planung und Bewirtschaftung, mit der Verbesserung der Gesundheit der Pflanzen bei gleichzeitiger Reduzierung von chemischen Stoffen und mit der Erhöhung der Sicherheit von Nutz- und Wildtieren. Ein verwandter Ansatz ist Precision Farming (Teilschlagbewirtschaftung).

Smart Grid

Smart Grid ist die Vernetzung und Steuerung von Stromerzeugungsanlagen und -speichern und anderen Betriebsmitteln sowie elektrischen Verbrauchern vor dem Hintergrund zunehmend dezentraler Strukturen und liberalisierter Märkte. Im Deutschen spricht man auch vom intelligenten Stromnetz. Privathaushalte (Smart Home) und Unternehmen als Kunden legen ihren Stromverbrauch in einem meist automatisierten Verfahren gegenüber Produzenten und Anbietern offen, damit die Elektrizitätsversorgung zeitlich und logistisch optimiert werden kann. Damit verraten sie mehr als nur mathematische Werte; sie verraten, soweit dies aus dem energetischen Fingerabdruck (im weitesten Sinne verstanden) herauszulesen ist, was sie und wie oft sie es tun, was sie einsetzen und wie sie es betreiben. Aus Sicht des Umweltschutzes ist Smart Grid unter Umständen hilfreich, aus Sicht der Informationsethik und des Datenschutzes in der Regel problematisch.

Smart Home

Der Begriff „Smart Home" zielt auf das informations- und sensortechnisch aufgerüstete, in sich selbst und nach außen vernetzte Zuhause. Verwandte Begriffe sind „Smart Living" und „Intelligent Home". Enge Beziehungen gibt es im Allgemeinen zum Internet der Dinge und im Speziellen zu Smart Metering, zudem zur Smart City. Angestrebt wird eine Erhöhung der Lebens- und Wohnqualität, der Betriebs- und Einbruchsicherheit und der Energieeffizienz, was sowohl ökonomische als auch ökologische Implikationen hat.

Automatisch gesteuerte Heizungen, Lüftungen, Türen, Fenster, Markisen, Jalousien und Lampen (Gebäude- oder Hausautomation) sowie manuell über mobile Geräte wie Smartphones kontrollier- und manipulierbare Systeme gehören genauso zu Smart Home wie Smart Metering und Smart Grid. Intelligente Kühlschränke und Kaffeemaschinen (Haushaltsgeräteautomation), die selbst eine Verknappung erkennen und selbstständig eine Bestellung auslösen, werden seit Jahren beschworen, haben sich aber kaum durchgesetzt. Waschmaschinen passen Wasserzufuhr und Waschdauer automatisch an, ohne deshalb zwangsläufig mit anderen Systemen vernetzt zu sein.

Das intelligente Haus war bereits in den 1990er-Jahren eine verbreitete Vision. Auch die regelmäßige Umbenennung des Phänomens hat nicht zu den gewünschten Fortschritten geführt. Manche Komponenten sind inzwischen Standard, ohne dass das große Ganze erreicht wurde, außer in Vorzeigeprojekten und Musterhäusern. Nachteilhaft und Thema der Informationsethik sind der Verlust der informationellen Autonomie und die Möglichkeit des Datenmissbrauchs, auch im Kontext von Big Data. Eine feindliche Übernahme von Systemen ist kaum zu verhindern; diese können u.U. an- und ausgeschaltet, fehlbetrieben und überhitzt oder verschlissen werden, was wiederum Informations- und Technikethik auf den Plan ruft.

Smart Metering

Smart Metering ist das computergestützte Messen, Ermitteln und Steuern von Energieverbrauch und -zufuhr. Dabei sind Unternehmen und Privathaushalte (Smart Home) gleichermaßen relevant. Smart Meter sind intelligente, vernetzte Zähler für Ressourcen und Energien wie Wasser, Gas oder Strom. Als Stromzähler sind sie Teil des Smart Grid, des intelligenten Stromnetzes. Smart-Metering-Systeme umfassen neben den Zählern zusätzliche Ein- und Ausgabegeräte und Onlineanwendungen. Die anfallenden Daten werden bei einem übergeordneten Ansatz einem Messdienstleister übermittelt.

Mit Smart Metering kann der Benutzer genau erkennen, zu welchem Zeitpunkt er welche Menge an welchem Punkt verbraucht. Der Messdienstleister kann, wenn er die Erlaubnis dafür hat, die Daten auswerten und an Energiebetriebe weitergeben, die sie wiederum für die Optimierung des Smart Grid und allgemein für Netz- und Lastmanagement benötigen. Smart Metering ist ein Aspekt von Big Data. Mit diesem Begriff werden große Mengen an Daten angesprochen, die auch aus Haushalten und Energiewirtschaft und konkret von Smart-Metering-Systemen stammen und die mit speziellen Lösungen gespeichert, verarbeitet und ausgewertet werden.

Energiemanagement ist die Kombination aller Maßnahmen, die bei einer geforderten Leistung einen minimalen Energieeinsatz sicherstellen. Ein Anliegen ist es, den privaten oder betrieblichen Energieverbrauch und den Verbrauch von Roh-, Hilfs- und Zusatzstoffen zu senken. Das Energiemanagementsystem dient der systematischen Erfassung und Kommunikation der Energieströme und der automatischen Steuerung von Einrichtungen und Apparaten zur Verbesserung der Energieeffizienz. Es kann Smart Metering umfassen und mit Hilfe eines Smart Grid umgesetzt sein.

Grundsätzlich ist unklar, ob bzw. wann Smart Metering wirklich Effektivität und Effizienz erhöht. Da die Verbrauchsmessung mannigfache Rückschlüsse auf Lebensweise, Verhalten und Leistung erlaubt, wird sie in Datenschutz, Informationsethik und Technikethik hinterfragt. Einsparmöglichkeiten und Ressourcenschonung – für die sich auch Wirtschafts- und Umweltethik interessieren – stehen Verlusten bei der informationellen und persönlichen Autonomie und Risiken im Bereich von Big Data gegenüber. Ein weiteres Problem sind Manipulationen durch Hacker. Diese können Messwerte verändern und Energiesysteme und -netze beeinflussen.

Smartphone

Das Smartphone ist ein Kleinstrechner und ein Allzweckgerät für das Lesen (von Zeitungen, Zeitschriften und Büchern), Hören (von Musik und Hörspielen und -büchern), Schauen (von Fotos und Videos), Kommunizieren (Texten und Telefonieren) sowie Gamen. Es dient als Transaktionssystem im Mobile Commerce, als Interaktionsmedium im Mobile Learning und als Assistenzgerät im E-Health. Bei Robotern wird es zum Gehirn und zum Gesicht, in Autos zum Navigationssystem und zum Herzen der Musikanlage. Als Software dominieren neben Betriebssystem und Browser native und nichtnative (auf HTML basierende) Apps. Das Smartphone unterstützt und gefährdet die persönliche und informationelle Autonomie. Einerseits hilft es bei einem verantwortungsbewussten, selbstbestimmten Leben, auch und gerade Jugendlichen und Alten, andererseits drohen Zwang zur ständigen Verfügbarkeit und Hang zur totalen Überwachung.

Smartring

Ein Smartring oder Smart Ring ist ein digitaler Ring, der in der Regel mit einem Smartphone verbunden ist. Er zeigt Zeit und Datum an, überwacht den Schlaf, misst den Puls und zählt die Schritte. Der Smartring gehört wie

die Smartwatch und die Datenbrille zu den Wearables. Wie bei der Smartwatch können diverse Sicherheitsrisiken für den Träger ermittelt werden.

Smartwatch

Eine Smartwatch ist eine digitale, dem Namen nach „schlaue" Armband-
uhr, die über ein flaches, eckiges oder rundes Display verfügt und ähnlich
wie ein modernes Handy bedient und mit diesem verbunden werden kann,
über Near Field Communication (NFC) oder Bluetooth. Sie zeigt Zeit und
Datum an, misst den Puls, zählt die Schritte und vermittelt Informationen
aller Art. So kann man Wetterbericht, Flugdaten und Verkehrsmeldungen
oder SMS, E-Mails und Tweets abrufen. Die Smartwatch gehört wie die
Datenbrille zu den Wearables, zu den unmittelbar am Leib bzw. am Kopf
getragenen Kleinstcomputern.

Das zentrale Aus- bzw. Eingabegerät ist das Display, das meistens als
Touchscreen realisiert ist. Eine wichtige Funktion hat auch die Audio-
schnittstelle, etwa für MP3-Player und Sprachassistent. Sensoren erfassen
Daten der Umwelt und des Trägers, Aktoren setzen Befehle um und lösen
Aktionen aus. Über vorinstallierte und downloadbare Software passt man
die Benutzeroberfläche an. Die Smartwatch kann wie eine klassische Uhr
(mit analoger oder digitaler Anzeige) oder ein übliches Gadget aussehen.
Über Apps sind die Features erweiterbar. Die Datenuhr ist internetfähig
und interagiert mit dem Benutzer und mit anderen Geräten und Systemen,
in erster Linie dem Smartphone. Damit ist sie Teil des Internets der Dinge
und kann aus der Mensch-Maschine- und der Maschine-Maschine-Interaktion heraus beschrieben werden.

Die Smartwatch erlaubt eine diskrete Abfrage von Informationen durch
den Träger. Dadurch, dass sie am Handgelenk getragen wird, kann sie besonders effektiv über Vibration kommunizieren. Sie kann zudem den Körper beobachten und dessen Funktionen auswerten. So entstehen Optionen
für Gesundheitsvorsorge, Senioren- und Patientenbegleitung sowie den
Fitness- und Sportbereich, aber auch Probleme für informationelle Autonomie und Datenschutz. Risiken sind weiter wegen der Omnipräsenz des
Geräts (und der Abhängigkeit von diesem) und seiner Überwachungsmög-
lichkeiten vorhanden. Rechtswissenschaft, Technikethik und Informationsethik erarbeiten Grundlagen von Lösungen. Eine wirtschaftliche Heraus-

forderung ist die Integration in das Mobile Business, wobei der einfache und sichere Austausch zwischen „Cyberchronometer" und Smartphone entscheidend sein dürfte. Eine technische ist die Akkulaufzeit. Ein Ansatz zur Verbesserung ist die Stromgewinnung durch die Bewegung des Arms oder beim Fahrradfahren.

Social Bot

Social Bots sind Bots, also Softwareroboter bzw. -agenten, die in sozialen Medien (Social Media) vorkommen. Sie liken und retweeten, und sie texten und kommentieren, können also natürlichsprachliche Fähigkeiten haben. Sie können auch als Chatbots fungieren und als solche mit Benutzern synchron kommunizieren. Nach einem weiteren Begriff sind Social Bots auf soziale Aktivitäten ausgerichtete Softwareroboter, also kompetent in Gespräch und Hinwendung.

Social Bots operieren von Accounts in sozialen Medien aus. Sie geben sich als Menschen aus – in diesem Falle handelt es sich um Fake Accounts mit entsprechenden Profilen – oder als Maschinen zu erkennen. Sie analysieren Posts und Tweets und werden dann, etwa wenn sie auf bestimmte Hashtags stoßen, automatisch aktiv. Social Bots werden zur Sichtbarmachung und Verstärkung von Aussagen und Meinungen eingesetzt. Dabei können sie werbenden Charakter besitzen bzw. politische Wirkung entfalten.

Social Bots wurden in mehreren Wahlkämpfen verwendet, etwa in den USA und in Großbritannien. Sie können, zusammen mit anderen Maßnahmen, sowohl Demokratien als auch Diktaturen gefährden. In jedem Falle vermögen sie ein Instrument der Agitation und Manipulation und – beispielsweise als Münchhausen-Maschinen – eine Quelle für Fake News zu sein.

Die Informationsethik fragt nach den Chancen und Risiken von Social Bots und deren Bedeutung für die Mündigkeit des Netzbürgers sowie die (elektronische) Demokratie, die Maschinenethik nach Regeln, welche die Bots erhalten und einhalten sollen, die Wirtschaftsethik (wie die Politikethik) nach Grenzen im Marketing.

Social Media

Soziale Medien (Social Media) dienen der – häufig profilbasierten – Vernetzung von Benutzern und deren Kommunikation und Kooperation über das Internet. Das Attribut kann im Sinne der individuellen oder gemeinschaftlichen Partizipation oder eines selbstlosen und gerechten Umgangs verstanden werden. Für manche Betreiber ist das Soziale nur Mittel zum Zweck (der Datennutzung), und Cybermobbing und -stalking sind gerade in sozialen Netzwerken verbreitet („Antisocial Media"). Unter Betonung des Technischen spricht man auch von Social Software. Das Web 2.0, das Mitmachweb, ist wesentlich durch soziale Medien geprägt.

Mit Hilfe von sozialen Medien kann man sich austauschen, unter Privatpersonen oder unter Kolleginnen und Kollegen. Man kommuniziert, man arbeitet und gestaltet zusammen, wobei Text, Bild und Ton verwendet werden. Man kann sich als Unternehmen mit Kunden vernetzen, zum Zweck des Marketings, der Marktforschung, des Kundensupports und -feedbacks oder des Crowdsourcings, oder als Verwaltung mit Bürgern, zum Zweck der Information und der Partizipation. Auch die HR-Verantwortlichen profitieren, indem sie sich über Bewerber informieren und Mitarbeiter akquirieren. Nicht zuletzt sind Agitation und Manipulation über soziale Medien möglich.

Social Networks, Weblogs, Microblogs, Wikis und Foto- und Videoplattformen werden als typische Vertreter sozialer Medien angesehen. Aber auch Chats und Diskussionsforen, virtuelle Kontakt- und Tauschbörsen und bestimmte Apps zur Kommunikation und Bewertung kann man bei einem weiten Begriff dazuzählen. Ferner können Medien wie Mashups und Podcasts in diesem Sinne genutzt werden. Soziale Medien haben eine große Bedeutung für E-Learning, Blended Learning und Wissensmanagement. Sie werden zur E-Collaboration, zum Brainstorming oder im Sinne von Lerntagebüchern genutzt und dienen allgemein dem informellen Lernen. Häufig sind sie in Lernplattformen und Knowledge-Management-Lösungen integriert. Auf Sharing-Economy-Plattformen sind Funktionen sozialer Medien zu finden.

Social-Media-Richtlinien

Social-Media-Richtlinien sind Richtlinien, die sich an die Mitarbeiterinnen und Mitarbeiter eines Unternehmens oder einer Organisation richten, sich auf verschiedene Aspekte der Nutzung von sozialen Medien während der und für die Arbeit beziehen und je nach Art mehr oder weniger verbindlich sind. Sie sind eine Mischung aus Vorschlägen und Regeln zum respektvollen und praktikablen Umgang (wie in der Netiquette) und zum moralisch richtigen Handeln (wie in der Netiquette und in Kodizes) sowie aus einschlägigen Gesetzen und Vorschriften bzw. Ableitungen aus der Rechtsprechung.

Die Richtlinien schützen sowohl Firmen als auch Mitarbeiterinnen und Mitarbeiter und helfen, eine erfolgreiche Kommunikation sicherzustellen. Im besten Falle sind sie aus der Social-Media-Strategie abgeleitet und mit den Kommunikations- und Verhaltensleitlinien abgeglichen. Sie thematisieren die Nutzung von Social Networks, Weblogs, Microblogs, Wikis und Foto- bzw. Videoplattformen und regeln u.a. private und berufliche Nutzung, Eigenverantwortlichkeit, Herstellung von Transparenz, Kenntlichmachung von individuellen Meinungsäußerungen, Einhaltung gesetzlicher Bestimmungen, Verbreitung unternehmensrelevanter Informationen, Höflichkeit und Respekt, Sorgfalt und Kontinuität sowie Monitoring und Expertise.

Social-Media-Richtlinien verlangen von Mitarbeiterinnen und Mitarbeitern eine permanente Reflexion ihrer Tätigkeit. Wenn sie zu sehr auf die Interessen des Unternehmens bzw. der Organisation abgestimmt sind, verlangen sie unter Umständen das Unmögliche. Man soll sich einerseits als Person zurücknehmen, andererseits Botschafter für den Betrieb sein. Erfolg oder Misserfolg einer Aktion entscheiden im Nachhinein über Deutung und Wertung. Wenn in den privaten Gebrauch der sozialen Medien hineingeredet wird, kann die allgemeine Akzeptanz gefährdet sein. Im Extremfall werden Bürger- und Menschenrechte tangiert. Diese müssen grundsätzlich berücksichtigt und gestärkt werden mit Blick auf den kommerziellen Betrieb von sozialen Medien, auf Privatheit und Datenschutz.

Solid POD

Der Solid POD („POD" als Abkürzung für „Personal Online Data") ist ein Speicher für persönliche und soziale Daten. Er wird vom Besitzer kontrolliert und von diesem für bestimmte Anwendungen geöffnet. Er kann auf dem eigenen oder einem fremden Rechner (etwa eines Hosts) liegen. Solid (das Akronym steht für „Social Linked Data") ist das übergeordnete Projekt, das wiederum bestimmte Anwendungen kontrolliert und authentifiziert. Tim Berners-Lee, der Initiator von Solid und des Solid POD, will die informationelle Autonomie stärken und letztlich die Privatsphäre schützen.

Das Internet war von Anfang an als dezentrale Struktur angelegt. Berners-Lee nutzte diese für das World Wide Web (WWW), dessen Inhalte auf zahlreiche Server unterschiedlicher Betreiber verteilt und als Kopien auf die individuellen Computer herunterladbar sein sollten. Durch Social-Media-Plattformen und Cloud-Computing-Dienste wurden zentrale Strukturen errichtet und die persönlichen und sozialen Daten bei wenigen weltweit operierenden Anbietern zusammengeführt. Mit dem Solid-Projekt sollen die dezentralen Mechanismen wiederhergestellt werden. Dabei spielen die von Befugten gepflegten und beaufsichtigten Solid PODs eine wichtige Rolle.

Es gab bereits mehrere Projekte, bei denen die informationelle Autonomie zurückgewonnen werden sollte. Die meisten von ihnen, etwa Social Networks, die als Peer-to-Peer-Systeme angelegt waren, scheiterten an der mangelnden Kompetenz oder am fehlenden Interesse der Benutzer, das selbst durch Datenskandale nicht wiederkehrte. Die Informationsethik beschäftigt sich mit diesem Phänomen und auch mit dem Verlust der Privatsphäre in Zeiten der Digitalisierung. Sie widmet sich zusammen mit der Wirtschaftsethik der Verantwortung der Internet- und IT-Firmen bei der Zentralisierung der Daten und der Monopolisierung der Dienste.

Soziale Isolation

Bei der intensiven Nutzung von Informations- und Kommunikationstechnologien und darauf aufbauenden Informationssystemen bzw. von neuen Medien kann eine Form der sozialen Isolation entstehen. Der Betroffene nimmt nicht mehr am gesellschaftlichen Leben teil, verlernt Sitten und Gebräuche und erwirbt Verhaltensformen, die nur wenigen zugänglich sind. Zugleich kann er mit den genannten Technologien auch eine gegebene soziale Isolation überwinden und Merkmale wie Geschlecht und Ethnie sowie Behinderungen zur Nebensächlichkeit erklären. Treiber können nicht nur private Verhältnisse, sondern auch betriebliche Strategiewechsel, hin zur Telearbeit und zum E-Learning, sein.

Soziale Robotik

Die soziale Robotik (engl. „social robotics") mit Wurzeln in den 1940er- und 1950er-Jahren und einem Boom seit ca. 1990 beschäftigt sich als Teilgebiet der Robotik mit (teil-)autonomen Maschinen, die in Befolgung sozialer Regeln mit Menschen interagieren und kommunizieren und zuweilen humanoid bzw. anthropomorph realisiert und mobil sind. Manche Experten lassen in diesem Zusammenhang nur physisch vorhandene Roboter gelten, andere auch virtuell umgesetzte, sogenannte Agenten oder Bots. Soziale Roboter täuschen oft Gefühle vor, und man spricht auch von „emotionaler Robotik" und „sozial-emotionaler Robotik". Wenn die Maschinen zu moralisch adäquaten Entscheidungen fähig sein sollen, ist die Maschinenethik gefragt.

Die Maschinen, die die soziale Robotik hervorbringt, sind in ihren Handlungen und Aussagen sozial verträglich und erfüllen damit alltägliche Erwartungen bzw. befriedigen fundamentale Bedürfnisse. Sie versuchen sowohl physische als auch psychische Verletzungen und überhaupt das Leiden von Menschen zu vermeiden. Dazu gehört, dass sie Menschen nicht so hart anfassen wie (unempfindliche) Dinge, ihnen soweit wie möglich helfen und sie unterstützen und sie nicht beleidigen und beschimpfen. Man entwickelt neue Systeme, die für ihre Entscheidungen Regeln und Fälle herbeiziehen, sowie neue Technologien wie künstliche Haut und kombinierte Sensoren. Als moralische Maschinen, die Gegenstand der Maschinenethik sind, unterscheiden sie zwischen guten und schlechten (Sprech-)Akten. Dabei stehen allgemein akzeptierte Rechte und Pflichten wie die Menschenrechte im Hintergrund oder pragmatische, etwa auf die Anschauungen der Benutzer bezogene Modelle.

Eine wichtige Rolle spielt die soziale Robotik bei der Entwicklung von cyber-physischen Systemen (CPS). Bei CPS sind informations- und softwaretechnische mit mechanischen bzw. elektronischen Komponenten verbunden, wobei Datenaustausch und z.T. Kontrolle und Steuerung über eine Infrastruktur wie das Internet in Echtzeit abgewickelt werden. Wesentlicher Bestandteil sind mobile und bewegliche Maschinen, eingebettete Systeme und miteinander vernetzte Gegenstände (Internet der Dinge). Damit ist die soziale Robotik auch von Bedeutung für die Industrie 4.0, die sich durch Individualisierung bzw. Hybridisierung der Produkte und die Integration von Kunden und Geschäftspartnern in die Geschäftsprozesse auszeichnet, wobei Automatisierung und neue Formen der Mensch-Maschine-Kommunikation oder -Interaktion, nicht zuletzt durch den Einsatz sozialer Roboter, von Bedeutung sind. In der Industrie 4.0 soll ein verstärktes autonomes Arbeiten der Maschine genauso realisiert werden wie ein engeres (und doch konfliktfreies) Miteinander von Mensch und Maschine. Auch Tiere können in der sozialen Robotik (und von der Maschinenethik) berücksichtigt werden. In diesem Fall versuchen die Maschinen mittels sozialer Konventionen (oder moralischer Überzeugungen) das Wohl aller Lebewesen zu fördern. Ein direkter Bezug zum Tier ist ebenso möglich, etwa ein Vermeiden seines Leidens um seiner selbst willen, wobei hier der Begriff des Sozialen zu hinterfragen wäre. Dies ist auch notwendig, wenn Maschinen mit anderen Maschinen interagieren und kommunizieren (Maschine-Maschine-Kommunikation).

Eine grundsätzliche Diskussion in der sozialen Robotik ist auch eine grundsätzliche Diskussion in der Künstlichen Intelligenz (KI). Zuletzt hat der Intelligenzbegriff der schwachen KI dominiert. Ihr geht es vornehmlich um die Simulation intelligenten Verhaltens bzw. die Abbildung einzelner Aspekte menschlicher Intelligenz. Allerdings sind nun Bedürfnisse der Praxis hinzugekommen, in denen Fähigkeiten gefragt sind, die man bisher eher der starken KI zugeordnet hätte, die – seit ihren Anfängen in den 1950er-Jahren – im eigentlichen Sinne denkende Maschinen und mithin deren Bewusstsein und Gefühle erreichen will und in wesentlichen Aspekten gescheitert ist. Roboter sollen vorsichtig gegenüber Menschen sein, in ihren Worten und Handlungen, und sie sollen sich sogar moralisch verhalten. Diese Anforderungen können innerhalb der schwachen KI mithilfe neuer Ansätze gelöst werden. Es können aber auch Ansätze der starken KI hinzugenommen werden, und es ist nicht auszuschließen, dass manche der Versprechen der starken KI auf diesem Umweg doch noch eingelöst werden können. Einen direkten Weg versuchen Forschungsprojekte zu nehmen, in denen das menschliche Gehirn maschinell nachgebaut wird, wobei die Prämissen ausgesprochen umstritten sind. Letztlich dürfte es, einmal abgesehen von der Diskussion über Rechte, unerheblich sein, ob die Maschine wirklich, aus eigenem Antrieb, sozial und moralisch ist oder nur scheinbar, als Simulation. Entscheidend scheint in der sozialen Robotik wie auch in der Maschinenethik das Ergebnis zu sein, also die funktionierende, friedliche, angenehme und moralisch angemessene Koexistenz von Mensch und Maschine.

Sozialkreditsystem

Das Sozialkreditsystem (engl. „social credit system") ist ein elektronisches Überwachungs-, Erfassungs- und Bewertungssystem zur Harmonisierung des Verhaltens der Bürger, Behörden und Firmen von China mit den moralischen, sozialen, rechtlichen, wirtschaftlichen und politischen Ansprüchen der Kommunistischen Partei (KP). Es findet ein permanentes Rating und Scoring (engl. „citizen score" bzw. „social scoring") mit Blick auf die Lebenssituation, das Sozialverhalten oder Verwaltungs- und Wirtschaftsaktivitäten statt. Dabei werden vernetzte Datenbanken sowie Bild- und Tonsysteme in Verbindung mit Big-Data-Analysen und Methoden der Künstlichen Intelligenz eingesetzt. Bei Identifizierung, Quantifizierung, Qualifizierung und Evaluierung in öffentlichen Bereichen, etwa über Sprach-, Stimm- und Gesichtserkennung, verbunden mit Emotionserkennung, sind Echtzeitverfahren von Bedeutung.

Im Anschluss an die mehrjährige Testphase – die u.a. in Rongcheng stattfand – geht das „moralische und soziale Bonitätssystem" (Kai Strittmatter) in den Normalbetrieb über. Das Punktekonto wird je nach Bewertung nach oben oder unten korrigiert. In Rongcheng startete man laut dem Journalisten mit 1000 Punkten, bei über 1050 Punkten galt man als mustergültig, bei weniger als 599 als unehrlich. Es sind einerseits Belohnungen vorgesehen, andererseits Bestrafungen wie Karrierebehinderungen, Reiseverbote, Steuererhöhungen oder Betriebsbeschränkungen. Chinesische Unternehmen wie Huawei, Baidu, Alibaba, Tencent und iFlytek sind nicht nur – neben Bürgern und Behörden – Ziel, sondern auch Teil der Kontrolle. In der Zukunft könnten mobile Roboter eine Rolle spielen, die die Menschen auf Schritt und Tritt verfolgen, sowie Wearables, Brain-Computer-Interfaces und Hirn- und Körperimplantate.

Das Sozialkreditsystem kann als Automatisierung des Totalitarismus gelten. Es führt zu einer völligen Unterwerfung unter die Vorstellungen und Vorgaben von Staat und Gesellschaft. Das nichtkonforme Individuum wird im Extremfall innerhalb der Grenzen der Volksrepublik gefangen gehalten, der konforme Bürger mit einer Freiheit belohnt, die er in erster Linie im Räumlichen und Wirtschaftlichen nutzen wird. Bei Firmen, die dem Scoring und Rating unterzogen werden, kann einerseits Korruption (in der Definition der KP) verhindert, andererseits Innovation behindert werden. Offen ist, was das Sozialkreditsystem für Besucher bedeutet. Die Ethik widmet sich der fragwürdigen Idee einer von oben verordneten und von unten unfreiwillig und unkritisch gestützten Moral von Personen und Einrichtungen, die Wirtschaftsethik der zweifelhaften Rolle der beteiligten Internet- und IT-Firmen. Deren Entwicklungen wendet sich die Informationsethik zu, wobei sie nicht zuletzt nach den Möglichkeiten des Hackens und Manipulierens bzw. Modifizierens fragt.

Spam

„Spam" stand ursprünglich für das Dosenfleisch einer amerikanischen Firma. Seit Jahren werden darunter auf der ganzen Welt unverlangt zugestellte E-Mails und andere unerwünschte Nachrichten verstanden. Ein guter Teil der elektronischen Post, die Mitarbeiter heute erhalten, ist Spam. Es handelt sich dabei um Werbung, Kettenbriefe oder durch Viren versandte E-Mails.

Spam hat hohe Kosten und erheblichen Ärger zur Folge. Server und Netzwerke werden belastet, der interne IT-Support muss intensiviert, die eine oder andere externe Dienstleistung in Anspruch genommen werden, Mitarbeitende verlieren Zeit durch das Öffnen und Lesen der Nachrichten sowie das Vertrauen in das Kommunikationssystem, die Unternehmen Geld durch eingeschränkte Produktivität, und angehängte Viren, Würmer und Trojaner können Schäden verursachen. Spam als Massenphänomen ist zur Cyberkriminalität zu rechnen und somit, was die moralische Komponente anbelangt, Gegenstand der Informationsethik.

Spin Doctor

Ein Spin Doctor ist ein spezieller und spezialisierter Kommunikations-
berater. Er rückt z.b. den Politiker, der ihn beauftragt hat, in ein positives,
den Politiker der Gegenpartei in ein negatives Licht. Sein „Dreh" entspricht
einer subtilen Manipulation und wird argwöhnisch von Konkurrenten und
Aktivisten beäugt. Im Web wimmelt es von den Schönheitschirurgen der
besonderen Art, und auch Beiträge in Wikipedia – nicht nur über Politiker,
sondern auch über Unternehmen und Wissenschaftler – werden aufge-
hübscht und weißgewaschen. Die Verdrehung der Wahrheit im virtuellen
Raum ist ein Thema der Informationsethik.

Sprachsynthese

Das erste computergestützte Sprachsynthesesystem wurde Ende der
1950er-Jahre fertiggestellt, das erste volle Text-to-Speech-System (TTS)
1968. John Larry Kelly, Jr. entwickelte 1961 in den Bell Labs mit einer IBM
704 ein Sprachsynthesesystem und ließ es das Volkslied „Daisy Bell" singen. Stanley Kubrick nahm es für seinen Film „2001: A Space Odyssey"
(1968). IBM Watson, ein bekanntes KI-System der Gegenwart, verfügt
über eine Text-to-Speech-Engine, mit der der Benutzer seine eigenen Text-
kreationen in verschiedenen Stimmen und Sprachen sprechen lassen kann,
während er die Aussprache und Betonung über die Speech Synthesis Markup Language (SSML) steuert.

In der modernen Sprachsynthese lassen sich zwei unterschiedliche Konzepte unterscheiden: Zum einen kann sich die sogenannte Signalmodellie-
rung auf Sprachaufnahmen (auch Sprachsamples oder Samples genannt)
beziehen. Zum anderen kann das Signal durch sogenannte physiologische
(artikulatorische) Modellierung vollständig im Computer erzeugt werden.
Heute ist das erstgenannte Konzept vorherrschend. Im Laufe der Jahrzehn-
te wurden Sprachproben von professionellen Sprechern, hauptsächlich
Schauspielern und Moderatoren, angefertigt. In letzter Zeit wurden neue
Konzepte entwickelt. So kann man etwa Spender seiner eigenen Stimme
werden.

Die Sprachsynthese wird heute meist mit einem Text-to-Speech-System realisiert, mit einem Automaten, der interpretiert und vorliest und sich auf Text bezieht, der beispielsweise in einer Datenbank, einer Wissensbasis oder auf einer Website verfügbar ist. Einige Systeme, wie Chatbots und virtuelle Assistenten, können Text autonom generieren, aggregieren und reproduzieren. Aus Sicht der Informationsethik stellen sich verschiedene Fragen. Unter welchen Umständen sollte man eine Stimme verstorbener oder lebender Personen nachbilden dürfen? Soll ein System, das menschenähnlich klingt und das einen anruft, deutlich machen, dass es kein Mensch ist?

Subjekt der Moral

Von einem Subjekt der Moral (engl. „moral agent") geht eine Handlung aus, die moralische Implikationen hat, die z.B. gut oder böse ist in Bezug auf den Willen, der sie hervorgebracht hat, oder die Absicht, um allgemeiner zu sein. Mit ihm sind in der Regel auch Pflichten oder Verpflichtungen verbunden, etwas zu tun oder zu unterlassen.

Dem Subjekt kann auch, unabhängig von der Handlung, eine Denkweise innewohnen, die es in moralischer Hinsicht zu bewerten gilt. Dass die Gedanken frei sind, wie ein altes Lied sagt, bedeutet zwar, dass man keine Denkverbote erlassen soll, aber nicht, dass das Denken außerhalb der Moral stünde.

Bestimmte Menschen sind Subjekte der Moral, wie Erwachsene mit ungetrübtem Urteilsvermögen. Kleinstkinder stehen außerhalb der Moral; sie sind amoralisch. Tiere sind keine Subjekte der Moral, keine „Moralwesen"; manche von ihnen, Schimpansen, Elefanten und Delfine, haben womöglich vormoralische Qualitäten.

In der Informationsgesellschaft sind Subjekte der Moral moralische Akteure wie Unternehmer, die IT-Firmen gegründet haben, Manager und Mitarbeiter dieser Unternehmen oder Konsumenten im Internet. Ob Maschinen auch Subjekte der Moral sein und einen Willen oder eine Absicht haben können, untersucht die Maschinenethik.

Tablet

Ein Tablet ist ein kleiner, dünner, leichter Computer mit einem Touchscreen. Es verfügt über Kameras, Mikrofon und Lautsprecher sowie eine virtuelle oder mechanische (ergänzbare bzw. abnehmbare, selten auch fest verbaute) Tastatur. Über vorinstallierte Programme und heruntergeladene Apps werden Dienste und Funktionen zur Verfügung gestellt.

Tablets werden wie Smartphones, die geringere Abmessungen haben, zum Betrachten von Fotos und Videos, Informieren und Kommunizieren, Buchen von Hotelzimmern und Mietwagen, Einkaufen und Fotografieren sowie für das Steuern von Geräten eingesetzt. Dabei spielen auditive und visuelle Schnittstellen und spezialisierte Software eine wichtige Rolle.

Manche Tablets eignen sich als Arbeitsgeräte, andere kaum oder nicht, wegen ihrer Größe, ihrer Tastatur und ihres Displays. Sie alle bewähren sich als Medien für den schnellen Konsum, für das Spielen und teils auch das Lernen. Im Haushalt ergänzen sie meist Notebook und Smartphone. Die Vielzahl der Computer ist, im Zusammenhang mit Produktion und Entsorgung, Gegenstand von Wirtschafts- und Umweltethik.

Tagging

Tagging ist eine Form der individuellen Kennzeichnung oder subjektiven Verschlagwortung, die häufig im Web 2.0 bzw. im Kontext von sozialen Medien vorkommt. Die feste Verschlagwortung war Kernkompetenz der Bibliothekarinnen und Bibliothekare, die freie ist Spielwiese der Social-Media-Verantwortlichen, der Influencer und der Benutzer.

Mit den (meist textuellen) Kennzeichnungen (Tags, im Falle von Microblogs, Bildplattformen etc. auch Hashtags) werden z.B. Städte, Landschaften oder Personen auf Fotos identifiziert oder kommentiert und Einträge in einem Weblog einem Thema zugeordnet. Über Verlinkungen oder Suchfunktionen können die getaggten Objekte aufgefunden werden. Tags gehören zu den Metadaten, wobei sie durch ihre Individualität und Subjektivität eine besondere Gruppe bilden.

Tagging kann nicht bloß von Menschen ausgehen, sondern auch von Maschinen. Seine Bedeutung schwächt sich in dem Moment ab, wo Content direkt maschinell analysiert wird, ohne Zuhilfenahme der Sprache. Allerdings braucht es auch in diesem Fall am Ende ein Gerüst, eine Referenz, ein Hilfsmittel zur Verbindung der multimedialen Objekte mit dem menschlichen Denken.

Technikethik

Die Technikethik bezieht sich auf moralische Fragen des Technik- und Technologieeinsatzes. Es kann um die Technik von Häusern, Fahrzeugen oder Waffen ebenso gehen wie um die Nanotechnologie. Zur Wissenschaftsethik und (in der Informationsgesellschaft) zur Informationsethik besteht ein enges Verhältnis. Zudem muss die Technikethik mit der Wirtschaftsethik kooperieren. Technikfolgenabschätzung (TA), auch Technologiefolgenabschätzung genannt, ist für Analyse und Bewertung der Wirkungen und Folgen einer Technik bzw. Technologie zuständig und ein wichtiges Instrument bei der Beratung der Politik. Die Technikethik kann zur Technikphilosophie gezählt bzw. als mit ihr verwandt angesehen werden.

Nach Otfried Höffe sind Technikfolgen ein bedeutendes Thema der Ethik geworden, weil die wissenschaftlich geleitete Technik die Arbeits- und Lebenswelt der Menschen immer nachhaltiger beeinflusse, umgestalte und schaffe. Primäre Problemfelder praktischer Verantwortung und ethischer Reflexion seien in diesem Zusammenhang u.a. die Klärung der moralischen Berechtigung der Nutzung von Kernenergie, die Abschätzung von Gefahren und Chancen der Prägung, Bildung, Manipulation und Deformation des Menschen durch die Medien- und Computertechnik sowie „die Sicherung der Humanität der Arbeitswelt im Rahmen der Globalisierung der marktgesellschaftlichen Ökonomie", die durch die neuen Techniken und durch Systeme der Information und Mobilität ermöglicht und vorangetrieben werde. Annemarie Pieper verweist auf die ethischen Voraussetzungen des „Herstellungshandelns" und fordert eine Verantwortungsethik für „jene Personengruppen, die durch die Erzeugung technischer Produkte massiv in unsere Lebensverhältnisse eingreifen".

Mit der Technisierung der unbelebten und belebten Welt, wie sie sich bei den denkenden Dingen, bei cyber-physischen Systemen, in der Gentechnik und im Transhumanismus zeigt, nimmt die Bedeutung der Technikethik (wie überhaupt der Technikphilosophie) zu. Mit der Computerisierung der Technik wächst die Technikethik noch mehr mit der Informationsethik zusammen, die aus der einen Perspektive innerhalb ihrer Grenzen entstanden ist, aus einer anderen Perspektive sich (auch unter dem Einfluss von Informations- und Medienwissenschaft) mehr oder weniger eigenständig entwickelt und längst als Bereichsethik etabliert hat. Hinsichtlich der Entwicklung und Produktion von Technik und Technologien, im E-Business, in der Industrie 4.0 und überhaupt bei ökonomischer Relevanz ist zudem die Wirtschaftsethik gefragt, bei auf Wissenschaft basierenden (also immer mehr) Erkenntnissen und Produkten die Wissenschaftsethik. Jetzt und in Zukunft geht es darum, Pieper folgend, dass das technisch Machbare durch das ethisch Wünschenswerte restringiert wird. Allerdings ist zu beachten, dass auch das technisch Versäumte unwillkommene Auswirkungen haben kann.

Technikfolgenabschätzung

Die Technikfolgenabschätzung oder Technologiefolgenabschätzung zielt auf Analyse und Bewertung der Wirkungen und Folgen einer Technik bzw. Technologie ab und ist trotz der kaum noch zu übersehenden Problemgebiete und der kaum noch zu bewältigenden Komplexität nach wie vor ein wichtiges Instrument, vor allem bei der Beratung der Politik.

Das Büro für Technikfolgen-Abschätzung beim Deutschen Bundestag (TAB) wird vom Institut für Technikfolgenabschätzung und Systemanalyse (ITAS) des Karlsruher Instituts für Technologie (KIT) unterhalten, auf der Basis eines Vertrags mit dem Deutschen Bundestag. In der Schweiz berät das Zentrum für Technologiefolgen-Abschätzung TA-SWISS im Rahmen seines gesetzlich verankerten Auftrags die Politik. In Österreich ist das Institut für Technikfolgen-Abschätzung (ITA), eine Einrichtung der Österreichischen Akademie der Wissenschaften, für die „Entscheidungsträger" unterwegs.

Die Technologiefolgenabschätzung ist interdisziplinär und bedient sich der Methoden verschiedener Wissenschaften, u.a. der Soziologie, der Psychologie und der Philosophie. Prognostik und Statistik sind elementar für sie. In moralischen Fragen der Informationsgesellschaft trifft sie sich mit der

Informationsethik, in moralischen Fragen des Technikzeitalters mit der Technikethik, in technisch-philosophischen Angelegenheiten mit der Technikphilosophie.

Technikphilosophie

Die Technikphilosophie ist eine Disziplin der Philosophie, die sich mit der Bedeutung der Technik für Mensch, Gesellschaft, Umwelt und Welt befasst (was ist und kann Technik). Sie hat Beziehungen zur Technikethik (was soll Technik) und Informationsethik (was soll Informationstechnik) und zur Technikfolgenabschätzung (welche Folgen hat Technik). Ihre Wurzeln liegen in Werken von Platon und Aristoteles („Nikomachische Ethik").

Telearbeit

Telearbeit ist Arbeit, die zu einem guten Teil über Informations- und Kommunikationstechnologien und Softwarewerkzeuge erbracht wird. Angestellte oder Selbstständige operieren von zu Hause aus (Homeoffice) oder zumindest (temporär) räumlich getrennt von der Arbeitsstelle bzw. dem Kunden und Auftraggeber. Nach jahrelanger Zurückhaltung haben einige Unternehmen die Telearbeit aus Kostengründen entdeckt und beschränken sogar die Zahl der Arbeitsplätze, um die Mitarbeitenden fernzuhalten und Kosten für Wasser, Strom, Reinigung etc. einzusparen. Das Konzept „Bring Your Own Device (BYOD)" entstammt ebenfalls dieser ökonomischen Logik, mag aber nebenbei an den Bedürfnissen von Arbeitnehmenden orientiert sein.

Je nach zeitlichem Umfang der über die Technologien erbrachten Leistungen unterscheidet man Teleheimarbeit und Teilzeittelearbeit (alternierende Telearbeit). Teleheimarbeit ist die von zu Hause für die Institution geleistete Tätigkeit, wobei die beauftragende Zentrale lediglich zu bestimmten Terminen und Gelegenheiten aufgesucht wird. Alternierende Telearbeit wird bestimmt durch den regelmäßigen Wechsel des Arbeitsorts; man arbeitet sowohl daheim bzw. unterwegs als auch im Büro. Ein mögliches Problem ist die soziale Isolation. Diese wird wiederum aufgehoben in Coworking Spaces, die in der Telearbeit ebenfalls in Erscheinung treten können.

TFRGL

Die Abkürzung TFRGL kommt im Buch „Die Rache der Nerds" (2012) vor. Sie steht als Arbeitsbegriff für „technologiefreie Räume, Gegenstände und Lebewesen". Die Idee ist, dass bestimmte Technologien entfernt oder vermieden werden, wie Funkchips in Kleidung und Tieren oder Mobilfunkantennen auf Bergen und Gebäuden, um die Selbstbestimmung zu stärken und die Belastung für Mensch und Umwelt zu reduzieren. Basis sollen dabei wissenschaftliche Erkenntnisse, nicht religiöse oder esoterische Vorlieben sein. Die systematische, sinnhafte Entcomputerisierung ist ein Aspekt der TFRGL. Innerhalb der Informationsethik kann danach gefragt werden, ob wir in der Informationsgesellschaft durch ein Zuviel oder Zuwenig an Optionen in unseren Möglichkeiten und Freiräumen eingeschränkt werden bzw. gesundheitlichen Gefahren ausgesetzt sind.

Theonome Ethik

Die theonome Ethik sieht das moralische Sollen in göttlichen Geboten begründet. Sie ist nicht zur wissenschaftlichen Ethik zu zählen, da sie nicht, wie in dieser gefordert, auf das letzte Wort religiöser Autoritäten verzichtet, ganz im Gegenteil, und sie ethische Methoden allenfalls als Zusatzoption sieht.

Religiöse Ethik bringt sich immer wieder in den Diskurs ein, um theologisches Gedankengut (theologische Ethik) und religiöse Moralvorstellungen durchzusetzen. Paradebeispiele sind Wirtschafts- und Medizinethik, und ihren wissenschaftlichen Vertretern kann vorgeworfen werden, dass sie sich nicht genügend distanzieren.

In der Informationsethik ist der Beitrag der theonomen Ethik irrelevant, nicht nur aus grundsätzlichen Erwägungen heraus, sondern auch weil keine göttlichen Einlassungen zur Informationsgesellschaft und zu Informations- und Kommunikationstechnologien bekannt sind.

Theoretische Robotik

In der theoretischen Robotik werden mathematische, logische und ethische Modelle entwickelt. In der praktischen Robotik strebt man die technische Umsetzung (technische Robotik) für bestimmte Anwendungsgebiete (angewandte Robotik) an. Die theoretische Robotik wird beeinflusst von Science-Fiction-Büchern und -Filmen. Eine besondere Wirkung haben die Robotergesetze („The Three Laws of Robotics") von Isaac Asimov entfaltet, obwohl sie in der Fiktion zu verorten sind, in der Wissenschaft kontrovers diskutiert werden und – was der Schriftsteller selbst gesehen hat – in der Praxis zu Widersprüchen führen. Eine Disziplin, mit der die theoretische Robotik ebenso wie die praktische Robotik eng zusammenarbeiten muss, vor allem mit Blick auf das „Moralisieren" von Maschinen, ist die Maschinenethik.

Therapieroboter

Therapieroboter unterstützen therapeutische Maßnahmen oder wenden selbst, häufig als autonome Maschinen, solche an. Sie sind mit ihrem Aussehen und in ihrer Körperlichkeit wie traditionelle Therapiegeräte präsent, machen aber darüber hinaus selbst Übungen mit Gelähmten, unterhalten Betagte und fordern Demente und Autisten mit Fragen und Spielen heraus. Manche verfügen über mimische, gestische und sprachliche Fähigkeiten und sind in einem bestimmten Umfang denk- und lernfähig (wenn man diese Begriffe auf Computersysteme anwenden will). Als Therapie bezeichnet man Maßnahmen zur Behandlung von Verletzungen, Krankheiten sowie Fehlstellungen und -entwicklungen. Ziele sind die Ermöglichung oder Beschleunigung einer Heilung, die Beseitigung oder Linderung von Symptomen und die (Wieder-)Herstellung der gewöhnlichen bzw. gewünschten physischen oder psychischen Funktion. Es bestehen mehr oder weniger enge Beziehungen zur Pflege, und Therapie- und Pflegeroboter können als Verwandte angesehen werden.

Wohlbekannt auch bei nicht betroffenen Personen und Gruppen ist die Kunstrobbe Paro, die seit Jahren im Einsatz ist. Sie versteht ihren Namen, erinnert sich daran, wie gut oder schlecht sie behandelt und wie oft sie gestreichelt wurde, und drückt ihre Gefühle (die sie in Wirklichkeit natürlich nicht hat) durch Geräusche und Bewegungen aus. Ebenfalls bekannt ist Keepon, ein kleiner, gelber Roboter, der die soziale Interaktion von autistischen Kindern beobachten und verbessern soll und inzwischen auf dem Massenmarkt erhältlich ist. Zora, die auf Nao von Aldebaran bzw. Soft-Bank basiert und von Zora Robotics (ZoraBots) softwareseitig angepasst wurde, soll junge Menschen zu Fitnessübungen anregen. Automaten, die Patienten massieren und stimulieren, existieren schon seit geraumer Zeit und werden nun durch die Robotik optimiert und im Sinne des Patienten individualisiert. Ein Beispiel ist P-Rob, ein Produkt einer Schweizer Firma, das als automatisierte Lösung für die sogenannte therapeutische Impulsgebung eingesetzt wird.

Vorteile von Therapierobotern sind Einsparmöglichkeiten und Wiederverwendbarkeit, Nachteile eventuell unerwünschte Effekte bei der Therapie und mangelnde Akzeptanz bei Angehörigen. Der Frage der Verantwortung widmen sich Informationsethik und Medizinethik sowie Roboterethik. Der Hersteller (respektive der Entwickler) muss, zusammen mit dem Heim oder der Anstalt bzw. einer sonstigen Einrichtung, die Verantwortung tragen und die Haftung übernehmen. Allerdings kann er sich darauf berufen, dass die Effekte insgesamt positiv sein mögen, und darauf beharren, dass Einzelfälle mit negativen Implikationen in Kauf zu nehmen und zu verkraften seien. Nicht von der Hand zu weisen ist, dass Therapieroboter wie Paro bei mündigen Personen zuweilen Abwehrreflexe hervorrufen. Offenbar wird Patienten etwas vorgegaukelt, wird durch die Äußerlichkeit und die Lernfähigkeit der Maschine suggeriert, dass diese wie ein Mensch oder wie ein Tier reagiert, und unter Ausnutzung der eingeschränkten Fähigkeiten der Probanden werden diese zufrieden- bzw. ruhigstellenden Scheinwelten errichtet und Emotionen erzeugt und gelenkt.

Tierethik

Die Tierethik beschäftigt sich, um eine Wendung von Ursula Wolf zu bemühen, mit dem Tier in der Moral, genauer mit den Pflichten von Menschen gegenüber Tieren und mit den Rechten von Tieren, ferner mit dem Verhältnis zwischen Tieren und teilautonomen oder autonomen intelligenten Systemen, z.B. Agenten und Robotern, und Maschinen aller Art, etwa Mähdreschern und Windkraftanlagen. Sie hat sich, mit Wurzeln in der griechischen und römischen Antike, bei Pythagoras und Empedokles sowie Plutarch, im 18. und 19. Jahrhundert mit Jeremy Bentham und Arthur Scho-

penhauer allmählich entwickelt und im 20. Jahrhundert als Bereichsethik
voll ausgebildet. Anders als bei jeder anderen Bereichsethik steht nicht der
Mensch, sondern das Tier als Objekt der Moral im Vordergrund. Neben Ursula Wolf haben sich u.a. Dieter Birnbacher (mehrere Beiträge), Tom Regan
(„The Case for Animal Rights" von 1983) und Peter Singer („Animal Liberation" von 1975) einen Namen gemacht. Auch der Karl-May-Experte Hans
Wollschläger hat den Diskurs befruchtet („Tiere sehen dich an" von 2002).

Ein wichtiges moralisches und ethisches Argument ist die Leidensfähigkeit. Mit dieser kann man eine artgerechte Haltung oder sogar ein Verbot
der Nutzung begründen. Nach Bentham ist die Frage nicht, ob Tiere denken
oder reden, sondern ob sie leiden können. Darüber hinaus ist die Frage, ob
sie leben wollen. Mit dem Lebenswillen (der Pflanzen wohl nicht oder nur
in spezieller Weise zukommt) lässt sich unter Umständen ein Verbot des
Tötens rechtfertigen. Das Tier wird im Allgemeinen als Objekt der Moral
angesehen, nicht aber als Subjekt. Menschenaffen und anderen hochent-
wickelten Lebewesen gesteht man allenfalls eine Vormoral zu, und es ist
unbestritten, dass sie weitgehende soziale Fähigkeiten haben. Zudem ist
die menschliche Moral aus einer tierischen Vormoral (wenn man sie so
nennen will) hervorgegangen.

Die Tierethik muss ihre Stellung innerhalb der Moralphilosophie und ihr
Verhältnis zu den Bereichsethiken bestimmen, die sich dem Tier zuzuwenden beginnen. Die Informationsethik thematisiert vor dem Hintergrund,
dass Tiere mit Funkchips versehen, mit Überwachungsgeräten verfolgt und
von Maschinen betreut werden, die Rechte und Pflichten von Kreaturen
in der Informationsgesellschaft und die Möglichkeiten, Technologien und
Systeme tiergerecht zu gestalten. Die Maschinenethik interessiert sich
dafür, wie man teilautonome oder autonome Systeme, die in eine Interaktion mit Tieren treten (Tier-Maschine-Interaktion), als moralische Subjekte umsetzen kann. Enge Beziehungen gibt es zur Wirtschaftsethik, mit
Blick auf Massentierhaltung und Industrialisierung des Tötens, zudem zu
Bio- und Umweltethik (als deren Teilgebiet die Tierethik betrachtet werden
kann).

Die Tierethik bekommt neue Impulse durch Tierrechtsbewegungen und
vegetarische und vegane Lebensweisen, die immer wieder im Trend liegen
oder Kulturen geprägt haben. Dabei muss sie ihre Unabhängigkeit bewahren, ohne in der Beliebigkeit zu versinken. Die politischen Organe kann sie,

etwa durch Vertreter einer Ethikkommission, beraten und unterstützen. Im ständigen Dialog ist sie mit der Rechtswissenschaft, beispielsweise in Bezug auf die Frage, ob Tiere lediglich als Sachen oder als fühlende Wesen mit eigenen Interessen und Rechten aufzufassen sind. Mancherorts ist ein Tieranwalt oder Tierschutzbeauftragter tätig, der die Interessen der nichtmenschlichen Kreaturen vertritt und für sie das Wort ergreift. Nicht zuletzt hat die Tierethik sich mit Biologie, Tiermedizin und -psychologie zu verständigen, zudem – über Informations- und Technikethik sowie Maschinenethik als Mittler – mit Ingenieurwissenschaften, Informatik, Wirtschaftsinformatik und Robotik.

Tier-Maschine-Interaktion

Die Mensch-Maschine-Interaktion ist – inklusive der spezielleren Mensch-Computer-Interaktion – eine etablierte Disziplin, die sich mit dem Design, der Evaluation und der Implementierung von Maschinen befasst, die in Interaktion mit Menschen treten. Die Tier-Maschine-Interaktion (engl. „animal-machine interaction") ist die Interaktion von Tier und Maschine über eine entsprechende Schnittstelle. In der im Artikel „Considerations about the Relationship between Animal and Machine Ethics" (2013) erwähnten und in anderen Beiträgen skizzierten Disziplin mit dieser Bezeichnung geht es um Design, Evaluierung und Implementierung von Maschinen, die sich in Interaktion mit Tieren befinden. Ansätze einer spezielleren Tier-Computer-Interaktion (engl. „animal-computer interaction") sind im angelsächsischen Sprachraum bereits vorhanden.

Totalitarismus

Der Totalitarismus entspricht und entsteht aus Arten der Diktatur und zielt auf die Formung des Menschen nach einer bestimmten Ideologie, unter radikalem Ausschluss jedweder Gegenideologie und auch gemäßigter Formen der Wirklichkeitswahrnehmung und -deutung. Charakteristisch sind die Omnipräsenz des Staats und seiner Anhänger und Aufpasser, die uneingeschränkte Verfügung über die Betroffenen und deren völlige Unterwerfung unter ein politisches bzw. wirtschaftliches Ziel.

Eine weitgehende Elektronifizierung und Automatisierung des Privat- und Berufslebens fördert totalitäre Strukturen. Die Arbeit der Geheimdienste und Behörden lässt zunehmend, auch mitten in Europa, an einen Polizeistaat denken, die Gesetzgebung in Bezug auf Datenspeicherung und -auswertung (Vorratsdatenspeicherung) an den Big Brother. Die Omnipräsenz der Informations- und Kommunikationstechnologien ist typisch für Überwachungsstaat und -gesellschaft des 21. Jahrhunderts.

Das Sozialkreditsystem in China kann als Automatisierung des Totalitarismus bezeichnet werden. Es führt, um die obigen Begriffe nochmals aufzunehmen, zu einer völligen Unterwerfung unter die Vorstellungen und Vorgaben von Staat und Gesellschaft, indem es eine totale Überwachung von oben und von unten flächendeckend und lückenlos ein- und durchsetzt – dies lässt sich zumindest aus den Verlautbarungen und Testphasen ableiten. Informationelle Notwehr ist naheliegend, wird aber vermutlich auf brutale Abwehr durch die Partei stoßen.

Transhumanismus

Der Transhumanismus ist eine Bewegung, die die selbstbestimmte Weiterentwicklung des Menschen mithilfe wissenschaftlicher und technischer Mittel propagiert. Er sieht sich damit in der Tradition des Humanismus – der ihn auch, den Verlust des Menschlichen und den Vorrang des Technischen beklagend, vehement kritisiert – und der Aufklärung.

Eine Möglichkeit ist der Umbau zum Cyborg. Sich etablierende Technologien sind Gehirn-Computer-Kopplung und Gehirnimplantate. Zu den konzeptionellen Technologien ist die „whole brain emulation" (engl.) (auch engl. „mind uploading") zu zählen, eine Vision der Transhumanisten um Ray Kurzweil, sowie der Exocortex, ein künstliches externes Informationsverarbeitungssystem.

Transparenz

Transparenz ist die Nachvollziehbarkeit von Prozessen und die Durchschaubarkeit von Strukturen. Im politischen, medialen und ökonomischen Bereich beinhaltet sie die Offenlegung von Interessen und Abhängigkeiten und die Offenheit der Kommunikation zwischen Akteuren und Betroffenen. Die Verfügbarkeit von Informationen in einem und über einen Markt ist entscheidend für die Markttransparenz.

Informationstransparenz (im Sinne der Informationsfreiheit) bedeutet etwa die Möglichkeit der Einsicht in Dokumente und Akten, vor allem mit Blick auf die Verwaltungstransparenz. Von Internet- und insgesamt IT-Unternehmen wird, auch aus der Informationsethik heraus, Transparenz in Bezug auf die Bereitstellung und Funktionsweise von Diensten und die Nutzung von Daten gefordert.

Troll

Ein Troll ist in der Informationsgesellschaft ein Benutzer, der durch seine Äußerungen in virtuellen Räumen lediglich provozieren, nicht aber partizipieren bzw. inhaltlich beitragen will. Oft handelt er aus der Anonymität heraus und betreibt Fake-Accounts. Das Trollen (oder Flaming) ist ein Massenphänomen im Internet und Bestandteil von Cybermobbing und -stalking. „Do not feed the troll(s)" (DNFTT) oder „Don't feed the troll(s)" ist die Aufforderung, sich nicht auf die Provokationen einzulassen und das Phänomen dadurch einzudämmen. Im Kommentarbereich von Telepolis, einem traditionsreichen deutschen Onlinemagazin, weisen die Benutzer systematisch auf Trollaktivitäten hin, wobei die Toleranzgrenze recht hoch ist.

Trolley-Problem

Das Trolley-Problem ist ein Gedankenexperiment von Philippa Foot. Eine außer Kontrolle geratene Straßenbahn rast auf fünf Personen zu. Sie kann auf ein anderes Gleis umgeleitet werden, auf dem sich ein weiterer Mensch befindet. Die moralische Frage ist, ob der Tod dieses Menschen in Kauf genommen werden darf, um das Leben der fünf Personen zu retten. Eine Erweiterung von Judith Jarvis Thomson ist das Fetter-Mann-Problem. Ein korpulenter Mann wird auf das Gleis gestoßen, damit die Straßenbahn zum Stehen kommt. Der Tod eines Menschen wird so nicht nur in Kauf genommen, sondern unmittelbar herbeigeführt. Das Trolley-Problem kann innerhalb der Maschinenethik auf selbstständig fahrende Autos übertragen werden (Roboterauto-Problem).

Turing-Test

Beim Turing-Test ist ein menschlicher Fragesteller mit einer Maschine und einem Menschen in einem anderen Raum oder hinter einem Vorhang verbunden. Wenn er durch seine Fragen nicht herausfinden kann, wer die Maschine ist, hat diese den Test bestanden und scheinbar ein Denkvermögen vorzuweisen, das dem menschlichen vergleichbar ist, oder zumindest ein solches erfolgreich imitiert.

Der Logiker, Mathematiker und Informatiker Alan M. Turing hat die fiktive Konstellation in seinem Artikel „Computing Machinery and Intelligence" (1950) vorgestellt. Er ging aus von dem bekannten Imitationsspiel (engl. „imitation game"), bei dem man das Geschlecht zweier unbekannter Kommunikationspartner, Mann und Frau, ohne Sicht- und Hörkontakt herausfinden muss.

Der Turing-Test ist für die Maschinenethik von Relevanz, insofern bei teilautonomen und autonomen Systemen das Denkvermögen der Moralfähigkeit vorausgeht und die Moral der Maschinen als Simulation oder Imitation gedeutet werden kann.

O. Bendel, *400 Keywords Informationsethik*,
https://doi.org/10.1007/978-3-658-26664-6_21

Ubiquitous Computing

Ubiquitous Computing ist die Allgegenwärtigkeit der Informationsverarbeitung. Informations- und Kommunikationstechnologien werden in beliebige Gegenstände integriert. Die so entstandenen „denkenden Dinge" können ihre Umwelt erfassen, sich austauschen oder Kontakt zu einem zentralen Rechner aufnehmen. Ein verwandter Begriff ist Pervasive Computing. In gewisser Weise ist Ubiquitous Computing das Gegenteil von Virtueller Realität: Es wird keine virtuelle Welt erschaffen, in die der reale Mensch eintaucht, sondern die reale Welt wird mit Virtualität durchtränkt.

Überwachung

Unter den Begriff der Überwachung fällt die zielgerichtete Beobachtung von Zuständen, Objekten und Personen ebenso wie die Erhebung von Daten in Bezug auf Personen und Situationen. Überwachung findet auf der Straße statt, in Gebäuden und Verkehrsmitteln, im Intra- und Internet, über Kameras und Mikrofone, über Tracking- und Monitoringsoftware, mittels Bild- und Gesichtserkennung.

Wenn der Staat generell und systematisch seine Bürger observiert, wird er zum Überwachungsstaat und zum Big Brother à la George Orwell („1984"), wodurch er dem Totalitarismus verfällt. Wenn man andere ausspioniert, in sozialen Netzwerken oder mithilfe von Überwachungssoftware, ist man ein aktives Mitglied der Überwachungsgesellschaft, was an Aldous Huxleys „Brave New World" denken lässt.

Überwachung im Sinne von Monitoring kann auch ein selbstständiges Leben unterstützen, wenn man als Alter oder Kranker dank medizinischer Assistenzgeräte bzw. geeigneter Wearables und im Kontext von Quantified Self weiter zu Hause wohnen kann. Die Informationsethik fokussiert in diesem Kontext auf elektronische Überwachung und widmet sich u.a. der informationellen und persönlichen Autonomie; zudem stellt sie den Überwachungsimperativ in Frage.

Überwachungsimperativ

Nach Rainer Kuhlen ist der Überwachungsimperativ das in elektronischen Umgebungen in Anspruch genommene Recht, Daten von Kunden und Benutzern erheben und im Interesse des Marketings auswerten zu dürfen. An Daten sind nicht nur IT-Unternehmen interessiert, sondern auch z.B. Detailhandel (Kundenkarten) und Produktionsbetriebe (Industrie 4.0), wobei es nicht nur um Marketingaktivitäten geht, sondern auch um Produktverbesserung.

Umweltethik

Die Umweltethik bezieht sich auf moralische Fragen beim Umgang mit der belebten und unbelebten Umwelt des Menschen. Im engeren Sinne verstanden, beschäftigt sie sich in moralischer Hinsicht mit dem Verhalten – sowohl von Personen als auch von Unternehmen – gegenüber natürlichen Dingen und dem Verbrauch von natürlichen Ressourcen. Im weiteren Sinne umfasst sie auch Tierethik und (sofern man eine solche zulassen will) Pflanzenethik.

Zu den zentralen Fragen der Umweltethik gehört, welche Dinge bzw. Lebewesen einen Wert oder Rechte im moralischen Sinne haben. Üblicherweise gesteht man Tieren durchaus Rechte zu, im Gegensatz zu Pflanzen, Bergen und Seen. Ob diese einen Eigenwert haben, ist umstritten, und man hält sie meist lediglich mit Blick auf den Menschen für schützenswert. Einen solchen Anthropozentrismus kritisierend, bezieht der Physiozentrismus auch Pflanzen (Biozentrismus) oder Berge und Seen ein (Holismus), mit der Gefahr, esoterisch zu wirken. Mit dem Schutz von Arten und Ökosystemen beschäftigen sich Tier- und Pflanzenethik sowie Umweltethik im engeren Sinne.

Die Umweltethik hat Verbindungen mit Umwelt- und Naturschutz. Sie versteht sich als ökologische Ethik und setzt sich in ihrer normativen Ausprägung für den Erhalt von Tieren und Pflanzen bzw. deren Arten und eine Schonung von Ressourcen ein. Wenn sie Unternehmen thematisiert, ist zusätzlich die Wirtschaftsethik gefragt. Wenn sie nicht nur Menschen und Betriebe als moralische Subjekte begreift, die auf die Umwelt einwirken und sie verändern, sondern auch Maschinen, muss sie sich mit der Maschinenethik verständigen, wenn sie nicht nur die natürliche Umwelt meint, sondern auch Artefakte wie Fahrzeuge und Roboter, mit Technik- bzw. Roboterethik. Bei der Gentechnik sind je nach Ausprägung verschiedene Bereichsethiken relevant.

Uncanny Valley

Je mehr ein Avatar oder ein Roboter durch sein Aussehen verspricht, desto perfekter muss er umgesetzt sein, damit er nicht unheimlich wirkt und ins Uncanny Valley gerät, ins unheimliche Tal. Die meisten humanoiden Roboter, die hergestellt werden, insbesondere Androiden, kommen aus diesem nicht heraus. Gegenwärtig erhalten allenfalls Avatare, die sich von Menschen nicht mehr unterscheiden lassen, die notwendige Akzeptanz und das notwendige Vertrauen. Die meisten tierähnlichen Roboter geraten erst gar nicht in das Tal hinein, da sie kaum Erwartungen wecken. Der Effekt, der von Masahiro Mori in den 1970er-Jahren entdeckt wurde, kann auch auf die Emotionen und die Moral der Maschinen übertragen werden. Insofern hat er mit der Maschinenethik zu tun.

Unternehmensethik

Die Unternehmensethik ist ein Teilbereich der Wirtschaftsethik und ein Hauptgebiet der Institutionenethik. Sie widmet sich moralischen Problemen, die sich innerhalb von oder durch Unternehmen ergeben, und fragt nach der Verantwortung, die diese gegenüber Mitarbeitern, Kunden und Umwelt tragen. Sind IT-Unternehmen bzw. Benutzer betroffen, bestehen Überschneidungen mit der Informationsethik.

Uploadfilter

Ein Uploadfilter prüft Daten, Informationen und Medien, die auf einen Server hochgeladen werden sollen, lässt sie zu, weist sie ab oder verändert sie. Beispielsweise versucht ein Benutzer ein Video auf eine Videoplattform zu stellen. Enthält es illegale Inhalte oder verletzt es das Urheberrecht, leitet der Filter bestimmte Maßnahmen ein. In der Diskussion zur Urheberrechtsreform auf EU-Ebene im Jahre 2019 war „Upoadfilter" ein zentraler Begriff und stand für die Zensur, die die Gegner in diesem Zusammenhang befürchtet haben.

Urheberrecht

Das Urheberrecht ist die Gesamtheit der Gesetze und Bestimmungen, die ein individuelles geistiges Werk aus Wissenschaft, Literatur oder Kunst vor unbefugtem Zugriff bewahren sollen. Der Forscher, Autor oder Künstler genießt mit der Erstellung eines Textes oder Bildes das subjektive Urheberrecht, das seine geistigen und persönlichen Interessen schützt und ihm ausschließliche Verwertungsrechte gibt. Er kann anderen Nutzungsrechte einräumen, z.B. einem Verlag das Vervielfältigungs- und Verbreitungsrecht für ein Buch.

In Deutschland existiert das „Gesetz über Urheberrecht und verwandte Schutzrechte (Urheberrechtsgesetz)", in der Schweiz das „Bundesgesetz über das Urheberrecht und verwandte Schutzrechte (Urheberrechtsgesetz, URG)", in Österreich das „Bundesgesetz über das Urheberrecht an Werken der Literatur und der Kunst und über verwandte Schutzrechte (Urheberrechtsgesetz)". Das angelsächsische Copyright unterstreicht eher den Nutzen für die (am Werk interessierte) Gesellschaft als für das (das Werk schaffende) Individuum. Im März 2019 beschloss das EU-Parlament eine umstrittene Urheberrechtsreform, der der EU-Rat im April des gleichen Jahres zustimmte.

In der Informationsgesellschaft und im Internet gilt das Urheberrecht in gleicher Weise, wobei international gesehen Varianten auftreten; im Zuge eines regen elektronischen Publizierens und der Leichtigkeit, Werke zu kopieren und weiterzuverbreiten, wird es aber in vielen Fällen verletzt. Betroffen sind Bücher, Artikel, Musikstücke und insgesamt alle Werke, die digitalisiert werden können.

Utopie

Eine Utopie beschreibt eine politische, wirtschaftliche, technische oder religiöse Entwicklung bzw. Ordnung, die von der gegebenen Wirklichkeit weit entfernt sein kann. Die Figuren und Handlungen werden oft, nach den Bedeutungen der griechischen Bestandteile des Worts („ou": „nicht", „tópos": „Ort"), in einem zeitlichen und räumlichen Nirgendwo angesiedelt. „Utopia" ist der Titel eines 1516 erschienenen Buchs des Humanisten Thomas Morus, in dem ein idealer republikanischer Staat entworfen wird. Eine Utopie von Ray Kurzweil im Kontext des Transhumanismus beinhaltet das Transferieren des Bewusstseins in digitale Speicher. Die Frage, ob es sich dabei um eine negative (Dystopie) oder positive Utopie (Eutopie) handelt, kann innerhalb der Informationsethik unterschiedlich beantwortet werden.

Verantwortung

Verantwortung kann nach Otfried Höffe eingeteilt werden in Primärverantwortung (die man trägt), Sekundärverantwortung (zu der man gezogen wird) und Tertiärverantwortung (zu der man gezogen wird und die mit einer Sanktionierung verbunden ist). Mit der Primär- und Sekundärverantwortung wird der Mensch als Subjekt der Moral sichtbar, mit der Tertiärverantwortung auch als Subjekt (und Objekt) von Recht und Ordnung. Voraussetzung ist die Primärverantwortung, die lediglich (mündigen, urteilsfähigen) Personen zukommt. Eine Wiedergutmachung ist in der Informationsgesellschaft besonders schwierig, etwa wenn sich Falschbehauptungen im virtuellen Raum verbreitet und verselbstständigt haben; dieses Problem wird in der Informationsethik behandelt.

Verbraucherzentrale

Verbraucherzentralen bieten Beratung und Informationen zu Fragen des Verbraucherschutzes, helfen bei rechtlichen Problemen und vertreten die Interessen der Kunden und Konsumenten. Sie sind nach eigener Aussage unabhängig, überwiegend öffentlich finanziert und gemeinnützig.

In jedem Bundesland existiert eine Verbraucherzentrale, die im besten Fall im Interesse der Verbraucher agiert. Diese wenden sich an eine der bundesweit rund 200 Beratungsstellen, in der Regel in dem Bundesland, in dem sie wohnen. Die Dachorganisation „Verbraucherzentrale Bundesverband" vertritt die Interessen der Verbraucher gegenüber Politik, Wirtschaft und Gesellschaft auf Bundesebene. In Österreich und in der Schweiz existieren Einrichtungen, die sich für die Konsumenteninformation bzw. den -schutz engagieren.

Die Verbraucherzentralen wollen hinsichtlich des Konsums der Verbraucher informieren, beraten und unterstützen, einen Überblick über das womöglich unübersichtliche Angebot und Einsicht in komplexe Marktbedingungen geben. Im Fokus stehen Gesundheits- oder Umweltaspekte und allgemein, wenn auch eher implizit, Fragen der Wirtschaftsethik; so sind falsche Versprechen aus Gewinnspielen ebenso im Visier wie die neuesten Wunderdiäten. Eine Rolle spielt dabei nicht nur die Produzentenethik im weitesten Sinne, sondern auch die Konsumentenethik, insofern der Konsument gegenüber sich selbst, der Umwelt und in Bezug auf Unternehmen eine Verantwortung tragen soll, die Aufklärung und Mündigkeit entspringt. Nicht immer werden Probleme von den Verbraucherzentralen rechtzeitig erkannt und frühzeitig angegangen.

Verschlüsselung

Verschlüsselung wird eingesetzt, um Informationen zu schützen, zu verbergen oder geheim übermitteln zu können. Man wendet vor allem kryptografische Verfahren an. Verschlüsselung ist im E-Mail-Verkehr von Bedeutung, ebenso bei Cloud Computing, wo sie auf Benutzerseite vorgenommen werden sollte, also bevor sich die Daten auf den Weg zu den Servern machen. Die digitale Signatur ist ein asymmetrisches Kryptosystem. Es braucht einen öffentlichen und einen privaten Schlüssel.

Vertrauen

Vertrauen wird als moralische und als soziale Kategorie aufgefasst. Es dient nach Rainer Kuhlen der Kompensation von Unsicherheit beim Umgang mit sozialen und technischen Systemen. Nach Niklas Luhmann kann man durch persönliches Vertrauen oder das Vertrauen in gesellschaftliche Systeme den Bereich der rationalen Handlungen erweitern, etwa indem man sich auf höhere Risiken einlässt.

Dass man zu Servicerobotern Vertrauen hat, ist ein Anliegen bestimmter Bereiche der Robotik. Ihre Vertrauenswürdigkeit hängt nicht zuletzt von ihrer Gestaltung ab, ihrer Mimik und Gestik und insgesamt ihrer Fähigkeit, Emotionen auszudrücken oder andere Rückmeldungen zu geben. Das Uncanny Valley ist ein Problem in diesem Zusammenhang.

Ob man das Vertrauen gegenüber künstlicher Intelligenz systematisch aufbauen soll, darf man hinterfragen – es gibt sogar gute Gründe dafür, ein Misstrauen zu entwickeln und mit einem systematischen Zweifel an philosophische Traditionen anzuschließen. Auf jeden Fall muss das menschliche Vertrauen durch den maschinellen Betrieb (mitsamt dem informationellen Gehalt) gerechtfertigt sein.

Virales Marketing

Virales Marketing ist eine Form von Marketing, bei der sich textuelle oder visuelle Inhalte, die oft nicht als Werbung wahrgenommen werden, in viraler Weise verbreiten, also schnell und unaufhaltsam wie ein Virus. Es kann der Manipulation dienen, unterhaltend, faszinierend, schockierend sein. Beispiele sind Filme mit unterschwelligen Botschaften, die weitergeschickt und eingebunden werden, und produkt- und markenbezogene Bilder, die über soziale Medien gestreut werden.

Virtualität

Der Begriff der Virtualität ist ebenso vieldeutig wie unklar. Oft ist damit einfach gemeint, dass etwas auf einer elektronischen Basis stattfindet. In diesem Sinne stellen Informations- und Kommunikationstechnologien und Informationssysteme – vom einfachen Chat bis hin zu komplexen 3D-Welten – virtuelle Räume bereit.

Virtualität wird zudem so verstanden, dass etwas unwirklich, ja nicht vorhanden bzw. ein bloßes Abbild der Realität ist. Bei der Umsetzung einer solchen Virtualität kann auf elektronische Medien zurückgegriffen werden, wie im Falle der Virtuellen Realität.

Virtualität kann weiter eine Organisationsform bezeichnen, die auf dem Flüchtigen, Vorübergehenden oder dem Verzicht einer organisatorischen und räumlichen Einheit beruht. In diesem Sinne spricht man von virtuellen Unternehmen. Elektronische Hilfsmittel können, müssen aber nicht zur Bildung dieser Netzwerke beitragen.

Virtuelle Realität

Virtuelle Realität (Virtual Reality, VR) ist ein Arbeits- und Forschungsgebiet zur computergenerierten Wirklichkeit mit 3D-Bild und in vielen Fällen auch Ton – bzw. die computergenerierte Wirklichkeit selbst, die über Großbildleinwände, in speziellen Räumen (Cave Automatic Virtual Environment, kurz CAVE) oder über ein Head-Mounted-Display (Video- bzw. VR-Brille) übertragen wird. Bei Mixed Reality wird entweder Realität erweitert (Augmented Reality), wobei man für die Darstellung und Wahrnehmung eine AR-Brille (oft Datenbrille genannt) benötigt, oder aber Virtualität, im Sinne der Kopplung mit der Realität. Bei einem weiten Begriff kann sie auch VR inkludieren.

Meist gibt es in VR Formen der Interaktion, und sei es nur im Sinne der körperlichen Bewegung durch die virtuelle Welt. Zur Interaktion mit Objekten werden neben der Video- oder VR-Brille spezielle Eingabegeräte gebraucht, etwa 3D-Maus und Datenhandschuh. Virtuelle Realität spielt eine Rolle bei der Aus- und Weiterbildung (Benutzung von Flug- oder Operationssimulatoren), bei der Informationsvermittlung (Aufklärung in Bezug auf Massentierhaltung oder Bauvorhaben) und in der Unterhaltung (Erkundung von und Erprobung in Abenteuer- und Fantasywelten, Fortbewegung mit Rennauto und Achterbahn, Stimulation über Pornografie).

Die Immersion, die Erfahrung des Eintauchens in die virtuelle Realität, kann bereichernd und verstörend sein. Während ihrer Dauer wird die normale Wirklichkeit je nach Grad mehr oder weniger zurückgedrängt, und es kann schwierig und aufwendig sein, in diese zurückzukehren und sich wieder in dieser zurechtzufinden, was Thema von Technik- und Informationsethik sein mag. Manchen Benutzern wird schwindlig, insbesondere wenn künstliche und tatsächliche Bewegung bzw. Beschleunigung voneinander abweichen. Die wirtschaftliche Bedeutung von Virtual Reality und Mixed Reality ist hoch, wenn man an die unterschiedlichen Anwendungsgebiete und -systeme (nicht nur Hard-, sondern auch Software) und das Engagement von Anbietern und Benutzern denkt.

Virtuelle Universität

Virtuelle Universitäten sind Hochschulen bzw. Zusammenschlüsse von akademischen Aus- und Weiterbildungseinrichtungen, die ihren Lehrbetrieb teilweise oder ganz computer- und vor allem internetbasiert abwickeln. Sie sind nicht nur für normale Studiengänge interessant, sondern auch für die wissenschaftliche Weiterbildung. Im Bereich der Ethik bestehen oder bestanden diverse Angebote, auch in Form von MOOCs, z.B. „Practical Ethics" von Peter Singer (Princeton University) oder „Technology and Ethics" von Robert Bailey (The Ohio State University).

Virtueller Assistent

Ein virtueller Assistent ist ein Dialogsystem, das Anfragen der Benutzer beantwortet und Aufgaben für sie erledigt, in privaten und wirtschaftlichen Zusammenhängen. Er ist auf dem Smartphone ebenso zu finden wie in Unterhaltungsgeräten und in Fahrzeugen. Er versteht mit Hilfe von Natural Language Processing (NLP) natürliche Sprache und wendet sie selbst an (Sprachsynthese), etwa unter Gebrauch eines Text-to-Speech-Systems. Insbesondere bei gesprochener Sprache ist der Begriff „Sprachassistent" üblich. Auf die Stimme zielt „Voicebot" (engl. „voicebot"). Verwandtschaft besteht zum Chatbot, der oft textuell, manchmal auch auditiv umgesetzt ist.

Siri, Cortana und Google Assistant sind bekannte Anwendungen für das Smartphone. Sie werden teils zur Bedienung von Diensten und Geräten (etwa im Smart Home) und in Autos und Shuttles eingesetzt. Mit Google Assistant ist das Projekt Google Duplex verbunden. Man teilt, so die Grundidee, bestimmte Daten mit, und die Maschine reserviert telefonisch einen Tisch oder vereinbart einen Termin beim Frisör. Die meisten Sprachassistenten sind, anders als viele Chatbots, nicht grafisch erweitert, haben also z.B. keinen Avatar. Hologramme in der Fiktionalität, beispielsweise in Filmen wie „Blade Runner 2049", fungieren ebenfalls als virtuelle Assistenten. In der Realität gibt es erste Prototypen wie die Gatebox aus Japan.

Sprachsynthese hat eine lange Geschichte, die bis ins 18. Jahrhundert zurückreicht. Die computerbasierten synthetischen Stimmen, die aus der Mitte des 20. Jahrhunderts stammen, wurden nach und nach immer natürlicher gestaltet. So brachte man Alexa auf Echo von Amazon 2017 das Flüstern bei, und Google Assistant streut „Mmhs" in seine Rede ein. Man versucht also einerseits, typisch menschliche Ausdrucksweisen nachzuahmen, andererseits Imperfektion anzuwenden, um Perfektion (im Sinne von Glaubwürdigkeit und Echtheit) zu erreichen. Synthetische Stimmen können mit der Speech Synthesis Markup Language (SSML) manipuliert werden. Sie klingen dank bestimmter Befehle z.B. weicher, jünger und euphorischer oder verstummen für einen definierten Moment.

In den meisten Fällen ist bei der Verwendung von virtuellen Assistenten klar, dass es sich um Artefakte handelt, und man bedient sie wie Werkzeuge. Auch bei Telefonsystemen weiß der Benutzer in der Regel, womit er spricht. Bei SMS-Flirtdiensten wurden bereits um die Jahrtausendwende Automatismen integriert, ohne dass die Benutzer dies in allen Fällen wussten. Mit Systemen wie Google Duplex kehren sich die Verhältnisse in gewisser Hinsicht um. Man nimmt einen Anruf entgegen, kommuniziert wie gewohnt, hat aber vielleicht, ohne es zu wissen, einen Computer am Apparat, keinen Menschen. Für Chatbots wurde bereits früh vorgeschlagen, dass diese klarmachen sollen, dass sie keine Menschen sind. Möglich ist es zudem, die Stimme roboterhaft klingen zu lassen, sodass kaum Verwechslungsgefahr besteht. Dies sind Themen für Informationsethik, Roboterethik und Maschinenethik und allgemein Roboterphilosophie.

Vorratsdatenspeicherung

Vorratsdatenspeicherung ist die vorsorglich und angeblich fürsorglich erfolgende Speicherung personenbezogener Daten durch oder im Auftrag von Behörden. Es geht u.a. um Verbindungsdaten im Rahmen der Telekommunikation. Kritiker fürchten, dass Bürger und Bürgerinnen unter Generalverdacht gestellt, persönliche Daten missbraucht und informationelle Autonomie und Privatsphäre beschädigt werden.

Voting

Votings sind Abstimmungsmöglichkeiten in virtuellen Umgebungen, vor allem im Sinne von Onlineumfragen, oder in realen Umgebungen, in Präsenzlehre und -unterricht. Jeder Teilnehmer gibt seine Stimme ab oder beantwortet Fragen; das Ergebnis wird in aller Regel umgehend angezeigt, in (Prozent-)Zahlen oder in Form eines anschaulichen Diagramms.

(Remote) E-Voting (oder I-Voting) ist die Stimmabgabe bzw. Wahl über das Internet. Befürworter weisen auf die Vorzüge der höheren Geschwindigkeit und die räumliche Ungebundenheit bei der Durchführung sowie die bessere Nachverfolgbarkeit hin, Gegner auf die Möglichkeiten des Hackens und der Manipulation.

Wearables

Wearables sind Computertechnologien, die man am Körper oder am Kopf trägt. Sie sind eine Konkretisierung des Ubiquitous Computing, der Allgegenwart der Datenverarbeitung, und ein Teil des Internets der Dinge. Man spricht auch von Wearable Technology und vom Wearable Computer. Sinn und Zweck ist meist die Unterstützung einer Tätigkeit in der realen Welt, etwa durch (Zusatz-)Informationen, Auswertungen und Anweisungen. Wearable Computing ist das entsprechende Gebiet, mit dem sich die gleichnamige Disziplin der Informatik zusammen mit der Mensch-Maschine-Interaktion befasst. Elektrotechnik, Designtheorie und Künstliche Intelligenz (KI) spielen ebenfalls eine Rolle. Wesentlich für Wearables sind eine hochentwickelte Sensorik, eine permanente Verarbeitung von Daten und ein akuter Support des Benutzers.

Beispiele für Technologien sind intelligente Armbänder, spezielle Kleidungsstücke mit Zusatzfunktionen, Smartrings, Smartwatches und Datenbrillen. Einige davon sind im Kontext des „Quantified Self" zu sehen. Dieser Begriff steht für Self-Tracking-Lösungen, vor allem im sportlichen und medizinischen Bereich, und eine damit verbundene Bewegung. Es werden Daten des Körpers zusammen mit anderen Daten (Zeit, Raum etc.) erfasst, analysiert und dokumentiert sowie teilweise – etwa über Streaming und über Erfahrungsberichte – mit anderen geteilt. Manche Werkzeuge beherrschen Augmented Reality. Hierbei handelt es sich um eine mithilfe von Computern erweiterte und gebildete Wirklichkeit. Grundlage sind Abbilder der Außenwelt, die über Smartphones und Datenbrillen angezeigt und in die Texte und Bilder eingeblendet werden. Anwendungsfelder sind Produktion und Logistik genauso wie polizeiliche und militärische Operationen.

Wearables können ein Mittel für das sogenannte Human Enhancement sein. Dieses dient der Erweiterung der menschlichen Möglichkeiten und der Verbesserung menschlicher Leistungsfähigkeit, letztlich also – aus Sicht der Betroffenen und Anhänger – der Optimierung des Menschen. Man unterscheidet die körperliche und die geistige Dimension. Wearables werden, wie deutlich wurde, in der Regel nicht im, sondern am Körper (und am Kopf und im Gesicht) getragen. Relevant ist demnach zuvörderst die geistige Erweiterung, für die Smartphones mit passenden Apps und die genannten Smartwatches und Datenbrillen relevant sind. Im Transhumanismus werden Wearables eher skeptisch gesehen, da von dieser idealistischen oder ideologischen Strömung der radikale Umbau des Menschen gefordert wird.

In der Informationsethik interessiert, ob durch die (Nicht-)Verfügbarkeit von Optionen die Informationsgerechtigkeit in Frage gestellt und ob die Autonomie des Menschen (auch seine informationelle) eingeschränkt oder erweitert wird. Quantified Self wird aus Datenschutzsicht kritisiert, wegen der Personendaten und der Bewegungsprofile, Augmented Reality mit Blick auf den Persönlichkeitsschutz und das Recht am eigenen Bild. Human Enhancement ist in Informationsethik und Wirtschaftsethik ein Thema. Es fragt sich beispielsweise, ob man Arbeitnehmer dazu zwingen darf, bestimmte Wearables zu verwenden. Für die Medizinethik ist von Belang, ob grundsätzlich das körperliche und geistige Wohl tangiert wird.

Web 2.0

„Web 2.0", ein ebenso beliebter wie unscharfer Begriff, steht für interaktive und kollaborative Anwendungen des World Wide Web. Inhalte werden nicht mehr nur „von oben", von Kommunikationsabteilungen, Medien und Verlagen, verbreitet, sondern auch „von unten", insbesondere durch private Benutzer („User-generated Content"). Dies geschieht nicht nur über eigene Homepages und Websites, sondern vor allem über soziale Medien, etwa Wikis, Weblogs, Foto- und Videoportale sowie soziale Netzwerke. Manche der Dienste waren bereits in der Mitte der 1990er-Jahre oder noch früher bekannt; eine massenhafte Verbreitung fand aber erst ab ca. 2004 statt.

Web 3.0

Das Web 3.0, auch Semantic Web genannt, nutzt Konzepte zur semantischen Erweiterung und Erschließung des World Wide Web zur Verbesserung und Vereinfachung der Mensch-Maschine-Interaktion und der Datenverarbeitung. Das W3C-Konsortium verwendet den Begriff „Web of Data" („Web der Daten"), auch in Abgrenzung zum „Web of Documents" („Web der Dokumente"). Einerseits ergänzt man Texte und Bilder mit Metaangaben, andererseits bringt man Technologien bei, digitale Inhalte in bestimmter Art und Weise zu kategorisieren und zu interpretieren. Eine bekannte Anwendung ist die Bildersuche bei Google.

Weblog

Weblogs (kurz „Blogs") sind mehr oder weniger persönliche Log- bzw. Tagebücher in webbasierten Umgebungen. Die Blogger verlinken auf Ressourcen, Websites und andere Weblogs und beschreiben und kommentieren diese für potenziell viele Benutzer, die die Referenzen, Beschreibungen und Kommentare ihrerseits kommentieren. Es entstehen „logs of the web" (engl.), wie bei den ersten Linksammlungen von Tim Berners-Lee in der ersten Hälfte der 1990er (der Begriff „Weblog" kam dann um 1997 auf). Längst reflektieren die Autoren auch sich selbst, ihre Umwelt und die Welt, und viele Weblogs werden zum bloßen „log in the web" (engl.). Der Gegenstand wird von der subjektiven Meinung der Blogger bestimmt und von ihnen kontrolliert. Es werden regelmäßig neue Beiträge gepostet, mit Datum versehen und zeitlich geordnet, sodass der jüngste ganz oben steht. Ältere Postings wandern in ein meist offen einsehbares Archiv. Die Informationsethik thematisiert (zusammen mit der Medienethik) die Kommentare in Blogs, unter den Gesichtspunkten des Cyberstalkings und des Cybermobbings, und (zusammen mit Politik- und Wirtschaftsethik) die Manipulation von Meinungen und Verhaltensweisen durch eingekaufte Postings.

Whistleblowing

Beim Whistleblowing (engl. „to blow the whistle": „etwas aufdecken", „jemanden verpfeifen") werden Hinweise auf Missstände und Verfehlungen in Unternehmen, Hochschulen, Verwaltungen etc. gegeben. Der Whistleblower ist meist ein (etablierter oder ehemaliger) Mitarbeiter oder ein Kunde und berichtet aus eigener Erfahrung. Er informiert Mittler und Medien oder direkt die Öffentlichkeit. Dabei riskiert er Stelle, Karriere und Ruf und muss mit Disziplinarmaßnahmen rechnen; insofern ist Whistleblowing mit Zivilcourage verbunden.

Damit man von Whistleblowing sprechen kann, müssen verschiedene Kriterien erfüllt sein: Es handelt sich um Missstände von erheblicher Tragweite, also nicht nur um persönliche Umstände des Whistleblowers, sondern um Vorfälle von allgemeinem Interesse; es wird etwas aufgedeckt und enthüllt und letzten Endes die Öffentlichkeit oder in Ausnahmefällen der Verantwortliche respektive Arbeitgeber informiert, woraufhin entsprechende Maßnahmen eingeleitet werden können. Die Motive sind häufig rechtlicher oder moralischer Art oder beziehen sich auf die Reputation des Informanten.

Elektronische Whistleblowing-Plattformen dienen dazu, relevante Informationen zu publizieren. Sie stehen Bürgerrechtsbewegungen oder Hackergruppen nahe bzw. werden von Medien initiiert und unterhalten. Auch Beispiele für staatliche Whistleblowing-Angebote liegen vor. Eine spezielle Form sind Whistleblowing-Plattformen in den Organisationen selbst; sie können ein Teil des Compliance- und Reputationsmanagements sein und dazu beitragen, dass Missstände intern bekannt gemacht und rasch beseitigt werden.

Whistleblowing wird einerseits kritisiert und attackiert, andererseits begrüßt und gefördert. Netzwerke und Vereine setzen sich für Whistleblower und ihre Zusammenarbeit ein, Preise führen zu einer öffentlichen Anerkennung und Aufwertung. Whistleblowing ist Gegenstand mehrerer Bereichsethiken, etwa von Wissenschafts-, Verwaltungs-, Wirtschafts- und Informationsethik. Zudem versucht die Politik dem Phänomen zu begegnen, mit ergänzenden Regelungen oder eigenständigen Gesetzen.

Wiki

Wikis entstanden um 1995 nach Ideen der „Entwurfsmuster"-Theoretiker, die Konzepte des Wissensmanagements erfinden und ausprobieren wollten. Die Grundidee indes stammt wohl von Tim Berners-Lee, der eine Zeitlang erwog, das World Wide Web – das er vor allem für Zwecke des Wissensmanagements und der Wissenschaftskommunikation vorsah – in diesem offenen Sinne umzusetzen. Ein Wiki (auch „WikiWiki" und „WikiWeb") ist nämlich eine Website, bei der angemeldete oder anonyme Benutzer Lese- und Schreibrechte haben, wie bei Brettern oder Wänden, auf die man etwas malt oder pinnt. Beiträge können von allen erstellt, verändert und gelöscht werden. Dies geht einfach – u.a. über Eingabefenster und Uploadmöglichkeiten – und schnell, eben (nach dem hawaiianischen Wort) „wiki".

Verlinkt wird auf andere Websites, Weblogs und Wikis, und viele Wikis sind auch in sich stark verlinkt. Die internen Links verweisen auf gegebene oder noch zu erstellende Beiträge und strukturieren das vorhandene und sich bildende Wissen. Es gibt beliebige Zielsetzungen und Themen, die durch die Zusammenarbeit der Autoren intersubjektiv angegangen werden. Unsicher scheint dabei alles zu sein, die Qualität, die Konsistenz und der Bestand des Beitrags. Protokolle helfen bei der Nachverfolgung von Destruktion und Konstruktion und der Wiederherstellung früherer Versionen.

Wikipedia

Wikipedia ist ein angewandtes Wiki mit dem Zweck der gemeinsamen Erstellung und weltweiten Zurverfügungstellung einer Onlineenzyklopädie. Träger ist die Wikimedia Foundation Inc. Die Finanzierung der Infrastruktur erfolgt über Spenden. Entstehen sollen möglichst viele Artikel in möglichst vielen Sprachen. Es handelt sich um ein ambitioniertes, facettenreiches Projekt. Problematisch ist, dass der rote Faden fehlt, der gemeinsame Hintergrund, die Abstimmung der Begriffe. Dies liegt an den Produktionsbedingungen und an der enormen Masse der Beitragenden bzw. ihrer zweifelhaften Schwarmintelligenz. Teilweise kann das Forum im Wiki diesen Mangel beseitigen und die Qualität verbessern helfen. Immer wieder kommt es zu Machtkämpfen und überhaupt zur Machtausübung, etwa durch Revenge Editing. Auch dies kann im Forum nachverfolgt werden, zudem über eine Analyse der IP-Adressen und der Aktivitäten in der Versionsgeschichte.

Wirtschaft

Die Wirtschaft, auch Ökonomie (gr. „oikonomia": „Hausverwaltung" oder „Haushaltsführung") genannt, besteht aus Einrichtungen, Maschinen und Personen, die Angebot und Nachfrage generieren und regulieren. Einrichtungen sind Unternehmen bzw. Betriebe und öffentliche bzw. private Haushalte. Maschinen unterstützen und ersetzen auf Produktion, Transformation, Konsumation und Distribution von Gütern zielende Aktivitäten von Arbeitskräften, Mittelsmännern und Endkunden. Ebenso sind Gewinnung (von Ressourcen aller Art), Werbung (für Produkte und Dienstleistungen) und Entsorgung relevant. Ziel der Wirtschaft ist die Sicherstellung des Lebensunterhalts und, in ihrer kapitalistischen Form, die Maximierung von Gewinn und Lust mithilfe unternehmerischer Freiheit, zugleich die Erzeugung von Abhängigkeit, ob von Anbietern oder Produkten, und Wachstum, bis zum (nicht unbedingt gewünschten, aber erwartbaren) Kollaps des Systems.

Bereits Jäger, Sammler und Hirten bilden traditionelle Wirtschaftsformen aus. Im Vordergrund steht die Eigenversorgung in Sippen und Stämmen an einem festen Ort oder in wechselnden Gegenden (Bedarfswirtschaft). Die Landwirtschaft fördert die Sesshaftigkeit, insofern Bauern ihre Felder wiederholt bestellen wollen und Flächen zunehmend begehrt und besetzt werden. Die Erwerbswirtschaft ist vom Austausch von Waren bestimmt, auch über größere Distanzen hinweg, und führt nach und nach zur globalen Wirtschaftswelt. Der Händler wird zu einer zentralen Figur. Die beteiligten Parteien erhalten oder entrichten Geld für Erstellung, Vermittlung und Anforderung bzw. Erwerb oder tauschen ihre Eigentümer und Leistungen aus, auch in der digitalen Moderne (Sharing Economy). In der freien Marktwirtschaft wird nur in Ausnahmefällen interveniert, in der sozialen der gesellschaftliche Fortschritt anvisiert. In der Planwirtschaft weist eine zentrale Einheit, die kommunistischen Prinzipien verpflichtet sein kann, Wissen, Arbeit, Kapital und Boden der Produktion zu. Wirtschaftssektoren sind u.a. Primärsektor (Anbau von Getreide, Abbau von Eisenerz und Holzschlag), Sekundärsektor (Industriesektor), Tertiärsektor (Dienstleistungssektor) und Quartärsektor (Informationssektor mit Informations- und Kommunikationstechnologien sowie Informationswesen), Wirtschaftszweige (Branchen) z.B. Gesundheits- und Sozialwesen, Finanz- und Versicherungsindustrie sowie Handel.

Die Ökonomik (Wirtschaftswissenschaft bzw. Wirtschaftswissenschaften) hat die Ökonomie zum Gegenstand. Sie bringt Wirtschaftstheorien wie die neoklassische Theorie, den Marxismus und den Keynesianismus hervor. Die Volkswirtschaftslehre (VWL) widmet sich der Wirtschaft einer Gemeinschaft oder eines Lands, die Betriebswirtschaftslehre (BWL) der Wirtschaft eines Betriebs bzw. Unternehmens. Die Wirtschaftsinformatik verbindet die BWL mit der Informatik. Mithilfe ihrer Kenntnisse und Fähigkeiten werden Informationssysteme als soziotechnische Systeme geplant, umgesetzt und betrieben. In der Wirtschaftsethik werden die moralischen Implikationen der Wirtschaft untersucht. Die Unternehmensethik fragt

nach der Verantwortung und der Haftung des Unternehmens und seiner
Gründer und Manager, die Konsumentenethik nach der Verantwortung der
Konsumenten. Die Wirtschaftsphilosophie behandelt die Grundlagen der
Wirtschaft und die Methoden der Wirtschaftswissenschaften. Weitere
Disziplinen sind Wirtschaftsrecht, -geschichte, -soziologie und -pädago-
gik.

Der Mensch ist zum Homo oeconomicus geworden, der wesentlich durch
ökonomische Denkweisen und Interessenabwägungen bestimmt wird, sei
es als Anbieter, als Mittler oder als Nachfrager. Er wird in der Informationsgesellschaft zum Zahlungsmittel, durch seine Daten, und zum Produkt, das
verkauft und verbraucht wird. Nicht bloß in Unternehmen, sondern auch
in Bildungseinrichtungen und Verwaltungseinheiten wird der Wirtschaft-
lichkeitsnachweis zum alles beherrschenden Kriterium, die Kosten-Nut-
zen-Analyse zur allem vorausgehenden Prämisse. In der Industrie 4.0 werden Wirtschaftssektoren, werden Automatisierung, Autonomisierung (von
Maschinen), Flexibilisierung (von Produktionen) und Individualisierung auf
bislang nicht gekannte Art und Weise miteinander verbunden, zum Zwecke der Effizienzsteigerung und des Effektivitätsgewinns. Die Wertschöpfung der IT- und Internetwirtschaft und die (Gratis-)Nutzung durch den
technikaffinen Konsumenten, der immer wieder selbst zum Produzenten
wird, zum Prosumenten, werden kritisch von Wirtschaftsethik, Informationsethik, Technikethik und Technikfolgenabschätzung reflektiert, ebenso
wie Überwachung, Hacking und andere mit Informations- und Kommunikationstechnologien verbundene Phänomene. Der Raubbau an der Natur,
den das ständige Wachstum der Wirtschaft und der Bevölkerung nach sich
zieht, ist Thema von Wirtschafts- und Umweltethik.

Wirtschaftsethik

Die Wirtschaftsethik hat die Moral (in) der Wirtschaft zum Gegenstand.
Dabei ist der Mensch im Blick, der wirtschaftliche Interessen hat, der produziert, handelt, führt und ausführt (verschiedene Formen der Individualethik) sowie konsumiert (Konsumentenethik), und das Unternehmen, das
Verantwortung gegenüber Mitarbeitern, Kunden und Umwelt trägt (Unternehmensethik als Hauptgebiet der Institutionenethik). Zudem interessieren die moralischen Implikationen von Wirtschaftsprozessen und -syste-

men sowie von Globalisierung und Monopolisierung (Ordnungsethik). In der Informationsgesellschaft ist die Wirtschaftsethik eng mit der Informationsethik verzahnt.

Wirtschaftsinformatik

Wirtschaftsinformatik ist die Wissenschaft von Entwurf, Entwicklung und Einsatz betrieblicher und kommerzieller Informations- und Kommunikationssysteme und verbindet Informatik und Betriebswirtschaftslehre. Galt früher vor allem die Beschäftigung mit ERP-Systemen als typisch für Wirtschaftsinformatiker, traten später faktisch Aktivitäten rund um E-Business und E-Commerce dazu. Inzwischen ist der Gegenstandsbereich der Disziplin sehr groß geworden. Im Beitrag „Die Moral der Informationsgesellschaft" (2014) wird vorgeschlagen, innerhalb der Wirtschaftsinformatik einen Forschungsbereich für Informationsethik zu schaffen. Lehre in Informationsethik findet auch innerhalb von Informatik und Wirtschaftsinformatik statt.

Wissen

Wissen ist im Vergleich zu Informationen eher statisch (z.B. als persönliche Erfahrung oder als Text in einem Buch). Es besteht aus wahren oder für wahr gehaltenen Aussagen, aber auch aus bestimmten Bildern und Tönen. Es gibt „falsches Wissen", wobei es in dem Moment, wo man erkennt, dass es falsch ist, kein Wissen mehr ist. Zu unserem Wissensschatz gehört, dass die Erde rund ist, durch die Evolution die heutigen Tiere und der Mensch entstanden sind und Penicilline gegen bakterielle Krankheitserreger wirken (es sei denn, es haben sich Resistenzen entwickelt). Die wahren und für wahr gehaltenen Aussagen des Wissens sind auf eine eindeutige und verständliche Sprache ebenso angewiesen wie auf eine angemessene textliche und grafische Darstellung. Orte des Wissens sind Bibliotheken, Archive und Hochschulen. Wissenschaft entwickelt und hinterfragt Wissen.

Wissenschaft

Wissenschaft ist Forschung und Lehre zur Gewinnung und Verbreitung von Wissen. Ethik ist eine Wissenschaft, wenn sie als solche betrieben wird, wenn sie bei der Untersuchung ihres Gegenstands, also der Moral, definiert, strukturiert, systematisiert und analysiert, ethische Begründungen unter Verwendung wissenschaftlicher Methoden liefert und moralische Begründungen kritisch reflektiert und integriert. Dass Ethik eine Wissenschaft ist, betont Annemarie Pieper und bestreitet, sie zitierend, Peter Fischer. Philosophische Ethik kann Wissenschaft sein (und ist es in der Regel), theonome oder theologische kaum.

In Deutschland haben die Massenmedien traditionell eine große Nähe zu den Kirchen und machen sich mit der religiösen Sache gemein. Dies sieht man in grundsätzlicher Hinsicht an der Berichterstattung der öffentlich-rechtlichen Sender und der überregionalen Tages- und Wochenzeitungen, mit Bezug zur Ethik an den Talkshows und Interviews, wo oft nicht Philosophen, sondern Theologen zu Wort kommen. Die Medienethik muss diesen Zustand kritisch beleuchten und die Wissenschaftsferne mancher Medien diskutieren.

Hochschulen verstärken die Verwirrung, indem sie Zentren und Institute mit Ethikern aller Couleur bestücken, ohne die Wissenschaftlichkeit zum Maßstab zu machen, und Moraltheologie nicht durch Moralphilosophie ersetzen. Forscher grenzen sich nicht genügend ab oder gehen aus finanziellen Gründen sogar – zahlreiche Stiftungen und Geldgeber im Bereich der Ethik entstammen kirchlichen Kreisen – enge Kooperationen ein.

Die Länder fördern die religiöse Ausrichtung, indem sie, teils ihren Schulgesetzen folgend, tendenziösen Religionsunterricht anbieten, in dem sogar rituelle Handlungen stattfinden. Auch Ethikunterricht wird häufig, durchaus mit Absicht oder zusammenhängend mit dem Mangel an Fachkräften, spirituell ausgerichtet. Alles in allem findet die Ethik als Wissenschaft zu wenig Gehör und dominiert eine ideologische Perspektive, was die Metaethik erörtern kann.

Wissensmanagement

Wissensmanagement, entstanden Mitte der 1990er-Jahre, unterstützt in Organisationen die Generierung, Verbreitung, Bewahrung und Verwertung von Informationen und Wissen. Besonders wichtig ist es, implizites Wissen explizit zu machen, also z.B. Erfahrungswissen in dokumentiertes Wissen zu überführen. Nichts scheint besser zu sein als eine persönliche Einweisung, aber oft treffen Vorgänger und Nachfolger nicht direkt zusammen. Zudem haben die Verantwortlichen ein berechtigtes Interesse daran, dass Kompetenzen und Prozesse in Text, Bild oder Ton beschrieben werden.

Grundlage für Wissensmanagement ist eine technologische Infrastruktur. Zusätzlich können Kaffeeküchen eingerichtet und Betriebsausflüge oder Open Spaces durchgeführt werden. Für die mediale Weitergabe von Wissen bieten sich u.a. Weblogs, Wikis und Podcasts an. Microblogs entwickeln ihre Stärken beim Transfer von Wissen in die Öffentlichkeit und innerhalb von Fachkreisen. Storytelling ist eine Methode, die sich für kulturelle und moralische Fragen eignet und mit der man unternehmerische und betriebliche Dilemmata darstellen kann.

Im 21. Jahrhundert scheint neben organisationalem auch gesellschaftliches Wissensmanagement vonnöten zu sein. Durch die Digitalisierung verschwinden etliche Berufe und Kompetenzen (so wie neue Berufe und Kompetenzen entstehen). Gerade mit Blick auf Handwerk und Kunst sind Fähigkeiten betroffen, die über Jahrtausende verändert und verfeinert wurden. Ein systematisches Erfassen und Beschreiben des Wissens könnte künftigen Gesellschaften und Kulturen helfen, wenn sich bestimmte Entwicklungen der Digitalisierung als Sackgasse erwiesen haben.

World Wide Web

Das World Wide Web – kurz WWW oder Web genannt – ist ein Internetdienst, der Multimedia- und Hyperlinktechnik kombiniert und eine grafische Benutzeroberfläche ermöglicht. Das Web wurde 1989 vom damaligen CERN-Mitarbeiter Tim Berners-Lee konzipiert und ab 1990 umgesetzt und hat wesentlich zum Erfolg des Internets – das von vielen fälschlicherweise mit dem WWW gleichgesetzt wird – beigetragen.

Wutbürger

Der Wutbürger ist ein Bürger, der berechtigte oder unberechtigte Wut in sich herumträgt und diese gerne auf der Straße oder im Internet zum Ausdruck bringt. In Foren, Chats oder in Kommentarbereichen ist er häufig anonym unterwegs, einen Shitstorm verursachend oder verstärkend. Seine Wut, ob er den Grund dafür benennen kann oder nicht, richtet sich gegen Personen, Organisationen oder die Welt an sich, selten aber gegen sich selbst. Als Wüterich ist er an Zerstörung interessiert, wobei diese auch die Möglichkeit zu einem Wiederaufbau in sich trägt. In der Empörungsgesellschaft fühlt er sich wohl.

© Springer Fachmedien Wiesbaden GmbH, ein Teil von Springer Nature 2019
O. Bendel, *400 Keywords Informationsethik*,
https://doi.org/10.1007/978-3-658-26664-6_24

Zensur

Über Zensur werden unerwünschte oder unerlaubte Inhalte verhindert, beschnitten oder verfälscht. Sie kann sowohl Text als auch Bild betreffen. Bei der Selbstzensur hat man die Schere im Kopf, mit der man die vermutete oder erwartbare Zensur bereits berücksichtigt und in vorauseilendem Gehorsam deren Anforderungen erfüllt.

Zensur geht von staatlichen, religiösen, aber auch privaten (etwa privatwirtschaftlichen) Stellen aus. Man behindert die Berichterstattung von Massenmedien oder die freie Meinungsäußerung von Bürgern, Mitgliedern und Mitarbeitern, oder man setzt seine Vorstellung von Recht und Ordnung durch.

Zensur ist ein jahrtausendealtes Phänomen. Moderne Kommunikations- und Distributionskanäle aller Art, vor allem im Internet bzw. im WWW, scheinen sie fast unmöglich zu machen. Dennoch üben China („Great Firewall of China") und andere totalitäre Staaten sie erfolgreich aus. Internetzensur ist ebenso schwierig wie wirkungsvoll.

Zertifizierung

Der Begriff der Zertifizierung bedeutet Beglaubigung oder Bescheinigung. Zertifikate können sich auf Unternehmen, Hochschulen, Produkte, Maßnahmen und Personen beziehen. Zertifizierungen spielen in der Mensch-Computer-Interaktion eine wichtige Rolle. Auch im Bereich der Ethik gibt es sie, wobei sie häufig auf wirtschaftliche Interessen des Zertifizierenden und des Zertifizierten zurückzuführen sind.

Verwendete Literatur

Alpaydin, Ethem. Maschinelles Lernen. Oldenbourg, München 2008.

Anderson, Michael; Anderson, Susan Leigh (Hrsg.). Machine Ethics. Cambridge University Press, Cambridge 2011.

Becker, Joachim. Maschinensteuer. Beitrag für das Gabler Wirtschaftslexikon. Springer Gabler, Wiesbaden 2018. Über https://wirtschaftslexikon.gabler.de/definition/maschinensteuer-37000.

Bendel, Oliver (Hrsg.). Handbuch Maschinenethik. Springer VS, Wiesbaden 2019.

Bendel, Oliver. Von Cor@ bis Mitsuku: Chatbots in der Kundenkommunikation und im Unterhaltungsbereich. In: Kollmann, Tobias (Hrsg.). Handbuch Digitale Wirtschaft. Springer Reference Wirtschaft, Wiesbaden 2019.

Bendel, Oliver (Hrsg.). Pflegeroboter. Springer Gabler, Wiesbaden 2018.

Bendel, Oliver. Towards Animal-friendly Machines. In: Paladyn, Journal of Behavioral Robotics, 2018. S. 204 – 213.

Bendel, Oliver. From GOODBOT to BESTBOT. In: The 2018 AAAI Spring Symposium Series. AAAI Press, Palo Alto 2018. S. 2 – 9.

Bendel, Oliver. The Uncanny Return of Physiognomy. In: The 2018 AAAI Spring Symposium Series. AAAI Press, Palo Alto 2018. S. 10 – 17.

Bendel, Oliver. LADYBIRD: The Animal-Friendly Robot Vacuum Cleaner. In: The 2017 AAAI Spring Symposium Series. AAAI Press, Palo Alto 2017. S. 2 – 6.

Bendel, Oliver. Considerations about the relationship between animal and machine ethics. In: AI & SOCIETY, 31 (2016) 1. S. 103 – 108.

Bendel, Oliver. 300 Keywords Informationsethik: Grundwissen aus Computer-, Netz- und Neue-Medien-Ethik sowie Maschinenethik. Springer Gabler, Wiesbaden 2016.

Bendel, Oliver. Wenn ein Chatbot zum Lügenbot wird. In: ICTkommunikation (Online-Ausgabe), 24. Juli 2015. Über http://ictk.ch/content/wenn-ein-chatbot-zum-l%C3%BCgenbot-wird.

Bendel, Oliver. Die Parkbucht des Karneades: Viereinhalb Dilemmata der Robotik. In: inside-it.ch, 17. März 2015. Über http://www.inside-it.ch/articles/39531.

Bendel, Oliver. Roboselfies: Wie Roboter von Selfies profitieren. In: Telepolis, 1. Februar 2015. Über http://www.heise.de/tp/artikel/43/43793/1.html.

© Springer Fachmedien Wiesbaden GmbH, ein Teil von Springer Nature 2019
O. Bendel, *400 Keywords Informationsethik*,
https://doi.org/10.1007/978-3-658-26664-6

Bendel, Oliver. Die Moral der Informationsgesellschaft: Für eine Renaissance der Informationsethik und eine Stärkung der Technologiefolgenabschätzung. In: Bellucci, Sergio; Bröchler, Stephan; Decker, Michael et al. (Hrsg.). Technikfolgenabschätzung im politischen System: Zwischen Konfliktbewältigung und Technologiegestaltung. Reihe Gesellschaft – Technik – Umwelt. Edition Sigma, Berlin 2014. S. 109 – 120.

Bendel, Oliver. Informationsethik. In: Kurbel, Karl; Becker, Jörg; Gronau, Norbert et al. (Hrsg.). Enzyklopädie der Wirtschaftsinformatik. 8. Aufl. Über http://www.enzyklopaedie-der-wirtschaftsinformatik.de. Oldenbourg, München 2014.

Bendel, Oliver. Towards Machine Ethics. In: Michalek, Tomáš; Hebáková, Lenka; Hennen, Leonhard et al. (Hrsg.). Technology Assessment and Policy Areas of Great Transitions. 1st PACITA Project Conference, March 13 – 15, 2013. Prague 2014. S. 321 – 326.

Bendel, Oliver. Virtuelle Universität. In: Kurbel, Karl; Becker, Jörg; Gronau, Norbert et al. (Hrsg.). Enzyklopädie der Wirtschaftsinformatik. 8. Aufl. Über http://www.enzyklopaedie-der-wirtschaftsinformatik.de. Oldenbourg, München 2014.

Bendel, Oliver. Die Medizinethik in der Informationsgesellschaft: Überlegungen zur Stellung der Informationsethik. In: Informatik-Spektrum, 6 (2013) 36. S. 530 – 535.

Bendel, Oliver. Sinnhafte Entcomputerisierung: Bereicherung durch weniger Automation. In: zfo, 1/2013. S. 64 – 66.

Bendel, Oliver. Buridans Robot: Überlegungen zu maschinellen Dilemmata. In: Telepolis, 20. November 2013. Über http://www.heise.de/tp/artikel/40/40328/1.html.

Bendel, Oliver. Considerations about the Relationship between Animal and Machine Ethics. In: AI & SOCIETY, Dezember 2013 („Online-First"-Artikel auf SpringerLink).

Bendel, Oliver. Die Rache der Nerds. UVK/UTB, Konstanz und München 2012.

Bendel, Oliver. Informationsethik im Unternehmen. In: Netzwoche, 4 (2012). S. 25 – 26.

Bendel, Oliver. Netiquette 2.0 – der Knigge für das Internet. In: Netzwoche, 5 (2010). S. 40 – 41.

Bendel, Oliver. Eine Frage der Moral: Informationsethik für Unternehmen. In: UnternehmerZeitung, 16 (2010) 18. S. 42 – 43.

Bendel, Oliver; Hauske, Stefanie. E-Learning: Das Wörterbuch. Sauerländer Verlage, Oberentfelden/Aarau 2004.

Birnbacher, Dieter. Bioethik zwischen Natur und Interesse. Suhrkamp, Frankfurt am Main 2006.

Capurro, Rafael. Ethik im Netz. Schriftenreihe zur Medienethik, Bd. 2. Franz Steiner, Stuttgart 2003.

Ess, Charles. Digital Media Ethics. Digital Media and Society Series. Polity Press, Cambridge 2009.

Fischer, Peter. Einführung in die Ethik. W. Fink/UTB, Paderborn 2003.

Floridi, Luciano. The Fourth Revolution: How the Infosphere is Reshaping Human Reality. Oxford University Press, Oxford 2014.

Floridi, Luciano. The Ethics of Information. Oxford University Press, Oxford 2013.

Gehlen, Arnold. Moral und Hypermoral: Eine pluralistische Ethik. 7. Aufl. Vittorio Klostermann, Frankfurt am Main 2016.

Gesellschaft für Informatik (GI). Ethische Leitlinien. Über https://gi.de/ueber-uns/organisation/unsere-ethischen-leitlinien/.

Grau, Alexander. Hypermoral: Die neue Lust an der Empörung. Claudius, München 2018.

Höffe, Otfried. Ethik: Eine Einführung. C. H. Beck, München 2013.

Höffe, Otfried. Lexikon der Ethik. 7., neubearb. und erweit. Auflage. C. H. Beck, München 2008.

Kreowski, Hans-Jörg (Hrsg.). Informatik und Gesellschaft: Verflechtungen und Perspektiven. Kritische Informatik, Bd. 4. LIT Verlag, Münster und Hamburg, Berlin 2008.

Kuhlen, Rainer. Informationsethik. Umgang mit Wissen und Informationen in elektronischen Räumen. UVK/UTB, Konstanz 2004.

Kurzweil, Ray. Homo sapiens: Leben im 21. Jahrhundert. Was bleibt vom Menschen? 2. Aufl. Kiepenheuer & Witsch, Köln 1999.

Lanier, Jaron. Zehn Gründe, warum du deine Social Media Accounts sofort löschen musst. Hoffmann und Campe, Hamburg 2018.

Lanier, Jaron. Gadget: Warum die Zukunft uns noch braucht. Suhrkamp, Frankfurt/Main 2012.

Luhmann, Niklas. Vertrauen: Ein Mechanismus der Reduktion sozialer Komplexität. 5. Aufl. UVK/UTB, Konstanz und München 2012.

Metzinger, Thomas. Der Ego-Tunnel: Eine neue Philosophie des Selbst: Von der Hirnforschung zur Bewusstseinsethik. Berlin Verlag, Berlin 2010.

Misselhorn, Catrin. Grundfragen der Maschinenethik. Reclam, Ditzingen 2018.

Pariser, Eli. Filter Bubble: Wie wir im Internet entmündigt werden. Hanser, München 2012.

Pieper, Annemarie. Einführung in die Ethik. 6., überarb. u. akt. Auflage. A. Francke, Tübingen und Basel 2007.

Ramb, Bernd-Thomas. Regulierung. Beitrag für das Gabler Wirtschaftslexikon. Springer Gabler, Wiesbaden 2018. Über https://wirtschaftslexikon.gabler.de/definition/regulierung-46038.

Regan, Tom. The Case for Animal Rights. 2. Aufl. University of California Press, Oakland 2004.

Regenbogen, Arnim; Meyer, Uwe (Hrsg.). Wörterbuch der philosophischen Begriffe. Meiner, Hamburg 2013.

Repschläger, Jonas; Pannicke, Danny; Zarnekow, Rüdiger. Cloud Computing: Definitionen, Geschäftsmodelle und Entwicklungspotenziale. In: HMD Praxis der Wirtschaftsinformatik, Oktober 2010, Volume 47, Issue 5, S. 6 – 15.

Schöne-Seifert, Bettina. Grundlagen der Medizinethik. Kröner, Stuttgart 2007.

Singer, Peter. Animal Liberation: A New Ethics for our Treatment of Animals. Avon Books, New York 1977.

Straubhaar, Thomas (Hrsg.). Bedingungsloses Grundeinkommen und Solidarisches Bürgergeld – mehr als sozialutopische Konzepte. Hamburg University Press, Hamburg 2008.

Strittmatter, Kai. Die Neuerfindung der Diktatur: Wie China den digitalen Überwachungsstaat aufbaut und uns damit herausfordert. Piper, München 2018.

Thaler, Richard H.; Sunstein, Cass R. Nudge: Wie man kluge Entscheidungen anstößt. Ullstein Taschenbuch, Berlin 2010.

Turing, Alan M. Computing Machinery and Intelligence. In: Mind 49, 1950, S. 433 – 460.

Weber-Wulff, Debora; Class, Christina; Coy, Wolfgang et al. Gewissensbisse – Ethische Probleme der Informatik. Biometrie – Datenschutz – geistiges Eigentum. transkript-Verlag, Bielefeld 2009.

Weizenbaum, Joseph. Die Macht der Computer und die Ohnmacht der Vernunft. Suhrkamp, Frankfurt/Main 1978.

Wolf, Ursula. Das Tier in der Moral. 2. Aufl. Klostermann, Frankfurt am Main 2004.

Wollschläger, Hans. Tiere sehen dich an. Wallstein, Göttingen 2001.

Printed in the United States
By Bookmasters